Entwicklung von Arbeitsorganisationen

Irene Raehlmann

Entwicklung von Arbeitsorganisationen

Voraussetzungen, Möglichkeiten, Widerstände

2., Auflage 2015

Irene Raehlmann
Otto-Friedrich Universität Bamberg
Deutschland

ISBN 978-3-531-19934-4   ISBN 978-3-531-19935-1 (eBook)
DOI 10.1007/978-3-531-19935-1

Die Deutsche Nationalbibliothek verzeichnet diese Publikation in der Deutschen Nationalbibliografie; detaillierte bibliografische Daten sind im Internet über http://dnb.d-nb.de abrufbar.

Springer VS
© Springer Fachmedien Wiesbaden 1996, 2015
Das Werk einschließlich aller seiner Teile ist urheberrechtlich geschützt. Jede Verwertung, die nicht ausdrücklich vom Urheberrechtsgesetz zugelassen ist, bedarf der vorherigen Zustimmung des Verlags. Das gilt insbesondere für Vervielfältigungen, Bearbeitungen, Übersetzungen, Mikroverfilmungen und die Einspeicherung und Verarbeitung in elektronischen Systemen.

Die Wiedergabe von Gebrauchsnamen, Handelsnamen, Warenbezeichnungen usw. in diesem Werk berechtigt auch ohne besondere Kennzeichnung nicht zu der Annahme, dass solche Namen im Sinne der Warenzeichen- und Markenschutz-Gesetzgebung als frei zu betrachten wären und daher von jedermann benutzt werden dürften.

Lektorat: Cori Antonia Mackrodt, Monika Kabas

Gedruckt auf säurefreiem und chlorfrei gebleichtem Papier

Springer VS ist eine Marke von Springer DE. Springer DE ist Teil der Fachverlagsgruppe Springer Science+Business Media.
www.springer-vs.de

Inhalt

1 Einleitung 7

2 Grundlagen und Grundbegriffe 11
   2.1 Arbeitsorganisationen und ihre Mitglieder 11
   2.2 Entwicklung von Arbeitsorganisationen im Spannungsfeld von Humanisierung der Arbeit und betrieblicher Rationalisierung ... 31
   2.3 Theoretische und praktische Probleme bei der Entwicklung von Arbeitsorganisationen 42
   2.4 Aktuelle Arbeits- und Managementkonzepte für die Entwicklung von Arbeitsorganisationen 56

3 Ansätze zur Entwicklung von Arbeitsorganisationen – historisch-systematischer Rückblick und sozio-kulturelle Umsetzung in Deutschland 63
   3.1 Die Wissenschaftliche Betriebsführung 63
   3.2 Die Human-Relations-Bewegung 74
   3.3 Die neuen Formen der Arbeitsorganisation 82
   3.4 Neue Produktionskonzepte, Lean Production und Unternehmensnetzwerke 89

4 Staatliche Forschungspolitik zur Entwicklung von Arbeitsorganisationen 103
   4.1 Forschungs- und Aktionsprogramm Humanisierung des Arbeitslebens 103
   4.2 Staatlich geförderte Forschungsvorhaben 116
      4.2.1 Forschungsverbund um Theo Pirker: Schreibdienste in obersten Bundesbehörden 117
            Interview mit Theo Pirker 126

    4.2.2 Forschungsgruppe um Werner Fricke: Das „Peiner
           Modell" 129
           Interview mit Else und Werner Fricke 138

5 Fazit 143

Literaturverzeichnis 151

Einleitung 1

Das vorliegende Lehrbuch ist eine Aktualisierung des 1996 erstmalig erschienenen Textes. Eine überarbeitete Fassung zu veröffentlichen ist meines Erachtens sinnvoll, da das Thema *Entwicklung von Arbeitsorganisationen* nach wie vor hoch aktuell ist. Die diesbezügliche Aufmerksamkeit lässt sich mit dem Praxisbezug erklären, denn die Thematik bildet zusammen mit technischen Veränderungen den zentralen Ansatz betrieblicher/unternehmerischer Rationalisierung, die sich in den letzten Jahrzehnten enorm beschleunigte. Gut möglich, dass den Akteuren dieser Zusammenhang nicht immer voll bewusst war und ist. Das kann vor allem für die siebziger und achtziger Jahre des vergangenen Jahrhunderts gelten, als sich dieses Zielkonzept explizit mit einem weit reichenden Reformanspruch verband, der die Tatsache eines permanenten unternehmerischen Zwangs zur Rationalisierung zeitweilig überdeckte. Mit Blick auf frühere und spätere organisatorische Rationalisierungsprozesse und deren leitende Konzepte, die die Entwicklung der kapitalistischen Wirtschaftsgesellschaft von Beginn an und bis heute außerordentlich prägen, handelt es sich jedoch um einen kurzen Zeitraum. Seinerzeit wurden arbeitsorganisatorische Innovationen von einem breiten Bündnis maßgeblicher Akteure aus den Arbeitgeberverbänden und den Gewerkschaften, aus dem Management und den Betriebs- bzw. Personalräten sowie nicht zuletzt aus der Wissenschaft getragen. Von arbeits- und forschungspolitischen Initiativen des Staates wurden diese Reformbemühungen engagiert begleitet und unterstützt. Sie orientierten sich an einem programmatischen Leitbild, demzufolge private und öffentliche Unternehmen die Arbeitsorganisation und mithin die Arbeitsbedingungen der darin Tätigen und ihren Lebensunterhalt Verdienenden so zu gestalten haben, dass die Produktion von Gütern und Dienstleistungen wirtschaftlich erfolgt und dabei zugleich Vorstellungen von einer menschengerechten Arbeitsgestaltung berücksichtigt werden. Spätestens seit den neunziger Jahren bestimmte diese reformpolitische Agenda nicht mehr das Handeln der Protagonisten – abgesehen von gewerkschaftlichen und einigen wissenschaftlichen Akteuren. Durch den Niedergang der realsozialistischen Wirtschaftsgesellschaften, der Wiedervereinigung Deutschlands und der Zunahme globaler Wirtschaftsverflechtungen verschärfte sich die internationale Konkurrenz, so dass der Wettbewerb und mithin der Markt mehr und mehr das wirtschaftliche Geschehen bestimmen. Es kann dennoch nicht überraschen, dass das Thema *Entwicklung von Arbeitsorganisationen* nach wie vor in Unternehmen/Behörden und Betrieben sowie Verbänden und Institutionen zentral ist. Ja, es ist auf Grund der skizzierten sozio-ökonomischen und technischen Veränderungen sogar wichtiger geworden und hat nunmehr ein breites Spektrum gesellschaftlicher Organisationen erfasst. Die diesbezüglichen Konzepte werden vielfach mit dem Etikett „Mode" versehen, denn auf Grund der allseitigen und rasanten Beschleunigung des sozialen Wandels scheinen sie in kürzester Zeit zu altern und werden durch neue, mit dem Versprechen bzw. wenigstens mit der Aussicht auf eine „endgültige" Problemlösung ersetzt. Derzeit ist offenkundig, dass Organisationsentwicklung ein gewichtiger Teil von Rationalisierung ist, die sich – dem Anspruch nach primär, wenn nicht sogar ausschließlich – an betrieblicher Rentabilität und Wettbewerbsfähigkeit zu orientieren hat. Die davon ausgehenden Herausforderungen müssen von den zuständigen Akteuren bearbeitet und möglichst bewältigt werden, wobei von jeher auch wissenschaftliche Erkenntnisse zur Problemlösung beitragen. Der Praxisbezug bedeutet, dass das Thema nicht von einer Disziplin, sondern angemessen nur in einem interdisziplinären Zugriff zu bearbeiten ist. Erkenntnisse der Arbeits- und Organisationssoziologie sowie der entsprechenden Gebiete der Psychologie und Ergonomie sind ebenso bedeutsam wie die der einschlägigen Zweige der Wirtschaftswissenschaften und der Geschichte.

Im zweiten Kapitel werden Grundlagen und Grundbegriffe vermittelt. Zunächst geht es um theoretische Ansätze von Arbeitsorganisationen sowie zur Entwicklung derselben. Dabei richtet sich das Augenmerk auch auf die Organisationsmitglieder als Arbeitskräfte. Diese Darlegung, die sowohl klassische Positionen wie die von Karl Marx und Max Weber würdigt, wendet sich anschließend konzeptionellen Neuorientierungen zu, vor allem in Gestalt der Systemtheorie von Niklas Luhmann. Sie mündet dann in die Darstellung jenes Ansatzes, den der französische Arbeits- und Organisationssoziologie Michel Crozier zusammen mit Erhard Friedberg vorgelegt hat. Deren Konzept ist der Thematik überaus angemessen, weil Organisationsentwicklung nicht, wie häufig noch üblich, als Intervention des Managements, also von oben, begriffen und praktiziert wird, sondern als Verhandlungsprozess und Verhandlungsergebnis unterschiedlicher individueller und kollektiver Akteure, so der Organisationsleitung und der Organisationsmitglieder auf den mittleren und unteren hierarchischen Ebenen. Auf diese Weise kommen verschiedene Bedürfnisse und Interessen zur Geltung, und es besteht die Chance, dass sie, wenn auch nicht gleichrangig und gleichgewichtig, mit jenen des Managements Berücksichtigung

1 Einleitung

finden. Diese Sichtweise gewinnt angesichts des Systems der industriellen Beziehungen bzw. der Arbeitsbeziehungen in der Bundesrepublik Deutschland, das eine rechtlich verankerte betriebliche Interessenvertretung der Beschäftigten in Gestalt von Betriebsrat und Personalrat vorsieht, besondere Relevanz. Verhandlung ist der zentrale Modus auch bei den weiteren diesbezüglichen Institutionen, so bei der Mitbestimmung im Aufsichtsrat und der Tarifautonomie (2.1). Anschließend wird der Spannungsbogen der Entwicklung von Arbeitsorganisationen mit den beiden Polen menschengerechte Arbeitsgestaltung und betriebliche Rationalisierung skizziert. Dabei werden die zentralen Begriffe Arbeit, Rationalisierung und Humanisierung der Arbeit erläutert, wobei auf Verkürzungen und Ambivalenzen der mit diesen Begriffen bezeichneten sozialen Sachverhalte aufmerksam gemacht wird (2.2). Sodann werden theoretische und praktische Probleme, die bei der Entwicklung von Arbeitsorganisationen virulent werden können, angesprochen (2.3). Organisationsentwicklung ist ein normativer Ansatz, wobei diese Tatsache von den Handelnden nicht immer zur Kenntnis genommen wird. Die zugrunde liegenden Werte und Leitbilder sind durchaus unterschiedlich und kontrovers. Implizit oder explizit spielen Arbeits- und Managementkonzepte eine erhebliche Rolle. Sie sind selbstverständlich gesellschaftlichen Wandlungsprozessen unterworfen. Aktuelle Vorstellungen aus der Soziologie und Psychologie werden daher skizziert. Ausgehend von gesamtgesellschaftlichen Tendenzen zur Individualisierung wird die empirisch gestützte Diskussion über Wertewandel rezipiert. Sie wird in der Bundesrepublik maßgeblich von Untersuchungen, die Helmut Klages durchgeführt hat, geprägt. Ferner werden die konzeptionellen Überlegungen von Walter Volpert, auch durch Untersuchungen zur Arbeits- und Organisationsgestaltung wesentlich beeinflusst, berücksichtigt. Abschließend wird das Managementkonzept „Unternehmenskultur" präsentiert, das u. a. durch den Wertewandel wichtige Impulse erhält (2.4).

Im dritten Kapitel werden in einem historisch-systematischen Rückblick und in einer aktuellen Bestandsaufnahme theoretische Ansätze zur Entwicklung von Arbeitsorganisationen vorgestellt, wobei diese ihrer Intention nach auch praktisch umgesetzt wurden. Teilweise geschieht dies bis heute. Es handelt sich um die Wissenschaftliche Betriebsführung (3.1), die Human-relations-Bewegung (3.2), die neuen Formen der Arbeitsorganisation (3.3) sowie die neuen Produktionskonzepte, den Lean-Production-Ansatz und die Unternehmensnetzwerke (3.4). Bei diesen Strategien geht es größtenteils um Konzepte, die in den USA, in Japan oder in den skandinavischen Ländern entwickelt und erstmalig erprobt wurden. Ihr Export und ihre Umsetzung in diversen, zunächst vornehmlich westlichen Industrieländern erfolgt unter den jeweils besonderen nationalen Voraussetzungen. Dabei handelt es sich nicht um einen einfachen sozialtechnologischen Prozess – etwa im Sinne der Anwendung eines Rezepts –, sondern um ein vielschichtiges sozio-kulturelles

Geschehen mit einem erheblichen Konfliktpotential. Technologische Neuerungen können als Voraussetzung, Begleitung und Förderung diesen organisatorischen Wandel maßgeblich mit vorantreiben. In jedem Abschnitt werden daher zunächst die allgemeinen gesellschaftlichen Bedingungen skizziert, die die praktische Umsetzung der Konzepte mit steuern, sodann die wesentlichen Merkmale dieser Strategien vorgestellt und abschließend ihre Rezeption und Umsetzung in Deutschland erörtert.

Das vierte Kapitel widmet sich der staatlichen Forschungspolitik in diesem Feld. Für die industriegesellschaftliche Entwicklung Deutschlands spielte – besonders auf Grund der Rohstoffknappheit – bereits um die Wende zum 20. Jahrhundert die staatliche Förderung von Forschung und Entwicklung eine bis heute wichtige Rolle. Nach dem Ende der Wiederaufbauphase im Anschluss an den Zweiten Weltkrieg gewann in der zweiten Hälfte der sechziger Jahre die Wissenschafts-, Forschungs- und Bildungspolitik eine wachsende Bedeutung für die Modernisierung der Volkswirtschaft. Sie war angesichts zunehmender internationaler Herausforderungen geboten, um die wirtschaftliche Wettbewerbsfähigkeit auf Dauer zu sichern. Die genannten Politikbereiche wurden, vor allem zur Zeit der Sozialliberalen Koalition (1969-1982), Teil einer innenpolitischen Reformstrategie, die sich zu Beginn der siebziger Jahre in vielfältigen Initiativen niederschlug. Im Rahmen des Forschungs- und Aktionsprogramms Humanisierung des Arbeitslebens gab die staatliche Forschungspolitik erhebliche und weit reichende Anstöße auf dem Gebiet von Organisationsentwicklung. Die diesbezüglichen Konzepte und die damit einhergehenden Probleme und Konflikte werden dargelegt (4.1). Anschließend werden zwei Vorhaben aus der Verwaltung (4.2.1) und aus der Produktion präsentiert (4.2.2). Zwar haben sich die diesbezüglichen Arbeitsbedingungen grundlegend verändert, aber der theoretische Ansatz und das methodische Vorgehen sind nach wie vor aktuell, da innovativ. Die anschließenden Interviews mit den Projektleitern Theo Pirker sowie Werner und Else Fricke, die ich Anfang 1995 führte, erlauben einen Blick „hinter die Kulisse". Deren Äußerungen beleuchten den Kontext der Vorhaben sowie allgemeine, immer wieder kehrende Spannungen und Widrigkeiten von Organisationsentwicklung.

Im fünften Kapitel fasse ich zentrale Argumente sowie wichtige theoretische und empirische Ergebnisse zusammen. In der Summe handelt es sich um ein tragfähiges Fundament, um Prozesse von Organisationsentwicklung zu analysieren und deren Gestaltung zu unterstützen.

Grundlagen und Grundbegriffe 2

2.1 Arbeitsorganisationen und ihre Mitglieder

Arbeitsorganisationen entstanden mit der Entwicklung der kapitalistischen Industriegesellschaft. Die überkommene räumlich verbundene Wirtschafts- und Lebensweise im „ganzen Haus", die so genannte Hauswirtschaft, wurde abgelöst durch ein Modell, das nunmehr eine örtliche Trennung von Produktion und Reproduktion vorsieht. Es wurden Fabriken/Unternehmen gegründet. Zudem wurden im Verlauf wachsender Interventionen des Staates in die periodisch von Krisen bedrängte Wirtschaftsgesellschaft die staatlichen Verwaltungen ausgebaut. Mit diesen staatlichen Eingriffen, die dem liberalen Selbstverständnis, nämlich der Trennung von Staat und Gesellschaft, widersprach, sollten die wirtschaftlichen und sozialen Verwerfungen begrenzt werden. Bis heute sind die Fabriken/Unternehmen und die staatlichen, also öffentlichen Verwaltungen zentrale Arbeitsorganisationen. Im Zuge des gesellschaftlichen Wandels, vor allem mit dem Ausbau des Dienstleistungssektors kamen weitere Arbeitsorganisationen hinzu, etwa in den Bereichen Handel, Geld und Kredit, Versicherung, Erziehung und Bildung, Gesundheit, Pflege und Betreuung.

Im Folgenden werden wesentliche Merkmale von Arbeitsorganisationen vorgestellt und wichtige Annahmen über die Mitglieder als Arbeitskräfte formuliert. Die Darlegungen – auch für den Bereich Organisationsentwicklung grundlegend – orientieren sich an zentralen Aussagen klassischer und moderner Theoretiker der Arbeitsorganisation. Die Thematik haben so unterschiedliche Wissenschaftler wie Karl Marx, Max Weber und Michel Crozier zusammen mit Erhard Friedberg behandelt, die bei allen Differenzen in einigen Kernaussagen übereinstimmen:

- *Erstens:* Sie analysieren Arbeitsorganisationen als Teil einer konkreten Gesellschaft mit einer bestimmten Entwicklungsgeschichte. Mithin ist ihre Perspektive gesellschaftstheoretisch fundiert.

- *Zweitens*: Sie nehmen die Komplexität von Arbeitsorganisationen in den Blick, d. h. diese Organisationen sind *zugleich* ein Ort gesellschaftlicher Arbeitsprozesse – ist doch der größte Teil der Gesellschaftsmitglieder gezwungen, darin ihren Lebensunterhalt zu verdienen – und gesellschaftlicher Macht- und Herrschaftsausübung. Mit dieser doppelten Sicht untersuchen sie Arbeitsorganisationen unter macht- und herrschaftssoziologischen Aspekten.
- *Drittens:* Mitglieder als individuelle und kollektive Akteure sind Handelnde, die eigene Ziele und Interessen verfolgen und sich nicht mechanisch an äußere Bedingungen einfach anpassen. Arbeitskräfte sind somit Handelnde, die sich mit ihren Arbeitsbedingungen aktiv auseinandersetzen.

Diese drei theoretischen Annahmen werden keineswegs selbstverständlich von OrganisationswissenschaftlerInnen geteilt. Sie bleiben häufig unterbelichtet oder sogar völlig vernachlässigt. Meiner Auffassung nach sind sie jedoch für eine Analyse von Entwicklungsprozessen in Arbeitsorganisationen unverzichtbar. Insofern rechtfertigen die aktuellen Probleme und der davon ausgelöste Bewältigungsbedarf den folgenden theoriegeschichtlichen Rückblick. Gleichwohl sind Neuorientierungen, die in Auseinandersetzung mit dem Bürokratiemodell Webers entstehen, für die Erörterung hier bedeutsam, zumal Crozier und Friedberg ihre eigene Position auch in kritischer Würdigung dieser Weiterentwicklungen entfalten. Es handelt sich um zwei Forschungsrichtungen, die im Anschluss an den Ansatz Webers vorgestellt werden. Zum einen geht es um jene Studien, die die behauptete Effizienz des Bürokratiemodells empirisch hinterfragen, zum anderen um die Rezeption der Systemtheorie, vor allem in der Version von Niklas Luhmann, der die Perspektive auf die Umwelt von Organisationen erweitert – eine Perspektive, die auch in der Organisationsentwicklung zu berücksichtigen ist. Umwelt ist zunächst ein allgemeiner, abstrakter Begriff, der situationsspezifisch, für die jeweilige Untersuchungsperspektive zu konkretisieren ist. Umwelt kann sich etwa beziehen auf ein Unternehmen, auf den nationalen und europäischen, aber auch darüber hinaus auf den internationalen Kontext.

Karl Marx (1818-1883) entwickelt zusammen mit *Friedrich Engels* (1820-1895) den wissenschaftlichen Sozialismus, eine Gesellschafts-, Wirtschafts- und Staatstheorie. Marx untersucht die kapitalistische Produktionsweise, wie sie sich mit der Entwicklung der bürgerlichen Gesellschaft entfaltet. „Das Wirken einer größeren Arbeiteranzahl zur selben Zeit, in dem selben Raum(…), zur Produktion derselben Warensorte, unter dem Kommando desselben Kapitalisten, bildet historisch und begrifflich den Ausgangspunkt der kapitalistischen Produktion" (MEW 1974: 341). Marx richtet sein Augenmerk auf die zentrale Arbeitsorganisation: die Fabrik. Diese entwickelte sich aus der Manufaktur, wo bereits auf der Grundlage von

2.1 Arbeitsorganisationen und ihre Mitglieder

Kooperation und Arbeitsteilung produziert wurde. Im Unterschied dazu wird im Industriebetrieb die handwerkliche Arbeitskraft durch technische Arbeitsmittel ersetzt. Mit der Anwendung der Kooperation werden die einzelnen Arbeitsvermögen kombiniert, was zu mehr als nur einer additiven Steigerung der Produktivität führt. Diese Zusammenarbeit bedarf der Leitung, die diesen Prozess organisiert und kontrolliert. Der Doppelcharakter des Produktionsprozesses, nämlich „einerseits gesellschaftlicher Arbeitsprozeß zur Herstellung eines Produktes, andererseits Verwertungsprozeß des Kapitals" (ebd.: 351) zu sein, prägt auch die Leitung, die durch eine Doppelnatur gekennzeichnet ist: „Der Kapitalist ist nicht Kapitalist, weil er industrieller Leiter ist, sondern er wird industrieller Befehlshaber, weil er Kapitalist ist. Der Oberbefehl in der Industrie wird Attribut des Kapitals, wie zur Feudalzeit der Oberbefehl in Krieg und Gericht Attribut des Grundeigentums" ist (ebd.: 352). Dieses Miteinanderarbeiten unter der Leitung des Kapitalisten oder seines Beauftragten erfolgt nicht reibungslos und konfliktfrei. Vielmehr wächst „mit der Masse der gleichzeitig beschäftigten Arbeiter (...) ihr Widerstand und damit notwendig der Druck des Kapitals zur Bewältigung dieses Widerstands" (ebd.). Weiter stellt Marx unter Bezug auf Freund Ure fest, „daß der Arbeiter, je geschickter, desto eigenwilliger und schwieriger zu behandeln wird und folglich dem Gesamtmechanismus durch seine rappelköpfigen Launen schweren Schaden zufügt" (ebd.: 389). Dieser Eigensinn, diese Autonomie der Arbeitskräfte kann durch Maßnahmen des Kapitals letztlich nicht beseitigt werden. Schon „durch die ganze Manufakturperiode läuft daher die Klage über den Disziplinmangel der Arbeiter" (ebd.: 390) – eine Klage, die auch heute noch in Fabriken, Verwaltungen und Dienstleistungsbetrieben zu hören ist. Sie ist Ausdruck dafür, dass der Mensch sich nicht mechanisch an die jeweiligen Arbeitsbedingungen anpasst.

Max Weber (1864-1920), der den abendländischen Rationalisierungsprozess analysiert, beschäftigt sich dabei mit der öffentlichen Verwaltung – eine weitere zentrale Arbeitsorganisation der modernen Gesellschaft. Sie ist eine bürokratische Organisation, die, ebenso wie die Fabrik, mit der Entfaltung des Kapitalismus entstand. Diese Produktionsweise ist Weber zufolge Ergebnis der durch die protestantische Ethik (vgl. Kapitel 2.2) initiierten Rationalisierung der Lebensführung, die dazu führt, dass der „ökonomische Gelegenheitsprofit zu einem ökonomischen System" auf der Basis kapitalistischer Erwerbswirtschaften mit „stehendem Kapital, freier Arbeit und rationaler Arbeitsspezialisierung und -verbindung ausgebaut wird" (Weber 1964: 96). Das bürokratische Prinzip ist „gleich anwendbar" im öffentlichen wie im privaten Raum (ebd.: 163). Ebenso wie die staatlichen werden auch die privaten Erwerbsorganisationen „zunehmend bürokratisch" geordnet (ebd.: 727) – ein Vorgang, den Weber für irreversibel hält. Diese pessimistische, teilweise aber höchst realistische Perspektive entfaltet er mehrfach: Als Alternative zur Bürokratisierung mit der Betonung auf Fachwissen sieht er die Gefahr der „Dilettantisierung' der Verwaltung" (ebd.: 164). Die für seine Zeit typische, politisch heftige Auseinandersetzung über Kapitalismus und Sozialismus relativiert er dahingehend, dass auch die Gegenorganisationen zum kapitalistischen System wie die Gewerkschaften und die sozialdemokratische Partei nur als bürokratisch verfasste Erfolg haben können. Aus heutiger Sicht durchaus hellsichtig prognostiziert er für den „Sozialismus der Zukunft" eine Tendenz zu „universeller Bürokratisierung" (ebd.: 1059). Ein solches Verständnis steht, wie wir noch sehen werden, Programmen der Organisationsentwicklung eher entgegen.

Weber analysiert die bürokratische Verwaltung in herrschaftssoziologischer Perspektive. Neben dem Gesichtspunkt der Herrschaftssicherung[1] durch die Bürokratie betont er auch deren Effizienz und verweist so, wie Marx, auf den Doppelcharakter von Arbeitsorganisationen. Dazu schreibt er: „Jede Herrschaft äußert sich und funktioniert als Verwaltung" (ebd.: 697). Und an anderer Stelle präzisiert er: „Herrschaft ist im Alltag primär Verwaltung" (ebd.: 162), und sie ist die „formal rationalste Form der Herrschaftsausübung" (ebd.: 164). Die bürokratische Organisation zeichnet sich durch eine „rein technische Überlegenheit über jede andere Form" der Organisation aus (ebd.: 716). Sie erbringt durch „ihre Präzision, Stetigkeit, Disziplin, Straffheit und Verläßlichkeit" ein „Höchstmaß an Leistung" (ebd.: 164). Dazu dient der Verwaltungsstab, der von Beamten gebildet wird, welche

„1. persönlich frei nur sachlichen Amtspflichten gehorchen, 2. in fester Amtshierarchie, 3. mit festen Amtskompetenzen, 4. kraft Kontraktes (...), 5. nach Fachqualifikationen (...) angestellt (...) sind, 6. entgolten sind mit festen Gehältern in Geld (...), 7. ihr Amt als einzigen oder Hauptberuf behandeln, 8. eine Laufbahn (...) vor sich sehen, 9. in völliger ‚Trennung von den Verwaltungsmitteln' und ohne Approbation der Amtsstelle arbeiten, 10. einer strengen einheitlichen Amtsdisziplin und Kontrolle unterliegen" (ebd.: 162 f.).

Für Weber ist die bürokratische Verwaltung Ausdruck rationaler, legaler Herrschaft, deren Legitimität „auf dem Glauben an die Legalität gesatzter Ordnungen und des Anweisungsrechts der durch die zur Ausübung der Herrschaft Berufenen ruhen" (ebd.: 159). Jede Form der Herrschaft funktioniert nur dann und ist von Dauer, wenn die der Herrschaft Unterworfenen sich derselben fügen, also „ein bestimmtes Minimum an Gehorchenwollen, also: Interesse (äußeren oder inneren) am Gehorchen" aufweisen (ebd.). Dabei können verschiedene Motive zur Geltung kommen:

---

1 Definition von Macht und Herrschaft: „Macht bedeutet die Chance, innerhalb einer sozialen Beziehung den eigenen Willen auch gegen Widerstreben durchzusetzen, gleichviel worauf diese Chance beruht. Herrschaft soll heißen die Chance, für einen Befehl bestimmten Inhalts bei angebbaren Personen Gehorsam zu finden" (ebd. 38).

2.1 Arbeitsorganisationen und ihre Mitglieder

„von dumpfer Gewöhnung angefangen bis zu rein zweckrationalen Erwägungen" (ebd.). Deutlich wird, dass Herrschaft als ein wechselseitiges, aufeinander bezogenes Verhältnis verstanden wird. Insofern sind die der Herrschaft Unterworfenen als bewusst Handelnde aufzufassen.

Webers Behauptung, die bürokratische Organisation sei allen anderen Organisationsformen überlegen, wird in der Folgezeit vielfach empirisch überprüft. Dabei ist eine bestimmte Reduktion auffällig. Hinterfragt wird das Bürokratiemodell hinsichtlich seiner Effizienz zur Aufgabenerfüllung. Damit wird die historisch-gesellschaftliche Perspektive Webers ignoriert und Herrschaftsaspekte werden ausgeklammert. Mithin wird der Doppelcharakter von Arbeitsorganisationen, den Weber zusammen mit Marx betont, negiert. Die sozialen Phänomene werden folglich nur eindimensional, also bloß in ihrer technisch-organisatorischen Bedingtheit, untersucht, so dass der Arbeitsprozess als gesellschaftsneutral begriffen wird, und Macht und Herrschaft keine Rolle mehr spielen. Die empirischen Ergebnisse schränken die behauptete Allgemeingültigkeit des Bürokratiemodells ein. Es ist nur unter bestimmten Bedingungen effizient, während unter anderen Umständen andere Strukturtypen angemessener sind. Damit wird offenkundig, dass es einen weder theoretisch noch empirisch abgesicherten „one best way" für Organisationsgestaltung gibt. So wird die Chance und Notwendigkeit von Organisationsentwicklung als ein absichtsvoll geplanter Prozess offenkundig. Insofern sind die Organisationswissenschaften durchaus utopisch orientiert, denn gesucht wird mit ihnen „nach verdrängten Ideen und vorhandenen Möglichkeiten zur Gestaltung kooperativer Beziehungen" (Burisch 1973b: 17 f.). Die Gültigkeit des Bürokratiemodells wird im Wesentlichen durch folgende Bedingungen eingeschränkt: die Eigenart der sozialen Umwelt, die Aufgaben und die technische Ausstattung der Organisation.

So kommen Tom Burns und G.M. Stalker bei ihren Untersuchungen in englischen Industriebetrieben zu dem Ergebnis, dass das mechanische Modell, dem Bürokratieansatz nachgebildet, nur bei relativ stabilen Umweltverhältnissen mit geringen Innovationsraten angemessen sei, während bei dynamischen Umweltbedingungen, die ständig neue Probleme stellen, spontanes Handeln erzwingen und hohe Innovationsraten aufweisen, ein alternatives Konzept adäquater sei, nämlich das so genannte organische Modell (vgl. Burns, Stalker 1968: 147 ff.). Die Merkmale beider Modelle werden in der folgenden Tabelle gegenübergestellt (Staehle 1973: 39):

	mechanistic systems	organic systems
1. Organisation		
Struktur	funktionsorientiert	aufgabenorientiert
Spezialisation	stark	schwach
Arbeitsteilung	stark	flexibel
Hierarchie	spitz, rigide	flach, lose
Kontrollspanne	klein	groß
Führungsebenen	viel	wenig
Vorschriften	stark formalisiert	schwach formalisiert
Autorität	zentralisiert	dezentralisiert
• Position	hoch	niedrig
• Wissen	niedrig	hoch
Befehlswege	klar, vertikal	unklar, lateral
Entscheidungsfindung	meist an der Spitze	überall
Koordination	auf oberen Ebenen	auf niedrigen Ebenen
Interaktion zw. Abt.	gering	stark
Informelle Beziehungen	vernachlässigt	wichtig
2. Führung		
Stil	autoritär	partizipativ
zwischenmenschl. Bezieh.	befehlend	kooperativ
Formalisierung	stark	schwach
Besprechung	formal	informal
Motivation	Angst, Bedrohung, Bestrafung, monetäre Anreize	Engagement, Befriedigung, psychologischer Bedürfnisse
Verhalten d. Untergebenen	Konformität	Initiative, Kreativität
Anweisung	detailliert vorgeschrieben, Entscheidung u. Instruktion	allgemein empfehlend, Rat und Information
Macht	an der Spitze	überall
3. Planung und Kontrolle		
Verantwortung für Ziele	an der Spitze	überall
Zielfindung	Befehl von oben	Teamarbeit
Zielbeschreibung	stark	schwach
Schwergewicht	Quantität, Risiko	Qualität, Gelegenheit
Planung	durch Stäbe	alle sind beteiligt
Plandetaillierungen	viel	wenig
Art der Kontrolle	formal schriftlich, häufig	informal, persönlich, selten
Ort der Kontrolle	Spitze, Vorgesetzte	alle Ebenen, Kollegen, Selbstkontrolle
Kommunikation	vertikal	lateral

2.1 Arbeitsorganisationen und ihre Mitglieder

Ähnlich sind die Ergebnisse bei der Überprüfung der Aufgabenstruktur, zumal zwischen Umwelt und Aufgaben von Organisationen Wechselwirkungen bestehen. Eugen Litwak geht davon aus, „daß die gegebene Organisationsstruktur verschieden effizient ist, je nachdem ob die Aufgabe gleichförmig oder ungleichförmig ist" (Litwak 1968: 119). Gleichförmig sind standardisierte, ständig wiederkehrende Aufgaben, während als ungleichförmig solche Aufgaben gelten, die etwa mit Forschung, Planung und Kommunikation zu tun haben und zur Erledigung ein hohes Maß an Professionalität erfordern. Bei ungleichförmigen Aufgaben sei ein Organisationsmodell effizienter, das sich vom bürokratischen Typ deutlich unterscheidet. Schließlich wird die Produktionstechnik als ein Struktur bestimmender Faktor untersucht. Joan Woodward deckt bei ihren Untersuchungen in englischen Industriebetrieben unterschiedliche Organisationsformen auf. In der Großserien- und Massenfertigung herrsche das bürokratische Modell vor, in der Einzel- und Prozessfertigung komme es zu organisatorischen Alternativen (vgl. Woodward 1968: 155 ff.).

Diese drei Beispiele, die sich durch weitere empirische Forschungsergebnisse ergänzen lassen, zeigen, dass die Abkehr vom bürokratischen im Wesentlichen auf ein alternatives, tendenziell gegenbürokratisches Strukturprinzip hinausläuft. Dabei wird dieser Prozess, wie Crozier und Friedberg betonen werden, als ein mechanisches Geschehen aufgefasst, das dem zielgerichteten Handeln und Verhandeln von Akteuren keinen Raum gibt. In der Literatur werden unterschiedliche, polarisierende Typisierungen vorgenommen, die aber im Kern auf folgenden Dualismus verweisen:

> „Es gibt, so groß die Vielfalt struktureller Formen großer und zweckgerichteter Sozialgebilde auch sein mag, letztlich nur eine kleine Zahl von organisatorischen Grundmodellen, wobei der Gegensatz zwischen genossenschaftlich-demokratischen und dem hierarchisch-monokratischen besonders augenfällig ist. Das hierarchisch-monokratische Grundmodell wurde als Bürokratie historische Wirklichkeit" (Mayntz 1968: 13).

Renate Mayntz warnt davor, die organisatorische Alternative fehl zu interpretieren:

> „So sehr das einer demokratischen Werthaltung auch entgegenkommen mag, darf man den möglichen Pferdefuß der Alternative doch nicht übersehen.(...) Die ‚Entbürokratisierung' von Organisationen ist nicht gleichbedeutend mit der Beseitigung gesellschaftlich bedingter Interessenkonflikte, sondern könnte auch lediglich darauf hinauslaufen, die unverhüllte Herrschaft von Menschen über Menschen durch den Mechanismus der Innensteuerung zu ersetzen" (ebd.: 17 f.).

In Anlehnung an Horst Bosetzky und Peter Heinrich lassen sich die Vor- und Nachteile bürokratischer Organisationen zusammenfassend so skizzieren (vgl. Bosetzky, Heinrich 1985: 38 ff.): Als *Vorzüge* können gelten:

- die Berechenbarkeit von Handlungsabläufen und Entscheidungen,
- das Gefühl von Sicherheit, das sie ihren Mitgliedern vermittelt,
- ihre Zweckmäßigkeit bei der Bearbeitung von Routinevorgängen bei einer stabilen Umwelt und einer gesicherten Technik.

Als *Nachteile* können sich folgende Merkmale erweisen:

- Hierarchische Organisationen konzentrieren die Zuständigkeit, das Wissen bzw. Nichtwissen, funktionale und extrafunktionale Fähigkeiten, die Kontrolle und Kooperation auf die Spitze und vernachlässigen, dass InhaberInnen untergeordneter Stellen, vor allem als Folge umfassender Professionalisierungsprozesse, ebenso kompetent, wenn nicht sogar sachkundiger als ihre Vorgesetzten sein können und dabei über Fähigkeiten zur Eigenkontrolle, Kooperation mit KollegInnen, zu innovatorischem Handeln und über Eigeninitiative verfügen.
- Solche Organisationsstrukturen begünstigen Reaktionen der Mitglieder, die die Zielerreichung gefährden und im Widerspruch zu den eben aufgeführten Haltungen stehen. Verfahrensregeln werden überbetont, so dass die eigentlichen Aufgaben in den Hintergrund treten, sogar vernachlässigt werden, und sich Desinteresse an der Arbeit entwickeln kann. Es kann zur Rigidität im Hinblick auf Veränderungen und zum Widerstand gegenüber Innovationen kommen, da sie das Sicherheitsbedürfnis und die Alltagsroutine bedrohen. Die Verantwortungs- und Leistungsbereitschaft ist entsprechend der eingenommenen Position eng begrenzt.

Die Kritik am Bürokratiemodell entwickelt sich noch in eine andere Richtung. Es kommt dabei zu einer theoretischen Neuorientierung, die den konkreten historischen Wandel des Forschungsgegenstandes widerspiegelt. Zu den klassischen Ansätzen der Organisationstheorie zählen neben Webers Bürokratiemodell auch die von Frederick Winslow Taylor konzipierte Wissenschaftliche Betriebsführung (vgl. Kapitel 3.1). Meines Erachtens ist eine solche Einordnung von Weber und Taylor, die sich in der Literatur immer wieder findet, problematisch, da ihre Erkenntnisinteressen sehr verschieden sind. Während Weber den Rationalisierungsprozess der Neuzeit gesamtgesellschaftlich in seinen vielfältigen Ausprägungen zu analysieren und zu erklären versucht, geht es Taylor nur um eine rentable Gestaltung der Betriebe und der industriellen Arbeit unter den Bedingungen der intensiven Phase des Industrialisierungsprozesses. Sieht man von diesen grundlegenden Unterschieden ab, so lassen sich bei beiden Ansätzen jedoch auffällige Gemeinsamkeiten feststellen. Das kann nicht überraschen, da die Bürokratie des modernen Staates Vorbild bei der Entwicklung des Führungssystems industrieller Organisationen war. Indem Weber die hierarchische Autorität, die formalen Aspekte der Organisation, die Aufgabenspezialisierung, das durch Regeln gelenkte Verhalten und die Effizienz betont, ähnelt sein Modell der Bürokratie dem der Wissenschaftlichen Betriebsführung, das sich als ein System organisatorischer Handlungsmaximen und Regeln darstellt und durch seine Anwendung maximale Effizienz gewährleisten soll. In diesen Konzepten werden Ziele als statisch und in Zweck-Mittel-Beziehungen umsetzbar begriffen. Diese Vorstellung ist angesichts vielfältiger Wandlungsprozesse in der öffentlichen Verwaltung und in den privaten Wirtschaftsunternehmen überholt. Mit der Entfaltung der kapitalistischen Wirtschaftsgesellschaft entwickeln sich Wissenschaft und Technik zur Produktivkraft, es kommt zu Konzentrationsprozessen und marktinstabilen Verhältnissen, die soziale Lage der abhängig Beschäftigten ist prekär und Verbände der Arbeitskräfte und der Arbeitgeber bilden sich heraus. Der wirtschaftliche Strukturwandel und der soziale Problemdruck begünstigen einen Funktionswandel des Staates. Er muss die wachsenden ökonomischen, sozialen und politischen Probleme bearbeiten, um das Weiter- und Überleben des gesellschaftlichen Systems zu sichern. Diesem Ziel dienen wirtschaftsinterventionistische, vor allem Konjunktur stabilisierende, wohlfahrtsstaatliche und sozial gestaltende Eingriffe. Die Dynamik führt dazu, dass die wirtschaftlichen und gesellschaftlichen Strukturen zugleich komplizierter und komplexer, also vielschichtiger werden. Ziele von Organisationen können nicht länger als statisch begriffen werden, sie sind dynamisch und verändern sich im Zusammenhang mit dem Wandel von Umwelt und Aufgaben, mit denen Organisationen konfrontiert werden und die sie zu bewältigen haben. Andernfalls gefährden sie ihr Überleben. Insofern ist Zieldefinition angemessen nur als Prozess zu begreifen. Damit erweist sich der analytische Rahmen der klassischen Organisationstheorie als zu eng. Die Neuorientierung erfolgt, indem vorherrschende Tendenzen der soziologischen Theorie aufgenommen und der systemtheoretische Ansatz rezipiert wird.

Der Begriff System bezieht sich zunächst auf eine Menge von untereinander abhängigen Elementen und Beziehungen, wobei Veränderungen eines Elements mittelbar oder unmittelbar auf alle anderen Elemente einwirken und so den Zustand des Gesamtsystems verändern. Bei diesem Begriff handelt sich um eine rein theoretische Konstruktion. Die systemtheoretischen Ansätze, die auch in der Organisationsanalyse zum Zuge kommen, sind nicht einheitlich. Typisch ist jedoch ein relativ hohes Abstraktionsniveau und eine gewisse Blindheit gegenüber der historischen und gesellschaftlichen Prägung ihres Gegenstandes. Hinzu tritt das traditionelle sozialtechnische, häufig als Managementperspektive bezeichnete und kritisierte Erkenntnisinteresse, demzufolge „alle organisationstechnisch relevanten Daten von der Position höherer Organisationsplanung aus unter Kontrolle zu bringen sind" (Prewo, Ritsert, Stracke 1973: 213). Eine Ausnahme stellt der Ansatz von Crozier und Friedberg dar. Das französische und britische Wissenschaftsverständnis betonen nämlich deutlicher als das deutsche im Rahmen organisationstheoretischer und -empirischer Fragestellungen geschichts- und kulturspezifische Unterschiede (vgl. Burisch 1973b: 41). Da die Modernisierung organisationswissenschaftlicher Ansätze durch die skizzierten gesellschaftlichen Veränderungen mit ausgelöst wird, lässt sich beurteilen, welches systemtheoretische Konzept eher geeignet erscheint, die soziale Wirklichkeit analytisch zu erfassen. Ebenso wie der klassische Ansatz ein normatives Element enthält, nämlich ökonomische Rationalität und maximale Effizienz, findet sich ein solches in den systemtheoretischen Konzepten. Es ist „in dem Begriff des sich selbst durch Gleichgewichts- und Rückkoppelungsprozesse regulierenden Systems enthalten. Diese Auffassung vernachlässigt (…) weitgehend den Aspekt der Macht bei der Kontrolle von Organisationen" (Mayntz, Ziegler 1969: 456). Ein solcher Begriff von Organisation weist

> „eine auffallende Ähnlichkeit mit der normativen Vorstellung einer pluralistischen Gesellschaft (auf), in der das Funktionieren des gesamten Systems nicht durch autoritäre und zentralistische Macht geregelt ist, sondern durch das Zusammenspiel weitgehend autonomer Subsysteme, die sich in ihren überspitzten Forderungen gegenseitig in Schach halten und so eine Art Gemeinwohl hervorbringen" (ebd.: 456 f).

Mit dieser Beschreibung werden die normativen Implikationen der strukturell-funktionalen Theorie von *Talcott Parsons* (1902-1979) erfasst, einem der bedeutendsten und einflussreichsten US-amerikanischen Soziologen (vgl. Parsons 1964). In der Weiterentwicklung dieses Ansatzes durch *Niklas Luhmann* (1927-1998) in Gestalt der funktional-strukturellen Theorie spiegeln sich die Probleme entwickelter kapitalistischer Industriegesellschaften und ihrer Organisationen wider.

Luhmann, dessen Ansatz heute zur vorherrschenden Form systemtheoretischen Denkens zählt, will den Mangel der strukturell-funktionalen Theorie überwinden, indem er ihre Beschränkung auf interne Systembeziehungen überwindet. Indem er nach der Funktion der Systemstruktur fragt und die Umwelt des Systems zum Bezugspunkt wählt, trifft er auf das für die Organisation zentrale Problemfeld: die Umwelt. Die Berücksichtigung dieser Perspektive ist für das Thema Organisationsentwicklung angesichts der zunehmenden weltweiten Verflechtung und Herausforderungen von Wirtschaft und Gesellschaft unverzichtbar. Sie bleibt in dem Ansatz von Crozier und Friedberg, wie wir noch sehen werden, eher ausgeblendet.

2.1 Arbeitsorganisationen und ihre Mitglieder

„Statt der rein inneren Rationalität widerspruchsfreier Ordnung rückt die Problematik der Erhaltung des Systems in einer ‚schwierigen' Umwelt in den Mittelpunkt des wissenschaftlichen Interesses, das damit in hohem Maße zugleich ein praktisches Interesse wird. (…) Systeme sind umweltoffene, umweltempfindliche, Eindrücke verarbeitende und kompensierende Leistungseinheiten" (Luhmann 1968: 47).

Die Übernahme eines solchen systemtheoretischen Konzepts bedeutet, dass der enge analytische Rahmen der klassischen Organisationstheorie gesprengt und zum System-Ziel-Modell erweitert wird. Damit gewinnt der Begriff Effizienz zusätzliche Bedeutungsinhalte; er ist nicht länger einem einmal vorgegebenen, also unabänderlichen Ziel zugeordnet. Nun bedeutet Effizienz eines Systems, sich durch spezifische Mechanismen wie Beweglichkeit, Anpassungsfähigkeit, Einführung von Innovationen zu erhalten. Kurzum: Systemerhaltung durch Wandel. Damit ist eine Fähigkeit und die Notwendigkeit diese zu perfektionieren für entwickelte kapitalistische Systeme angesprochen: Ihre bisher gezeigte Fähigkeit, auf bedrohliche Herausforderungen zu reagieren und dadurch in ihren wesentlichen Strukturelementen zu überleben. Der veränderte Begriff von Effizienz „verlangt nach einem Kompromiß zwischen divergierenden Erfordernissen, so nach Kontinuität und nach Neuerung, nach Stabilität und nach Beweglichkeit, nach Maximierung des Ausstoßes und nach Überleben der Organisation" (Mayntz, Ziegler 1969: 445). Auch Luhmann bringt die Anwendung der Systemtheorie in der Organisationsforschung in Zusammenhang mit Überlebensproblemen von Unternehmen im entwickelten Kapitalismus (vgl. Luhmann 1966: 181 ff.).

Diesem Verständnis zufolge sind Organisationen nicht in erster Linie auf bestimmte Ziele ausgerichtet, sondern wesentlicher ist die Art und Weise wie Umweltverhältnisse geregelt werden.

„Das bedeutet unter anderem, daß ein organisiertes Sozialsystem stets mindestens zwei Umwelten unterscheiden muß: seine Mitglieder und Nichtmitglieder. Der Leistungsgewinn, der durch die Organisation erzielt werden kann, beruht sehr wesentlich darauf, daß diese beiden Umwelten verschieden behandelt werden können, daß in beiden Richtungen verschiedenartige Einflußmittel zur Verfügung stehen und daß die unterschiedlichen Strategien beiden Umwelten gegenüber aufeinander abgestimmt werden; typisch in der Form, daß die Mitglieder arbeiten müssen, um eine Leistung zu erstellen, die Nichtmitglieder schätzen; diese aber dafür mit Geld, Prestigezuweisung oder sonstwie zahlen müssen, um es dem System zu ermöglichen, die Mitgliedschaft attraktiv zu erhalten" (Luhmann 1969:394).

Systeme sind für Luhmann nicht durch Beziehungen zwischen Elementen definiert, sondern durch eine Differenz von innen und außen, Mitgliedern und Nichtmitgliedern. Organisationen lassen sich weiter durch die strukturelle Verankerung von

Aufgaben, Stellen und hierarchischen Rangpositionen bestimmen. Besondere Aufmerksamkeit gilt den Mitgliedern und den Regeln, die die Mitgliedschaft definieren. Eine wichtige Voraussetzung für die Bestandssicherung von Organisationen ist die Formalisierung von Verhaltenserwartungen in der Mitgliedschaftsrolle. Aus dem Spektrum gesellschaftlicher Erwartungen werden einige als Mitgliedschaftsbedingung ausgesondert. Eine Erwartung gilt dann als formalisiert, „wenn sie in einem sozialen System durch die Mitgliedschaftsregel gedeckt ist, d. h. wenn erkennbar Konsens darüber besteht, daß die Nichtanerkennung oder Nichterfüllung dieser Erwartung mit der Fortsetzung der Mitgliedschaft unvereinbar ist" (Luhmann 1964: 38). Zur Formalisierung von Erwartungen gehört die Möglichkeit des Ein- und Austritts. Sie impliziert, dass man Arbeitsorganisationen nie ganz angehört. Damit wird ein Unterschied zu den elementaren Sozialordnungen, zu denen Luhmann die Familie zählt, deutlich. Die Möglichkeit des Ein- und Austritts ist hier nicht gegeben. Mit dem Eintritt wird der individuelle Lebensbereich in eine private und dienstliche Sphäre getrennt. Da Mitgliedschaft nur für spezifische Zwecke erworben wird, können die Erwartungen nur auf diese bezogen werden. Bei weiter gehenden Erwartungen obliegt die Beweislast bei demjenigen, der die Formalität einer Erwartung behauptet. In einer Organisation ist das Klima – zumindest der Intention nach – weitestgehend emotional neutralisiert, während es in der Familie von diffuser Affektivität geprägt ist. Dazu verhilft die Mitgliedschaftsrolle. Erwartungen werden nicht mehr gefühlsmäßig, sondern als Mitgliedspflicht akzeptiert, zugemutet und befolgt.

Hier wird ein wichtiger Unterschied zur strukturell-funktionalen Theorie deutlich. Während diese die Anpassung der Organisationsmitglieder an normative Erwartungen als funktional für die Systemzwecke erachtet und mithin abweichendes Verhalten als dysfunktional diskreditiert, verändert sich bei Luhmann die Perspektive grundlegend. Das Nichtbefolgen von Normen kann bedeuten, dass Organisationen keineswegs schlechter, sondern sogar besser funktionieren. Insofern nähert sich Luhmann jenen theoretischen Ansätzen, die die Eigenständigkeit, die Autonomie der Organisationsmitglieder betonen. Informales Verhalten als Abweichung von der formalen Rolle wird als „brauchbare Illegalität" akzeptiert, es gibt Raum für „neues, schöpferisches Verhalten und für laufende Anpassung an eine sich ändernde Umwelt" (ebd.: 304). Diese Position steht auch im Widerspruch zu den Absichten der Human-relations-Bewegung, die die informellen Gruppen bzw. die informelle Organisation auf die Organisationszwecke zu verpflichten versucht (vgl. Kapitel 3.2).

> „Man kann heute sagen, daß diese Versuche (…) gescheitert sind, und zwar daran gescheitert sind, daß sie ihre eigene Entdeckung rückgängig machen wollten. Dieser Fehlschlag beweist mithin nur die Tragweite der ursprünglichen Einsicht: daß die ‚informale Organisation' sich weder aus dem Organisationszweck ableiten, noch auf ihn zurückführen läßt" (Luhmann 1968:40).

Als ein informeller Rollenaspekt kann Kollegialität und ihre Weiterentwicklung in der Clique gesehen werden. Die Unpersönlichkeit der formalen Rolle wird von „reservierter Freundlichkeit, die davon lebt, daß sie nicht auf die Probe gestellt wird, einer sorgfältig abgewogenen Disziplin des Nicht-zu-viel und Nicht-zu-wenig abgelöst, ohne daß eine Beziehung von gefühlsstarker Verbundenheit an deren Stelle tritt" (Luhmann 1964: 314 f.). Erst in den Cliquen werden die reduzierten, ausschnitthaften Kontakte erweitert und intensiviert. Die Forderung, affektive Neutralität zu wahren, gilt auch für feindliche Gefühle. Gleichwohl versucht das Mitglied sich zu entlasten. Dabei reicht das Spektrum von persönlichen Sticheleien bis hin zur Verweigerung extrafunktionaler Fähigkeiten, die den Arbeitszusammenhang nachhaltig stören können, ohne dass das Mitglied die Regeln verletzt. Im Dienst nach Vorschrift werden die negativen Folgen besonders offenkundig. Die Funktionsfähigkeit der Organisation hängt wesentlich von den informellen Beiträgen ihrer Mitglieder ab. Die Mitgliedsrolle wird durchaus auch positiv erlebt. Sie schützt vor sachlich unangemessenen, emotional zu belastenden oder allzu persönlichen Erwartungen und Zumutungen. Sie erlaubt Distanz. Demnach ist Formalisierung von Erwartungen in doppelter Hinsicht bedeutsam. Jeder weiß, was er erwarten und was er nicht erwarten kann. Eine Bewusstseinsentlastung und Situationsvereinfachung ist eine positive Folgewirkung (vgl. ebd.: 71). Das Problem der Systemstabilisierung lösen Organisationen, indem sie die in der Mitgliedsrolle formalisierten Erwartungen generalisieren. Gemeint ist damit, dass Erwartungen unabhängig von Einzelereignissen Bestand haben und auch durch Abweichung, Störung und Widerspruch in ihrer Geltung nicht betroffen werden (vgl. ebd.: 55 ff.). Generalisierung erfolgt in drei Schritten. Verhaltenserwartungen werden zu Normen, Rollen und Institutionen generalisiert. So sichern sich Organisationen ihre strukturelle Identität.

Der französische Arbeits- und Organisationssoziologe *Michel Crozier* (1922-2013) und *Erhard Friedberg* teilen mit Marx und Weber die eingangs formulierten Annahmen. Der Ansatz ist zudem systemtheoretisch orientiert, wenn auch mit deutlichen Modifikationen gegenüber gängigen Konzepten. Weder wird von den spezifischen historischen und gesellschaftlichen Bedingungen abstrahiert noch den Organisationsmitgliedern eine anpassungsmechanistische Sicht unterstellt. Zu diesem zuletzt genannten Punkt entwickelt Luhmann, wie wir gesehen haben, eine abweichende Sicht, indem er die Eigenständigkeit der Mitglieder berücksichtigt. Von den Autoren werden auch Alternativen zum Bürokratieansatz, die die Technologie, die Aufgaben, die Umweltverhältnisse als Struktur bestimmend erachten, als deterministisch zurückgewiesen, da sie von konkreten Situationen, von Spielarten und Verhandlungsweisen von und zwischen Gruppen absehen. Das Konzept ist für den Bereich der Organisationsentwicklung insofern bedeutsam, da es einen wichtigen Aspekt des Strukturwandels moderner Arbeitswelt in Rechnung stellt. Anders als zur Zeit von Marx und Weber sind Veränderungen in Arbeitsorganisationen heute in hohem Maße – zumindest in den westlichen Industrieländern – Ergebnis kollektiver Verhandlungen auf betrieblicher, sektoraler und staatlicher Ebene und werden von Unternehmensleitungen nicht einfach angeordnet. Diese Prozesse vollziehen sich zudem unter Bedingungen zunehmender Verrechtlichung der Beziehungen zwischen den Organisationen der ArbeitgeberInnen und der ArbeitnehmerInnen. Das ist besonders in Deutschland augenfällig. Damit ist die Machtasymmetrie zwischen Kapital und Arbeit zwar nicht beseitigt, aber doch deutlich gemildert.

Im Selbstverständnis von Crozier und Friedberg handelt es sich bei ihrem Konzept um einen „politologischen Organisationsansatz", der die Macht in Organisationen ins Zentrum der Analyse stellt, so dass „Organisationen als politische Strukturen und Handeln (…) als politisches Handeln" aufgefasst werden (Friedberg 2003: 97). Dadurch verändert sich das Erkenntnisinteresse. Die überkommene Managementperspektive der Organisationsforschung wird aufgegeben. Die Analyse der diversen sozio-politischen Arenen mit ihren Akteuren und Handlungen rückt ins Zentrum der Aufmerksamkeit. WissenschaftlerInnen haben dieses Konzept der Mikropolitik zugeordnet, was auf den Widerspruch von Friedberg – und vermutlich auch Crozier – stößt (vgl. Küpper, Ortmann (Hrsg.) 1992; Friedberg 2003: 97). Eine solche Einordnung übersieht meines Erachtens das analytische Potential dieses Ansatzes, nämlich auf dessen Grundlage die diversen Arenen der Arbeitspolitik bzw. der industriellen Beziehungen, wie ich sie vorstehend benannt habe, in den Blick zu nehmen. Andererseits ist die Mikroebene in Unternehmen nicht zu vernachlässigen, denn beispielsweise finden im Zuge moderner Leistungspolitik vermehrt Verhandlungen auch zwischen einzelnen Beschäftigten und den Vorgesetzten über Leistungsvorgaben statt. Zudem beziehen sich umfangreiche Ausführungen der Autoren auch auf diese Ebene. Zwar bildet das kollektive, häufig verrechtlichte Handeln das Zentrum der Analyse, aber auch das individuelle Handeln ist bedeutsam z. B. – wie wir noch sehen werden – bei der Analyse von Widerstand und der Bewältigung von Belastungen und Beanspruchungen. Auf Grund dieser analytischen Stärken teile ich das Urteil von Oswald Neuberger nicht, der das Buch von Crozier und Friedberg zwar als „geistreich(en), aber essayistisch-unstrukturiert(en)" qualifiziert (Neuberger 1992: 64).

Mittelpunkt ihrer Ausführungen ist das organisierte, d. h. kollektive Handeln der Menschen. Um dieses Handeln angemessen thematisieren zu können, stellen die Autoren zunächst zwei Dinge klar:

- *Erstens:* „Keine Organisation (…) existiert in einem luftleeren Raum. Sie ist Teil einer bestimmten Gesellschaft, die eine bestimmte Ebene technischer, ökonomischer und kultureller Entwicklung erreicht hat, die durch eine bestimmte Sozialstruktur gekennzeichnet ist, sowie durch bestimmte Werte, denen sich ihre Mitglieder besonders verbunden fühlen" (Crozier, Friedberg 1979: 79).

2.1 Arbeitsorganisationen und ihre Mitglieder

- *Zweitens:* „Es gibt keine völlig geregelten und kontrollierten sozialen Systeme. Die ihnen angehörenden individuellen und kollektiven Akteure können nicht auf abstrakte und fleischlose Funktionen reduziert werden. Es sind im Gegenteil Akteure, die im Rahmen der ihnen ‚vom System' auferlegten, oft sehr starken Zwänge über einen Freiraum verfügen, den sie auf strategische Weise in ihren Interaktionen mit den anderen verwenden. Das Vorhandensein und der Fortbestand dieser Freiheit stört die ausgeklügeltsten Kontrollen und führt dazu, daß Macht als gemeinsame Vermittlung widersprüchlicher Strategien zum zentralen und unausweichlichen Regulierungsmechanismus der Gesamtheit wird" (ebd.: 16). Und weiter: „Macht zum Verschwinden bringen bedeutet aber letztlich nichts anderes, als dem Akteur die Möglichkeit, aber auch das Recht zu nehmen, etwas anderes zu tun, als das, was von ihm erwartet wird. Macht zum Verschwinden bringen heißt im Grunde nichts anderes, als die Autonomie der Akteure aus der Welt zu schaffen, um sie zu bloßen Maschinen zu machen" (ebd.: 18).

Mit diesem organisationstheoretischen Selbstverständnis setzen sich die Autoren von Positionen ab, die der klassischen, also der rationalen Organisationstheorie sowie der Systemtheorie in der Fassung von Parsons und Luhmann verbunden sind. Sie weisen zudem Konzepte zurück, die die Technologie, die Aufgaben oder die Umweltverhältnisse der Organisation als Struktur bildend erachten. Die Ablehnung solcher deterministischer, statischer und zur Anpassung neigender Modelle verbinden sie mit dem Plädoyer für Konzepte der kontingenten und folglich der sich wandelnden Sozialgebilde, in denen der Mensch handelnd seine Autonomie entfaltet. Das organisierte Handeln der Menschen ins Zentrum der Untersuchung rücken beinhaltet die Absicht, „die Beziehung zwischen sozialem Akteur und System" offen zu legen (ebd.: 3). Werden system- und handlungstheoretische Sichtweisen einfach gegenübergestellt, so wird die Komplexität dieses Verhältnisses nur höchst unzureichend eingefangen. Folglich sind Akteur und System als „zwei zwar gegensätzliche(n), aber untrennbar miteinander verbundene und sich gegenseitig bedingende Pole des sozialen Lebens" zu betrachten (ebd.: 3). Zusammengeführt werden diese unterschiedlichen Bereiche im „konkreten Handlungssystem" (ebd.: 141). Zwei mögliche Untersuchungswege zeichnen sich ab: Einmal wird der Akteur zum analytischen Ausgangspunkt gewählt, ein anderes Mal das System, wobei die Untersuchung zu dem jeweils anderen Pol vorstoßen muss. „Beide Vorgehensweisen", stellen die Autoren fest, „sind widersprüchlich und komplementär zugleich. Trennt man sie, so kommt man zu sehr unterschiedlichen und jeweils unbefriedigenden Ergebnissen" (ebd.: 3).

Für die Analyse organisierten Handelns wählen Crozier und Friedberg den Begriff des Spiels und weisen den Rollenbegriff zurück, weil dieser auf einer einseitigen, nämlich auf der Problemstellung der Anpassung beruhe (vgl. ebd.: 67). Hingegen beinhalte der Spielbegriff die Autonomie der Akteure, d. h. ihre Bezugsfähigkeit.

Unter Bezugsfähigkeit wird *einmal* die Fähigkeit verstanden, „die verschiedenen mehr oder weniger klar ersichtlichen Gelegenheiten zu *entdecken*" und *zum anderen* die Fähigkeit, „die Schwierigkeiten und Risiken, die bei jeder dieser rationalen Strategie auftauchen können, *auf sich zu nehmen und zu ertragen*" (ebd.: 119). Diese zuletzt genannte Fähigkeit, die auch beinhaltet, Beziehungen zu anderen einzugehen, ist mit affektiven Problemen verbunden. Beziehungen sind durch Ambivalenz gekennzeichnet, sind „strategisch und beinhalten eine wie auch immer verdrängte oder sublimierte Machtkomponente" (ebd.: 119). Noch mehr gelten diese Merkmale für Strukturen kollektiven Handelns. Diese kollektiven Fähigkeiten können jedoch nicht auf die Fähigkeiten der Individuen zurückgeführt werden. Demnach gibt es Bezugsfähigkeiten auf der Ebene von Gruppen. Dazu zählt beispielsweise die Fähigkeit, sich zum Handeln zusammenzufinden und dabei individuelle Interessen zurückzustellen und die mit der Gruppe untrennbar verbundenen Konflikte und Spannungen zu zähmen. Mit dem Spielbegriff verändert sich die Blickrichtung. Zum Thema werden nun Beziehungen und Verhandlungen, Macht und gegenseitige Abhängigkeit. Spiel wird als ein Integrationsmechanismus begriffen, mit dessen Hilfe die Organisationsmitglieder ihre Machtbeziehungen strukturieren und ihre Zusammenarbeit regeln. So verbindet das Spiel Freiheit und Zwang. Diese mit dem Spielbegriff beschriebenen Prozesse werden auch als Sozialisation aufgefasst.

Zur Geltung bringen die Akteure ihre selbstverständlich durch die organisatorischen Rahmenbedingungen begrenzte Autonomie durch Strategien: Diese wählen sie aus einer Anzahl von Spielen aus, die mögliche Gewinnstrategien darstellen. Dabei liegen dem Strategiebegriff folgende Annahmen zugrunde (vgl. ebd.: 33 f.):

- *Erstens:* Die Ziele des Akteurs sind in der Regel nicht eindeutig, sie werden im Handeln verändert, verworfen und neue können hinzukommen.
- *Zweitens:* Das Verhalten des Akteurs ist grundsätzlich aktiv, wenn auch eingeschränkt durch organisatorische Zwänge. Selbst Passivität muss als Ergebnis einer Entscheidung aufgefasst werden.
- *Drittens:* Das Verhalten ist stets sinnvoll und rational, wenn auch nicht in Bezug auf die Ziele, sondern im Hinblick auf organisatorische Handlungsgelegenheiten.
- *Viertens:* Das Verhalten hat immer zwei Seiten, d. h. das Handeln ist einmal offensiv, auf die Verbesserung der Situation und zum anderen defensiv, auf die Aufrechterhaltung und Erweiterung des Freiraums, also der Handlungsfähigkeit gerichtet.

Einem so verstandenen Begriff der Strategie ist Irrationalität fremd.

Nun gilt es die Kategorien Spiel und Strategie als *die* Vermittlungsinstanzen zwischen subjektiver und objektiver Ebene, zwischen Handlungs- und Systemebene noch genauer zu beleuchten. Die Frage, um die es geht, lautet: Wodurch werden Strategie und Spiel als Ergebnis von Sozialisation[2] bestimmt? Anders gefragt: Welche Momente aus dem Arbeits- und Lebenszusammenhang sind für die Entwicklung von Spiel und Strategie zentral bedeutsam?

Zunächst wird der Sozialisationsprozess als „ein relativ offener Prozeß (begriffen), der voller Überraschungen sein kann, weil er immer durch ein handelndes Subjekt vermittelt wird" (ebd.: 70). Die im organisatorischen Rahmen wirksam werdende Autonomie der Akteure ist Ergebnis eines auf den gesamten Lebenslauf ausgedehnten Sozialisationsprozesses. Sie ist also „Produkt seiner sozialen Geschichte" (ebd.: 298); sie ist Ergebnis sozialen Lernens in der Familie, in der Schule und im Beruf. Folglich ist die Arbeitsorganisation eine wichtige Sozialisationsinstanz, denn sie liefert Handlungsinstrumente und steckt spezifische Experimentierfelder ab (vgl. ebd.: 119). Die in einem solchen komplexen, also vor- und außerberuflichen wie beruflichen Sozialisationsprozess erlernten Fähigkeiten lassen sich nicht auf eine technisch-ökonomische Logik reduzieren, sie sind Ausdruck der kulturellen Fähigkeiten der Individuen (vgl. ebd.: 111).

Die Spiele und Strategien, die die Akteure wählen, sind aber nicht nur vergangenheits-, sondern auch zukunftsgebunden (vgl. ebd.: 298 ff.). Die strategischen Orientierungen, für die sich soziale Akteure entscheiden, sind Ausdruck einer antizipatorischen Bilanz, d. h. die gegenwärtige Lage wird unter dem Blickwinkel zukünftiger Möglichkeiten, Ressourcen sowie Zwänge analysiert. Dabei verschwinden die vergangenen Erfahrungen nicht einfach, aber sie werden relativiert, d. h. sie sind nur eines der Elemente, die die Fähigkeiten der Akteure bestimmen und dadurch werden mittelbar auch die Strategien beeinflusst. Die in den verschiedenen Sozialisationsbereichen gegebenen Zwänge und Spielregeln können den Erwerb von Autonomie nicht nur fördern und erleichtern, sondern auch hemmen und sogar verhindern (vgl. ebd.: 121). Das kann sich darin zeigen, dass sozialer Wandel nicht unterstützt, sondern abgelehnt wird. Die Organisationsmitglieder fühlen sich in ihren Gewohnheiten, in ihrer Routine gestört. Sie erblicken in der geplanten Veränderung eine Gefahr, denn sie stellt die Bedingungen ihres Spiels, ihre Machtquellen und ihre Handlungsfreiheit in Frage. Die Mitglieder werden aufgefordert, „auf das zu verzichten, was ihnen hilft, sich als soziale Wesen zu behaupten, zumindest teilweise Herr über ihr eigenes Verhalten zu bleiben" (ebd.: 243). Dieser Widerstand, meinen Crozier und Friedberg, kann überwunden werden, wenn die Mitglieder

---

2 Sozialisation (= Vergesellschaftung) bezeichnet den Prozess, durch den ein Individuum Mitglied einer sozialen Gruppe wird, indem es geltende soziale Normen und die zur Erfüllung derselben erforderlichen Fähigkeiten und Fertigkeiten erlernt.

einer Organisation „Interesse an den ihnen angebotenen Spielen finden können, sind sie ganz und gar bereit, sehr schnell den Wandel mitzuvollziehen" (ebd.: 242).

Ich fasse das Konzept von Crozier und Friedberg in seinen wichtigsten Aspekten zusammen. Die Begriffe Spiel und Strategie sind als Vermittlungsinstanzen zwischen subjektiver und objektiver Ebene, die im konkreten Handlungssystem zusammentreffen, aufzufassen. Der Spielbegriff beinhaltet die Aktivität, die Autonomie, die Bezugsfähigkeit und die Macht der Organisationsmitglieder. Mit diesem Verständnis schließen sie Vorstellungen wie Passivität, mechanistische Anpassung sowie Ohnmacht und Nichtkontrolle analytisch aus. Aus einer Anzahl von Spielen werden Strategien ausgewählt. Teilweise baut der Begriff der Strategie auf dem des Spiels auf: Der Akteur ist grundsätzlich aktiv, er handelt sowohl offensiv als auch defensiv, seine Ziele sind eher diffus und verändern sich, sein Verhalten ist stets als rational anzusehen. Schließlich impliziert diese Auffassung, dass Organisationen Teil einer konkreten Gesellschaft sind, sie sind kontingent, d. h. sie können auch anders beschaffen sein, und sie sind zudem keine völlig geregelten und kontrollierten Systeme.

Da der Ansatz von Crozier und Friedberg für das Thema hier von erheblicher theoretisch-empirischer Relevanz ist, ist er im Folgenden mit Blick auf seine Möglichkeiten und Grenzen zu diskutieren. Das Konzept zeichnet sich positiv durch ein Zusammengehen von Handlungs- und Systemtheorie aus, ohne blind gegenüber dem gesellschaftlichen, historischen und kulturellen Kontext von Organisationen zu sein. Eine solche Verbindung erlaubt, eine mechanistische Sicht des Verhältnisses von Individuum und Organisation zu überwinden. Die Organisationsmitglieder, sowohl einzeln wie kollektiv, sind Akteure mit eigenen Zielen und Interessen, die sich mit den Gegebenheiten der Organisation auseinandersetzen. Auf diese Weise wird Organisationsentwicklung als Verhandlungsprozess verstehbar. Strukturiert werden diese Beziehungen durch Macht- und Abhängigkeitsverhältnisse. Eben auf diesem Umstand gründet die Autonomie, die Bezugsfähigkeit von Akteuren. Das bedeutet, dass ein Zustand totaler Machtlosigkeit, vollständig einseitiger Abhängigkeit analytisch ausgeschlossen bleibt. Diese Sicht schließt keineswegs aus, dass Kooperation in Arbeitsorganisationen auch über Einfluss, Verständigung und Vertrauen zustande kommt, zumal es außer gegensätzlichen auch einen Kern von gemeinsamen Interessen gibt (vgl. Zündorf 1986: 33 ff.). Positiv hervorzuheben ist darüber hinaus das Bemühen der Autoren, den Vermittlungsproblemen zwischen subjektiver und objektiver Ebene nachzugehen. Entsprechend werden die subjektiven Grundlagen von Spiel und Strategie angesprochen und zu Recht als Sozialisationsprozesse bzw. als Ergebnisse derselben qualifiziert. Diese Vorgänge können positiv oder negativ auf das Erlernen von Bezugsfähigkeiten wirken. Sie beeinflussen somit auch die Entwicklung und die Auswahl von Strategien. Dabei

2.1 Arbeitsorganisationen und ihre Mitglieder

wird Sozialisation nicht auf die frühen Lebensphasen begrenzt, sondern auf das Erwachsenenalter, auf das Arbeitsleben ausgeweitet. Obwohl das Handeln der Akteure vergangenheitsgebunden ist, werden vorberufliche und gegebenenfalls auch weiter zurückliegende Phasen beruflicher Sozialisation in ihrer Bedeutung für Spiel und Strategie zwar nicht als irrelevant, aber doch als sekundär im Vergleich zur jeweils aktuellen Berufssituation angesehen. Diese Einschätzung gründet auf der Annahme, dass das Handeln der Akteure nicht nur vergangenheitsgebunden, sondern auch zukunftsorientiert ist.

Der Ansatz von Crozier und Friedberg fordert aber auch zur Kritik heraus. Die Option für den Spielbegriff ist aus zwei Gründen problematisch: Der Spielbegriff wird aufgrund einer einseitigen Rezeption der Rollentheorie eingeführt. Die Revision durch den soziologischen Interaktionismus nehmen die Autoren nicht zur Kenntnis. Gleichwohl sind sie engagierte Anhänger dieser Theorie, denn deren Vertreter führen die Identitätskategorie ein, um die strukturellen Möglichkeiten des Individuums zu erfassen, gegenüber sozialen Zwängen Autonomie zu wahren. Zu den identitätsstiftenden Fähigkeiten zählen Rollendistanz als Fähigkeit, normative Anforderungen zu relativieren, um auswählen, verneinen, verändern und deuten zu können, ferner Empathie als Fähigkeit, durch Einfühlungsvermögen die Erwartungen anderer antizipieren zu können, schließlich Ambiguitätstoleranz als Fähigkeit, mit Divergenzen und Inkompatibilitäten zu leben, und sie als prinzipiellen Bestandteil von Interaktion anzuerkennen (vgl. Krappmann 1969: 104). Schwerwiegender, da die analytischen Möglichkeiten ihres Ansatzes im Kern betreffend, ist, dass der Spielbegriff, ein Grundbegriff der Spiel- und Entscheidungstheorie, völlig unkritisch übernommen wird. Diese Kategorie kann analytisch nur dann brauchbar sein, wenn sie mit dem Begriff Arbeit vermittelt wird (vgl. Kapitel 2.2). Daraus ergibt sich die meines Erachtens unverzichtbare arbeitssoziologische Fundierung des organisationssoziologischen Ansatzes von Crozier und Friedberg. Dieses Defizit verbindet sich mit einem weiteren Mangel. Dazu eine knappe Erläuterung: Die Autoren betonen geradezu in emphatischer Weise die Autonomie der Organisationsmitglieder, ohne jedoch zu bedenken, dass diese Autonomie integraler Bestandteil von Arbeit ist. Sie sind zwar realistisch genug zu sehen, dass diese Freiheit stets relativ ist. Sie kann durch Sozialisationsbedingungen begrenzt werden, die die Persönlichkeitsentwicklung beeinträchtigen. Dazu zählen auch organisatorische Zwänge. Ferner kann das Handeln sowohl offensiv als auch defensiv sein. Als eine defensive Art des Handelns kann der Widerstand gegen Wandel angesehen werden. Aber die Forscher sind voller Optimismus, wenn sie behaupten, dieser Widerstand lasse sich auflösen, sobald die Betroffenen erkennen, dass die angestrebten Verbesserungen in ihrem Interesse liegen. Eine darüber hinausgehende und mithin vertiefende Analyse dieser subjektiven Möglichkeiten und Grenzen von Freiheit auf der Grundlage eines theoretischen Konzeptes von Arbeit sucht man vergeblich, und es bleiben folglich nicht nur die organisatorischen und gesellschaftlichen Zwänge letztlich ziemlich unbestimmt, sondern Spiel und Strategie ebenfalls. Daher kann dieses im Licht der Sozialisationsforschung wenig entwickelte Autonomiekonzept politisch-praktischen Illusionen Vorschub leisten (vgl. Wyniger 1982: 59).

Um diesen Illusionen und den damit zusammenhängenden theoretischen Defiziten zu begegnen, sind die Bedingungen genauer zu erschließen, die der Entfaltung autonomen Handelns entgegenstehen und die den meines Erachtens eher anhaltenden Widerstand gegen Wandel erklären können. Dazu bieten Forschungen einen Ansatzpunkt, die in den letzten Jahren zu dem Thema Sozialisation durch Arbeit durchgeführt worden sind und in denen versucht wird, den von Crozier und Friedberg angesprochenen Zusammenhang von Veränderungsbarrieren und Bewältigungsstrategien unter Berücksichtigung der Arbeitstätigkeit, also dem konkreten Handeln der Person, empirisch zu klären. Die Autoren haben ihr Persönlichkeitskonzept infolge des konstatierten Defizits auch mit der Arbeitstätigkeit nicht verbunden. Dass der angesprochene Wirkungszusammenhang in Projekten des staatlichen Forschungs- und Aktionsprogramms Humanisierung des Arbeitslebens (vgl. Kapitel 4.1) behandelt wurde, ist nicht zufällig, denn Bemühungen, Arbeitsbedingungen menschengerechter zu gestalten, sind solange zum Scheitern verurteilt, wie es nicht gelingt, dieses Wirkungsgefüge aufzulösen. Diesbezügliche Überlegungen habe ich im Anschluss an die Analyse einiger Projektberichte entwickelt (vgl. Raehlmann 1988a: 62 ff.). Danach scheinen mir mindestens folgende Ergänzungen unabdingbar: Indem Crozier und Friedberg die Autonomie der Organisationsmitglieder bzw. der Arbeitskräfte, vor allem mit Blick auf die Verbesserung und Weiterentwicklung von Arbeitsorganisationen und letztlich von Gesellschaft insgesamt betonen, tragen sie – wenn auch eher implizit – der in der Gesellschaftstheorie seit langem und weit verbreiteten Auffassung Rechnung, wonach Arbeit nicht bloß instrumentelles Handeln ist, sondern darüber hinausweist. Arbeit ist zugleich auch gestaltende, schöpferische Tätigkeit, und in diesem Tun entwickeln die Menschen sich nicht nur selbst, sondern leisten produktive Beiträge für die gesellschaftliche Entwicklung. Da die Forscher diese subjektive Bedeutung von Arbeit theoretisch kaum erschließen, und daher ihr Autonomiekonzept von Arbeit ziemlich losgelöst erscheint, werden diese weit reichenden Implikationen und Konsequenzen von Arbeit kaum gesehen. Das zeigt sich auch darin, dass Arbeit nicht als integraler Bestandteil des übrigen Lebens, sondern getrennt davon erscheint. Mit anderen Worten: Produktion und Reproduktion rücken nicht als notwendige Einheit ins Blickfeld. Damit wird die Sicht für die Notwendigkeit versperrt, die Arbeitskraft wieder herzustellen. Darüber hinaus wird auch ein weiterer Sachverhalt außer Acht gelassen. Die in physischer, psychischer und sozialer Hinsicht pathogenen Konsequenzen z. B. von taylorisierter Arbeit (vgl. Kapitel 3.1) tragen erheblich dazu bei, dass im Verlauf eines restriktiven Arbeitslebens die Autonomie der Arbeitskräfte sich nicht mehr in einem offensiven Handeln niederschlägt. Vielmehr nimmt das Handeln eine weit über das Verständnis von Crozier und Friedberg hinausgehende defensive Qualität an, d. h. es erschöpft sich darin, Belastungen zu bewältigen, Identitätsgefährdungen abzuwehren, kritische Einsichten über Arbeits- und Lebensbedingungen zu verinnerlichen. Zudem sind die Veränderungsbarrieren aufgrund der Zuständigkeit von Frauen für den Reproduktionsbereich geschlechtsspezifisch zu beleuchten. Darüber hinaus sind sie zeitlich-situativ zu analysieren, denn Veränderungsbarrieren sind auch abhängig vom Lebensalter als Indikator für die berufliche und private Situation.

Schließlich ist der Widerstand gegen Wandel – worauf Friedberg in einer jüngeren Veröffentlichung aufmerksam macht und damit die frühere Auffassung relativiert – nicht nur auf unteren, sondern auch auf mittleren und höheren Ebenen der Betriebshierarchie nachweisbar. Das Management, das in den Veränderungsprozessen eine „Schlüsselrolle" einnimmt, fürchtet einen Macht- und Kontrollverlust, sofern untergeordnete Arbeitskräfte aufgewertet werden und mithin einen Statusgewinn erzielen (Friedberg 1995: 352). Solche Befürchtungen liegen auch der abwehrenden Haltung von Betriebs- und Personalräten gegenüber entsprechenden Veränderungen zu Grunde. Mit qualitativ höheren Tätigkeiten entwickelt sich das Selbstbewusstsein, so dass die Arbeitskräfte vermehrt ihre Interessen gegenüber dem Management – zumindest zunächst – selbst vertreten, d. h., ohne dass sie um Unterstützung bei der betrieblichen Interessenvertretung nachsuchen. Daher muss sich im Zuge von Organisationsentwicklung für beide Gruppen – Management und betriebliche Interessenvertretung – das berufliche Selbstverständnis verändern.

2.2 Entwicklung von Arbeitsorganisationen im Spannungsfeld von Humanisierung der Arbeit und betrieblicher Rationalisierung

Organisationsentwicklung ist Teil betrieblicher Rationalisierungsmaßnahmen, die Unternehmen, um sich am Markt zu behaupten, durchführen müssen. Außer organisatorischen sind technische Neuerungen maßgebliche Ansatzpunkte für solche Interventionen. Häufig werden sie im Verbund initiiert. Solche zielgerichteten Veränderungsprozesse, denen üblicherweise idealtypische Modelle zu Grunde liegen, finden häufig zunächst in industriellen Unternehmen statt. Die weiteren

Sektoren und Branchen sowie einschlägige Verbände der Wirtschaftsgesellschaft übernehmen diese für die eigene organisatorische Gestaltung, wobei strukturelle und funktionelle Besonderheiten zu berücksichtigen sind. Der geplante Wandel kann die intendierte Richtung und erst Recht das Ziel verfehlen. Der Erfolg solcher Initiativen ist keineswegs garantiert, sondern es ist mit unbeabsichtigten sozialen Folgen zu rechnen. Diese Tatsache zeigt jeder überzogenen Planungs- und Steuerungseuphorie Grenzen auf. Die zeitliche Perspektive ist daher kurzfristig anzulegen und für Korrekturen offen zu halten. Organisationen werden so zu „Agenturen sozialen Wandels", die auf Herausforderungen aus der gesellschaftlichen Umwelt reagieren und dadurch diese zugleich weiter verändern (Büschges, Abraham 1997: 220). Initiativen für Veränderungen können auch aus der Organisation selbst kommen, deren Folgen außerhalb derselben sichtbar werden. Beispielsweise können Unternehmen ihre Produktion von militärischen auf zivile Güter umstellen, technische und arbeitsorganisatorische Innovationen durchführen, die zu Entlassungen führen, da fortan weniger Arbeitskräfte mit anderen Qualifikationen benötigt werden. Interne und externe Anstöße für Veränderungen stehen mithin in einem engen Wirkungszusammenhang.

Arbeitsorganisatorische Transformationen können zugleich humaner, menschengerechter gestaltet werden. Von diesem Ziel haben sich die Reformvorstellungen der siebziger und achtziger Jahre des vergangenen Jahrhunderts inspirieren lassen. Auch hier lehren die Erfahrungen, dass die vorstehend erwähnte Skepsis angebracht ist. Es ist von unterschiedlichen Interessenlagen potentiell Betroffener auszugehen und daher mit einem erheblichen Konfliktpotential zu rechnen, so dass eine gleichrangige Berücksichtigung von Interessen fiktiv wird. Im Kontrast dazu findet sich aber auch die Auffassung, dass Humanität und Wirtschaftlichkeit bzw. menschgerechtere Arbeitsgestaltung und betriebliche Rationalisierung sich tendenziell vereinbaren lassen. Im Folgenden wird die These erläutert, dass dieses Verhältnis eher von Spannungen und Widersprüchen geprägt wird denn von Harmonie, wiewohl es begrenzte Übereinstimmungen geben kann. Dabei geraten die von den Konzepten zur Organisationsentwicklung eher vernachlässigten Aspekte struktureller, technisch-organisatorischer Natur in den Blick (vgl. Kapitel 2.3). Zunächst werden zentrale Begriffe geklärt.

Arbeit ist von elementarer Bedeutung für die menschliche Existenz und für die Befriedigung menschlicher Bedürfnisse. Eine solche Auffassung ist in der Menschheitsgeschichte keineswegs selbstverständlich gewesen (vgl. Walther 1990: 3 ff.). Sie bildete sich erst im Zusammenhang mit bestimmten gesellschaftlichen Entwicklungen heraus. Im Gefolge dieses tief greifenden Wandels zerbrach die feudal-ständische Gesellschaft und machte der bürgerlichen Platz. Der Prozess begann mit den Stadtrevolutionen im 11. und 12. Jahrhundert. Die Menschen befreiten sich zunehmend aus den überkommenen Herrschaftsverhältnissen und wurden freie Bürger. Die Vorgänge führten dazu, dass schließlich auch die Angehörigen der ehemals nicht arbeitenden Stände wie der Adel in den Kreislauf der Arbeitsteilung einbezogen wurden.

Die von Bürgertum und Aufklärungsphilosophie vertretene Idee, dass das Subjektsein des Menschen durch Arbeit vermittelt werde, wurde zuvor bereits von der Theologie verkündet. Die christlich-mittelalterliche Arbeitsauffassung wurde ergänzt und zunehmend verdrängt durch die calvinistische Arbeitsethik, die der neuen Wirtschaftsform bestens entspricht und daher von Weber als „Geist des Kapitalismus" bezeichnet wird (vgl. Weber: 1965). Die bisherige Auffassung, dass das ewige Heil des Menschen in Gottes Händen liegt und der Mensch weder etwas dafür tun noch jemals seines Heils gewiss sein kann, wird entscheidend revidiert. Ist die Arbeit erfolgreich, so darf der Mensch daraus die Hoffnung schöpfen, dass Gott für ihn ist. In diesem Zeichen der Erwählung erkaltet das ganze Leben in einer innerweltlichen Askese von Arbeit um der Arbeit willen. Es kommt daher weder zur Muße und zum Genuss des Arbeitsertrages noch zum Mitleid mit den Armen, weil diese ja von Gott verworfen sind. War Armut im Mittelalter zwar ein Unglück, dabei unabänderlich, weil durch Geburt, wird Armut nun zur Schuld.

Vor dem Hintergrund dieser Entwicklung kann in der klassischen Nationalökonomie die Wirklichkeit des Menschen als ein System gesellschaftlicher Arbeit aufgezeigt werden. Daher kann Marx sagen: Die „ganze sogenannte Weltgeschichte (ist) nichts anderes (…) als die Erzeugung des Menschen durch die menschliche Arbeit, als das Werden der Natur für den Menschen" (Marx 1964: 247 f.). Ihre konkrete Gestalt erhält Arbeit in der Ordnung des Privateigentums. Für den Menschen ist es „die Darstellung der Rechtfertigung in dieser Welt, nicht aus höherer Gnade, sondern aus sich selbst, aus seiner Arbeit" (Jonas 1960: 148). Marx begreift unter Bezug auf *Georg Wilhelm Friedrich Hegel* (1770-1831) Arbeit als Schlüssel zum Wesen des Menschen. Das Große an Hegel sei, betont er, dass er „das Wesen der Arbeit faßt und den gegenständlichen Menschen, wahren weil wirklichen Menschen als Resultat seiner eigenen Arbeit begreift" (Marx 1964: 269). Marx analysiert Arbeit zunächst als allgemeine Form des menschlichen Kampfes mit der Natur, um die für die menschliche Existenz erforderlichen Lebensmittel zu erhalten. Arbeit ist also „ein Prozeß zwischen Mensch und Natur, ein Prozeß, worin der Mensch seinen Stoffwechsel mit der Natur durch seine eigne Tat vermittelt, regelt und kontrolliert" (MEW 1974: 192). Arbeit sei die entscheidende Bedingung für die Aussonderung des Menschen vom Tierreich. Neben diesen allgemeinen nennt Marx noch weitere, speziellere Unterscheidungsmerkmale.

- *Erstens:* Arbeit ist zweckmäßige, zielgerichtete Tätigkeit, d. h. der Mensch als ein mit Intelligenz ausgestattetes Wesen kann das Arbeitsergebnis antizipieren und den Arbeitsprozess daraufhin organisieren. Er schreibt:

> „Eine Spinne verrichtet Operationen, die denen des Webers ähneln, und eine Biene beschämt durch den Bau ihrer Wachszellen manchen menschlichen Baumeister. Was aber von vornherein den schlechtesten Baumeister von der besten Biene auszeichnet, ist, daß er die Zelle in seinem Kopf gebaut hat, bevor er sie in Wachs baut. Am Ende des Arbeitsprozesses kommt ein Resultat heraus, das bei Beginn desselben schon in der Vorstellung des Arbeiters, also ideell vorhanden" ist (ebd.: 193).

- *Zweitens:* Der Mensch vollbringt diese zielgerichtete Tätigkeit mit Hilfe selbst produzierter Werkzeuge. „Der Gebrauch und die Schöpfung von Arbeitsmitteln, obgleich im Keim schon bestimmten Tierarten eigen, charakterisieren den spezifisch menschlichen Arbeitsproceß" (ebd.: 194). In ihm eignet sich der Mensch die Natur in einer für die Bewältigung des Lebens brauchbaren Form an. Die Funktion des Arbeitsprozesses lässt sich folglich als zweckmäßiges Tun zur Herstellung von Gebrauchswerten bestimmen (vgl. ebd.: 56 f.). Dadurch ist Arbeit „nützliche" Arbeit (ebd.: 57). Gebrauchswertproduktion ist „eine von allen Gesellschaftsformen unabhängige Existenzbedingung des Menschen, ewige Naturnotwendigkeit, um den Stoffwechsel zwischen Mensch und Natur, also das menschliche Leben zu vermitteln" (ebd.: 57).
- *Drittens:* Der Mensch tritt auch in Wechselbeziehung mit anderen Menschen: Arbeit ist stets Kooperation.

> „In der Produktion wirken die Menschen nicht allein auf die Natur, sondern aufeinander. Sie produzieren nur, indem sie auf eine bestimmte Weise zusammenwirken und ihre Tätigkeiten gegeneinander austauschen. Um zu produzieren, treten sie in bestimmte Beziehungen und Verhältnisse zueinander und nur innerhalb dieser gesellschaftlichen Beziehungen und Verhältnisse findet ihre Einwirkung auf die Natur, findet Produktion statt" (MEW 1968: 407).

Die Gesellschaft, die sich im Feudalsystem entwickelte, ist eine Waren produzierende Gesellschaft, also eine, in der der Produzent etwas herstellen kann, ohne dass er es braucht, ohne dass das fertige Produkt seiner eigenen Bedürfnisbefriedigung dient. Diese erreicht er erst, wenn er sein Produkt gegen ein anderes tauscht, welches er nicht geschaffen, für ihn aber Gebrauchswert hat. Arbeit ist in einer Waren produzierenden Gesellschaft die Herstellung des Produkts für einen anderen, so dass Arbeitstätigkeit zur Erwerbstätigkeit wird. Es verwandelt sich der Zentralbereich menschlicher Existenz, die Arbeitstätigkeit, zu einem Instrument der Bedürfnisbefriedigung für den Restbereich, für das eigentlich „lebenswerte Leben" (Volpert

1975: 159). Arbeit verwandelt sich noch in anderer Hinsicht. Denn die Waren produzierende Gesellschaft, die Arbeitsteilung voraussetzt, weitet, weil der Markt vielseitige Bedürfnisse weckt, diese zunehmend aus. Unter diesen Bedingungen sind die individuellen Handlungssysteme gekennzeichnet „durch eine zunehmende Vereinseitigung; d. h. die Handlungskompetenzen spiegeln die gesellschaftlichen Kompetenzen in immer geringerem Umfang wider" und ferner „durch ein Auseinanderfallen des allgemeinen (Erwerbs-)Motivs der Arbeitstätigkeit und des konkreten Inhalts und Ziels (Produkt) dieser Tätigkeit" (ebd.: 159 f.).

Die Waren produzierende Gesellschaft erhielt erst ihre zugespitzte Form im Kapitalismus. Hier ist der unmittelbare Produzent in doppelter Weise befreit, und zwar von persönlichen Abhängigkeitsverhältnissen und vom Besitz aller Produktionsmittel. Er besitzt nur noch seine Arbeitskraft und muss diese veräußern, er wird zum Lohnarbeiter. Der gesellschaftliche Gesamtprozess, speziell die Produktion, erscheint für den Lohnarbeiter als eine fremde Sache, daher nicht zu kontrollierende Macht, als Eigentum und Verfügungsgewalt des Kapitalisten. Er selbst ist diesem Zusammenhang ohnmächtig, fremden Nutzen dienend, einverleibt. Noch mehr als bisher ist Arbeitstätigkeit vom übrigen Leben getrennt, fängt Leben erst nach Beendigung der Arbeit an.

Während Hegel und Marx die persönlichkeits-, gesellschafts- und geschichtsbildende Rolle von Arbeit betonen, wird in der klassischen Nationalökonomie Arbeit ausschließlich unter wirtschaftlichen Gesichtspunkten betrachtet. Sie wird auf einen bloßen Produktionsfaktor reduziert. Dieses Verständnis ist auch für die moderne Wirtschaftswissenschaft typisch, die überdies den Arbeitsbegriff noch weiter verengt. Arbeit wird auf die „geleitete, unfreie Tätigkeit" des Lohnarbeiters und auf die Produktion von Gütern beschränkt (Marcuse 1967: 8). Dazu führt *Herbert Marcuse* (1898-1979) weiter aus: „Daß alle Arbeit wesentlich auf Gegenständlichkeit bezogen ist, erscheint sofort zweifelhaft, wenn man etwa an ‚geistige' Arbeit, an politisches Handeln, an gesellschaftliche ‚Dienstleistungen' (wie die Tätigkeit des Arztes, des Lehrers u. a.) denkt" (ebd.: 28). Zudem wird in neuerer Zeit eine weitere Reduktion des Arbeitsbegriffs kritisiert. Bereits bei Hegel und Marx sowie bei nachfolgenden Theoretikern wird Arbeit mit Erwerbsarbeit gleichgesetzt – ein Tatbestand, der vor allem von der Frauenbewegung und -forschung beanstandet wird (vgl. Neusüß 1983: 181 ff.; Schmid 1990: 258 ff.). Ausgeblendet werden all jene Arbeiten, die in der Regel von Frauen verrichtet werden und die die Voraussetzungen für Erwerbsarbeit erst schaffen, so die Erziehung von Kindern, die Betreuung und Pflege von Kranken und Alten sowie die Hausarbeit, die zusammen mit der Beziehungsarbeit die physische und psychische Wiederherstellung der männlichen Arbeitskraft im Alltag sicherstellt. Die Diskussion über eine Erweiterung des Arbeitsbegriffs erhält zusätzliche Anstöße durch die seit den siebziger Jahren des vergangenen Jahrhunderts sich abzeichnende

Krise der Arbeitsgesellschaft. Insgesamt geht es um eine Neubewertung und Neuverteilung von bezahlter und unbezahlter, von Erwerbs- und Nichterwerbsarbeit. Es besteht jedoch die Gefahr, dass die traditionelle Verkürzung des Arbeitsbegriffs abgelöst wird von einer inflationären Verwendung, etwa in Formulierungen wie „Trauerarbeit" (Mitscherlich, Mitscherlich 1967: 9), „Erlebnisarbeit" (Schulze 2000: 38) und „Vergnügungsarbeit" (Greiner 1986; zitiert nach: ebd.: 38).

Rationalisierung und Rationalisierung der Arbeit: Im weitesten Sinne bezieht sich der Begriff Rationalisierung auf „alle Prozesse der Ablösung von zufälligen, planlosen, traditions- und brauchtumsgebundenen durch überlegte, mittelzweck-orientierte, kalkulierte und entsprechend organisierte systematische Handlungsformen" (Hartfiel 1972: 545). Erst mit der Entwicklung der bürgerlichen Gesellschaft bilden sich solche Grundhaltungen heraus. So zeichnet sich, wie bereits angedeutet, das Bürgertum im Vergleich zu den anderen sozialen Ständen, also zu Adel, Geistlichkeit und Bauerntum, durch eine tendenziell rationale Lebensführung und eine spezifisch rationale Haltung in Dingen der Wirtschaft aus. Mit Blick auf wirtschaftliches Handeln kann Rationalisierung wie folgt definiert werden. Bemerkenswert an dieser vergleichsweise frühen Definition ist die Betonung weltwirtschaftlicher Aspekte. Vor allem diese haben in den letzten Jahrzehnten einen immensen Bedeutungszuwachs erfahren.

- *Erstens:* Verbesserung der technischen Formen des Kapitals,
- *zweitens:* Verbesserung der weltwirtschaftlichen, volkswirtschaftlichen und einzelwirtschaftlichen Organisationsformen des Kapitals sowie
- *drittens:* Verbesserung der Arbeitsqualität der Arbeitenden mit dem Ziel, den Wirkungsgrad menschlicher Arbeit zu steigern und den Aufwand an menschlicher, also physischer und psychischer Energie zu senken (vgl. Bund der Industrieangestellten Österreichs 1929: 10).

Was unter Rationalisierung der Arbeit zu verstehen ist, soll an einem Beispiel verdeutlicht werden. Bezug wird auf eine einschlägige Untersuchung von *Otto Bauer* (1882-1938) genommen, dem intellektuellen und politischen Mentor der Sozialdemokratie Österreichs Anfang des 20. Jahrhunderts. Darin heißt es:

> „In vielen Fällen erspart die Rationalisierung dem Arbeiter nutzlose, unproduktive Anstrengung. Wenn man es z. B. durch zweckmäßige Vorrichtungen dem Arbeiter erspart, seine Arbeit in gebückter Stellung verrichten zu müssen und es ihm ermöglicht, in aufrechter Stellung zu arbeiten, oder wenn man es durch zweckmäßige Vorrichtungen dem Arbeiter erspart, sich immer wieder nach einem schweren Werkstoff bücken zu müssen, indem man ihm den Werkstoff auf den Arbeitstisch liefert, so erspart man dem Arbeiter nutzlose Verschwendung von Energie. Man ermöglicht

2.2 Im Spannungsfeld von Humanisierung und Rationalisierung

es ihm daher, mehr zu leisten, ohne daß er mehr Energie verausgaben müßte. Man erhöht nicht den Energieaufwand der menschlichen Arbeit, sondern verbessert ihren Wirkungsgrad" (Bauer 1931: 80).

Wie dieses Beispiel zeigt, laufen die Rationalisierungsbemühungen auf eine Erhöhung der Produktivität der Arbeit hinaus. Nun sind Rationalisierungsprozesse zu analysieren, wie sie in einer kapitalistischen Wirtschaftsgesellschaft ablaufen. Das Interesse richtet sich auf den Arbeitsprozess in einem privatwirtschaftlichen Produktionsbetrieb. Er ist zugleich der Ort,

> „an dem sich Kapitalverwertung konkret faßbar in bestimmte Formen ökonomisch vermittelter, technologisch ausgeformter Veränderungsprozesse der Produktion umsetzt und darüber mittelbar die Arbeitsstruktur der Beschäftigten bestimmt. In diesem Zusammenhang ist Rationalisierung genauer als Prozeß einer permanenten Ökonomisierung der wesentlichen Momente des Produktionsprozesses zu verstehen, zu der das Unternehmen als ‚Marktteilnehmer' fortlaufend gezwungen ist. Dieser Prozeß kann sich in unterschiedlichen Rationalisierungsformen ausprägen, die sich einander bedingen. In ihrem Zentrum steht die Senkung der Arbeitskosten durch den Einsatz produktionssteigernder Maschinen und durch arbeitsorganisatorische Maßnahmen der Arbeitsteilung und Arbeitsverdichtung" (Mickler 1981: 22).

Die Rationalisierung in einer kapitalistischen Wirtschaftsgesellschaft hat die Anwendung aller technischen und organisatorischen Mittel zur Erhöhung privatwirtschaftlicher Rentabilität in einem Einzelunternehmen zum Ziel. Rationalisierung ist daher willkommen, sofern sie der Erhöhung der Rentabilität dient. Dabei schließt Rentabilität, vergegenwärtigen wir uns die zuvor dargelegten Überlegungen zum Doppelcharakter des Produktionsprozesses und der Leitung, selbstverständlich auch Aspekte der Macht- und Herrschaftssicherung mit ein.

Der ambivalente Charakter privatwirtschaftlich initiierter Rationalisierung der Arbeit ist wiederum an einem Beispiel zu veranschaulichen. Der durchgängig positive Sinngehalt, der sich vorstehend mit der Rationalisierung der Arbeit verbindet, wird angesichts der gleichzeitig ablaufenden Intensivierung der Arbeit relativiert, wenn nicht sogar zurückgenommen:

> „Wenn sich der Unternehmer bemüht, dem Arbeiter nutzlose, unproduktive Anstrengungen zu ersparen, so tut er es nicht um des Arbeiters willen. Er tut es, damit der Arbeiter weniger durch nutzlose, unproduktive Bewegungen ermüdet, desto mehr nutzbare, produktive Bewegungen zu leisten imstande sei. Er tut es, damit der Arbeiter die Energie, die ihm durch die Vermeidung unnützer Anstrengungen erspart wird, zur Intensivierung der nutzbaren Anstrengungen verwende. Das Kapital erspart dem Arbeiter nutzlose Verausgabung von Energie nur um sie in Nutzenergie zu verwandeln und sich sie als Nutzenergie anzueignen" (Bauer 1931: 81).

Diese Zwiespältigkeit von Rationalisierung ist noch deutlicher herauszuarbeiten. In diesem Zusammenhang hebt *Georges Friedmann* (1902-1977), ein namhafter französischer Arbeits- und Industriesoziologe, hervor, dass die Rationalisierung verschiedenartig ist, je nach den Produktionsverhältnissen innerhalb derer sie durchgeführt wird, und betont darüber hinaus, dass sie *„innerhalb des kapitalistischen Systems verschieden (ist), je nach dem Standpunkt von dem aus sie untersucht und angewandt wird"* (Friedmann 1952: 374). Er unterscheidet drei Standpunkte: erstens die Volkswirtschaft eines Landes, zweitens das Privatinteresse eines Unternehmers und drittens das Interesse der Arbeitskräfte. Für die drei Standpunkte ergeben sich unterschiedliche Ziele, die mit der Rationalisierung verfolgt werden: So soll vom Standpunkt der Volkswirtschaft eines Landes die Rationalisierung insbesondere „eine möglichst große Quantität von Arbeit und hohen Löhnen an eine möglichst große Anzahl von Arbeitern verteilen, damit die hergestellten Produkte aufgenommen und die der Allgemeinheit zur Last fallende Zahl der Arbeitslosen auf ein Minimum reduziert werden können" (ebd.: 374). Dagegen verbindet der Unternehmer mit der Rationalisierung ein anderes Interesse: „Die Maschinen und die Arbeitskraft sollen zur Erzielung eines Maximums an Leistung und Profit soweit wie möglich ausgenutzt werden" (ebd.: 374). Schließlich bedeutet die Rationalisierung für die Arbeitskraft wiederum etwas anderes:

> „Dem Streben nach höherer Leistung wird hier die Rücksichtnahme auf körperliche und psychische Konstitutionen des Arbeiters die Waage gehalten. Die richtigen Lösungen entsprechen hier einem optimalen Kompromiß zwischen zwei Komponenten: maximale Produktion bei minimaler körperlicher und geistiger Abnutzung. Mit anderen Worten, man sucht beim Arbeiter auf lange Sicht und ohne Nachteil für ihn eine hohe Leistungsfähigkeit aufrechtzuerhalten" (ebd.: 374).

Mit diesen drei Standpunkten verbinden sich unterschiedliche Interessen, so dass die einzelnen Rationalisierungsmaßnahmen sich in Übereinstimmung mit diesen, aber auch im Gegensatz dazu befinden können: „Eine Maßnahme", führt Friedmann weiter aus, „die von einem Standpunkt aus rationell ist, wird es nicht von den beiden anderen aus sein, obwohl manche Maßnahmen gleichzeitig von zwei Standpunkten rationell sein können" (ebd.: 374). Schauen wir uns dazu erläuternde Beispiele von Friedmann an: So sind Maßnahmen zum Schutz der Arbeitskraft sowohl im Interesse der einzelnen ArbeitnehmerIn als auch im Interesse der Volkswirtschaft. Im Gegensatz dazu kosten jene Maßnahmen der Unternehmen, die zur technologischen Arbeitslosigkeit führen, der Allgemeinheit, also der Volkswirtschaft, mehr, als die dadurch erzielte Einsparung wert ist, und daher sind sie mit einem volkswirtschaftlichen Rationalisierungsstandpunkt unvereinbar (vgl. ebd.: 274 f.).

2.2 Im Spannungsfeld von Humanisierung und Rationalisierung

Unstreitig ist, dass heute neben diesen drei Standpunkten noch weitere hinzukommen, so das Interesse am Erhalt bzw. an der Wiederherstellung lebenswerter Umweltbedingungen bzw. des ökologischen Gleichgewichts und einer entsprechenden Güterproduktion (vgl. Kapitel 3.4). Ferner sind mögliche Auswirkungen, etwa auf die EU-Länder, die Entwicklungs- und Schwellenländer in den Blick zu nehmen. Die Analyse wird durch die zusätzlichen Gesichtspunkte bzw. Interessen dynamischer, vor allem jedoch mit der Einführung eines weiteren Interesses, nämlich dem der Nachhaltigkeit als ein durchgängiges, also allgemeines, übergeordnetes Prinzip. Auf der Grundlage eines solchen komplexeren Ansatzes können Rationalisierungsprozesse heute angemessener analysiert werden, zumal der derzeitigen Problemlage und des mittlerweile weit verbreiteten Bewusstseins darüber Rechnung getragen wird. Zudem zeigen die Beispiele von Bauer und Friedmann, dass es sich in den früheren Phasen der Rationalisierung um punktuelle und einzelne Maßnahmen handelt, die noch nicht jenen umfassenden, ganzheitlichen, systemischen Charakter angenommen haben, wie er für die aktuelle Rationalisierungspolitik typisch ist. Die neue Qualität von Rationalisierung hängt im Wesentlichen mit den rasanten Fortschritten in der Informations- und Kommunikationstechnologie zusammen. Darauf ist noch später genauer einzugehen (vgl. Kapitel 3.4)!

Humanisierung der Arbeit: Solche Bemühungen setzen mit der Epoche der frühen Industrialisierung ein, in der sich Arbeitsverhältnisse herausbilden, die, verglichen mit der freien und selbstständigen Handwerkertätigkeit, zunehmend als menschenunwürdig bewertet werden. Eine solche Kritik ist erst in dem Maße möglich, wie die feudal-ständische Gesellschaftsordnung ihre gottgewollt-natürliche Selbstverständlichkeit verlor und der Einzelne seinen gesellschaftlichen Status nicht mehr als Gnade oder Strafe Gottes, sondern vielmehr als Resultat eigener Handlungen erkennen muss. In der Feudalgesellschaft war der Mensch ausschließlich theologisch bestimmt: Gott als die letzte und einzige Möglichkeit des Menschen. In einer solchen Gesellschaft mit ihrer christlichen Lebensordnung vermag die Arbeit den Einzelnen weder zu beunruhigen noch soziale Unruhe zu erzeugen. Probleme wie sinnlose oder minderwertige Arbeit, die der Menschenwürde abträglich oder der Menschwerdung im Wege steht, können nicht aufkommen.

Ausgangspunkt für Bestrebungen, die Arbeitsverhältnisse zu verbessern, ist ein Arbeitsbegriff, der sich sowohl gegen die Auffassung von der Notwendigkeit der bestehenden menschenunwürdigen Arbeitsbedingungen als auch gegen den gesellschaftlichen Zwangscharakter dieser Arbeit richtet (vgl. Wachtler 1979: 21 f.). In diesem Arbeitsbegriff sind wesentliche Aspekte einer Humanisierung der Arbeit angesprochen. Die Bemühungen lassen sich von dem Gedanken leiten, dass die jeweils spezifischen Formen von Arbeit und die an sich jeweils möglichen Arbeitsformen auseinander fallen.

Ein solches Verständnis klingt auch in der Humanisierungsdiskussion der siebziger Jahre des vergangenen Jahrhunderts an, wenn Humanisierung definiert wird als Aufhebung von „Abweichungen besonders inhuman erscheinender Arbeitsformen von in der Gesellschaft enthaltenen und unter Umständen partiell realisierten Potenzen humaner Arbeit" (SOFI 1977: 4). Unter Abweichungen werden hier konkrete Einschränkungen menschlicher Lebensmöglichkeiten und gesellschaftlichen Handlungsvermögens verstanden. Einschränkungen menschlicher Lebensmöglichkeiten resultieren aus Arbeitsformen, welche durch hohe körperliche oder psychische Belastungen, geringe Qualifikationen, kleinen Dispositionsspielraum und wenig Interaktionschancen gekennzeichnet sind. Das gesellschaftliche Handlungsvermögen wird beeinträchtigt durch ökonomische Veränderungsbarrieren, Behinderung des kollektiven Handlungsspielraums, Einschränkung des individuellen Handlungsvermögens als Folge von ökonomischen Zwängen, Gesundheitsgefährdung und des Zwangs zu passiver, subjektiver Verarbeitung des Arbeitsleids sowie durch Verkümmerung der sozialkommunikativen und kognitiven Fähigkeiten bis hin zur apathischen, resignativen Anpassung (vgl. ebd.: 8). Ein solches Humanisierungskonzept schließt objektive wie subjektive Dimensionen ein, also die gesellschaftliche und einzelbetriebliche Ebene ebenso wie die individuelle und kollektive.

Das hier vorgestellte Verständnis darf nicht darüber hinwegtäuschen, dass, obgleich Humanisierungsbemühungen die gesamte Geschichte der modernen Arbeitswelt durchziehen, Inhalte und Ziele dieser Anstrengungen Veränderungen unterworfen sind. Dieser Bedeutungswandel von Humanisierung erklärt sich einmal aus historischen Veränderungsprozessen und zum anderen aus gesellschaftlichen Interessengegensätzen. Aus heutiger Problemlage zeigt sich die situative, zeitliche Verortung vorstehender Definition darin, dass die Beschäftigungsbedingungen, zumal Arbeitsvertrag und Entgelt damals keine Rolle spielten. Im Zentrum standen die Bereiche Qualifikation, Belastungen und Beanspruchungen sowie Beteiligung und Kontrolle. In den siebziger Jahren galt nämlich – zumindest für die männliche Arbeitskraft – das so genannte Normalarbeitsverhältnis, d.h. unbefristete Beschäftigung in Vollzeit mit einem tariflich vereinbarten Entgelt. Die wachsende, anhaltende Erwerbslosigkeit in den folgenden Jahren führte zu einer veränderten Programmatik: Die Flexibilisierung der Beschäftigungsverhältnisse, vor allem durch die Arbeitsmarktreformen der Regierung von SPD und Bündnis 90/Die Grünen (1998-2005) haben die damaligen Standards ausgehöhlt, so dass in den derzeitigen politischen Auseinandersetzungen besonders diese Aspekte zentral sind. Sie sind Teil der gewerkschaftlichen Agenda unter dem Schlagwort „gute Arbeit".

Jedoch bleiben alle bisher erreichten Veränderungen bzw. Verbesserungen in einem grundsätzlichen Dilemma befangen. Denn mit dem Anspruch auf Humanisierung der Arbeit, menschengerechtere Gestaltung bzw. gute Arbeit verbindet sich gleichzeitig und gleichgewichtig das ökonomische und politische Erfordernis nach Rentabilitäts- und Herrschaftssicherung. Aspekte von Macht und Herrschaft bleiben jedoch in der Debatte eher latent. Das Argument von der Gefahr für die unternehmerische Rentabilität kann aber auch dazu dienen, diesen grundlegenden Sachverhalt zu verdecken.

Rationalisierung und/oder Humanisierung der Arbeit? Die bisherigen Erörterungen lassen sich wie folgt zusammenfassen:

- *Erstens:* Es ist deutlich geworden, dass auf der Ebene allgemeiner Begriffsbestimmung Rationalisierung und Humanisierung der Arbeit sich nicht ausschließen. Vielmehr lässt sich schlussfolgern, Rationalisierung ist eine Voraussetzung für Humanisierung bzw. sie ist ein wichtiges Element im Rahmen von Bemühungen, die Arbeitswelt zu verbessern.
- *Zweitens:* Diese tendenzielle Harmonie verschwindet, sobald Rationalisierungsprozesse unter den Bedingungen einer kapitalistischen Wirtschaftsgesellschaft untersucht werden. Das nun aufbrechende Spannungsverhältnis zwischen Rationalisierung und Humanisierung resultiert aus folgendem Umstand: In der kapitalistischen Produktion sind Neuerungen von Produktionstechnik und Arbeitsorganisation, d. h. Rationalisierungen, vorrangig ein Mittel, um die Rentabilität zu sichern. Konsequenterweise werden technisch-organisatorische Innovationen nur dann eingeführt, wenn sie mit den Interessen des unternehmerisch organisierten Kapitals und seiner Verwertung unter je herrschenden Wettbewerbsbedingungen übereinstimmen. Daraus kann sich ein Gegensatz nicht nur zu den Interessen der Arbeitenden, sondern gleichermaßen zu denen der Volkswirtschaft einschließlich der natürlichen Lebensgrundlagen ergeben, wobei problematische Auswirkungen auf die Entwicklungs- und Schwellenländer sowie eine Verletzung des grundlegenden Prinzips der Nachhaltigkeit nicht von vornherein ausgeschlossen werden können. Folglich lassen sich die verschiedenen Interessenlagen nicht ohne weiteres harmonisieren; vielmehr muss mit schwer aufzulösenden Widersprüchen gerechnet werden. Bei der Dominanz privatwirtschaftlicher Rentabilitätsinteressen sind nicht nur die Rationalisierungs- sondern auch die Humanisierungsmaßnahmen ambivalent. Infolgedessen ist davon auszugehen, dass Rationalisierungs- und Humanisierungsansprüche nicht ohne weiteres in Einklang zu bringen sind, sondern sich zumindest teilweise unversöhnlich gegenüberstehen. Dafür ist ein einfaches Beispiel zu geben: Von der Interessenposition des Unternehmens gesehen kann die Einführung einer neuen Maschine bedeuten, dass damit positive, also humanisierungsrelevant zu bewertende Tendenzen der Belastungsminderung

einhergehen. Jedoch verbinden sich diese positiven Folgen in der Regel gleichzeitig mit negativen, da Humanisierung vereitelnden: Die Belastungsminderung wird mit Belastungserhöhung gekoppelt, und zwar infolge einer Intensivierung der Arbeit. In der betrieblichen Realität findet also eine Überlagerung positiver Rationalisierungsmomente durch negative statt.

Diese Spannung wird in der öffentlichen Diskussion als Konflikt zwischen Humanisierung und Rationalisierung ausgetragen. Die Gegenüberstellung ist nicht unproblematisch, weil die mit diesen Begriffen bezeichneten Sachverhalte verkürzt und insofern unvollständig wiedergegeben werden. Infolgedessen ist es nicht weiter verwunderlich, wenn in der gesellschaftspolitischen Auseinandersetzung ein Verständnis vorherrscht, das Rationalisierungsvorhaben pauschal negativ bewertet und solche Vorgänge im krassen Gegensatz zu Humanisierungsbemühungen sieht. Dass die grundsätzliche Ambivalenz von Rationalisierungsmaßnahmen kaum mehr wahrgenommen wird, verstärkt sich möglicherweise aufgrund der aktuell besonders offenkundig werdenden negativen Konsequenzen, die solche Prozesse auslösen: So können technisch-organisatorische Veränderungen zwar die Marktposition der Unternehmen verbessern – ein vom Standpunkt der Volkswirtschaft willkommener Vorgang. Jedoch können damit gleichzeitig höchst problematische Folgewirkungen ausgelöst werden, wie die erhebliche und wachsende Freisetzung von Arbeitskräften, die das System der sozialen Sicherheit zunehmend belasten – eine für die Volkswirtschaft insgesamt negative Entwicklung. Festzuhalten gilt für die weitere Diskussion, dass in einer privatwirtschaftlich organisierten Gesellschaft Rationalisierungsmaßnahmen grundsätzlich widersprüchlich und insofern mit Humanisierungsvorstellungen nicht ohne weiteres zu vereinbaren sind. Das bedeutet umgekehrt aber auch, dass Humanisierungskonzepte nur in dem Maße verwirklicht werden, wie sie die Verwertungsbedingungen des Kapitals nicht gefährden. Somit sind nicht nur Rationalisierungs-, sondern auch Humanisierungsmaßnahmen von durchaus zwiespältigem Charakter.

2.3 Theoretische und praktische Probleme bei der Entwicklung von Arbeitsorganisationen

Für die Entwicklung von Arbeitsorganisationen sind die unter Abschnitt 2.1 und 2.2 formulierten Annahmen und skizzierten Rahmenbedingungen bedeutsam. Danach erfolgt Organisationsentwicklung in einem durch Herrschaft, Macht und Kontrolle strukturierten sozialen Feld unter maßgeblicher Berücksichtigung von

Kriterien der Wirtschaftlichkeit. Da sie von der Leitung initiiert wird bzw. nicht ohne ihre Zustimmung erfolgen kann, sollen diese Maßnahmen die überkommenen Herrschaftsverhältnisse möglichst nicht tangieren und schon gar nicht untergraben, vielmehr haben sie sie zu stützen und zu sichern. Gleichwohl lassen sich diese Veränderungen nicht wie ein Rezept von oben verordnen, sondern sie stoßen grundsätzlich auf den Eigensinn der Organisationsmitglieder, die mit Unterstützung und ergänzenden Vorschlägen reagieren können. Weit verbreitet und vermutlich vorherrschend ist aber ein bereits von Crozier und Friedberg angedeutetes anderes Reaktionsmuster, nämlich Widerstand. Michel Foucault bringt es auf den Punkt: „Wo es Macht gibt, gibt es Widerstand" (Foucault 2008: 1100). Dieser wird auch so erklärt: „Ordnungen zu verändern war – und ist noch – ein höchst problematischer, Menschen tief verunsichernder, bedrohlicher Prozess" (Schmidt 1993: 50). Dabei werden die Arbeitskräfte versuchen, Hilfe bei ihrer betrieblichen Interessenvertretung zu finden. Soweit eine solche existiert, weist sie nationale Besonderheiten auf, die ihre Einflussmöglichkeiten bestimmen. Die Möglichkeiten des Betriebsrats in der Bundesrepublik Deutschland reichen von eher informellen Interventionen bis hin zu formellen, d. h. er hat laut Betriebsverfassungsgesetz ein Mitbestimmungsrecht (§ 91), wenn durch Veränderungen, „die den gesicherten arbeitswissenschaftlichen Erkenntnissen über die menschengerechte Gestaltung der Arbeit offensichtlich widersprechende" Belastungen für die ArbeitnehmerInnen auftreten. Somit gründet Organisationsentwicklung „auf einem politischen Modell von Organisationen, in dem Organisationen als Koalitionen und Gegnerschaften von Menschen mit unterschiedlichen Werten und Zielen verstanden werden" (Armbrüster 2010: 153). Daher kann dieser Prozess angemessen als Verhandlungsgeschehen verstanden werden. Im Rahmen von Organisationsentwicklung ist mit objektiven und subjektiven Beharrungstendenzen zu rechnen. Die Interventionen erfolgen auf der Grundlage von Erfahrungswissen und von wissenschaftlichem Wissen, d. h. auf der Basis von Erkenntnissen und Methoden der Soziologie, Psychologie und Pädagogik sowie nicht zuletzt der Betriebswirtschaftslehre.

Im Folgenden werden – ohne Anspruch auf Vollständigkeit – zwölf Problemfelder angesprochen, die bei der Entwicklung von Arbeitsorganisationen virulent werden können:

Erstens: Ein Blick in die Literatur zeigt, dass Organisationsentwicklung als ein *relativ neuartiges Veränderungskonzept* begriffen wird, welches seit den fünfziger Jahren des 20. Jahrhunderts wachsende Bedeutung erlangt. So heißt es in einem einschlägigen Artikel: Seither „ist das Problem von Änderungen in Organisationen, insbesondere in den USA – in Deutschland erst in jüngerer Zeit –, immer stärker Gegenstand praktischer und wissenschaftlicher Bemühungen" (Bartölke 1980:

1468). Dieser Einschätzung ist zuzustimmen, sofern darunter Versuche verstanden werden, die zumindest programmatisch die hierarchischen, bürokratischen sowie extrem arbeitsteiligen Strukturen von Arbeitsorganisationen aufzulockern beabsichtigen, wie sie sich im Zuge gesamtgesellschaftlicher Rationalisierungsprozesse der Neuzeit durchgesetzt haben. Wie im Kapitel 3 in einem historisch-systematischen Rückblick zu zeigen ist, gibt es einige ältere Ansätze zur Entwicklung von Arbeitsorganisationen, deren breite und durchaus erfolgreiche Umsetzung heute unter gewandelten Aufgaben, Umweltverhältnissen und technischen Bedingungen sowie Arbeits- und Managementkonzepten zunehmend mit Blick auf die Effizienz und auch Humanität in Frage gestellt werden. Daher zielt das programmatische Schlagwort Organisationsentwicklung auf die Veränderung solcher Strukturen, die aus früheren Interventionsstrategien resultieren. Auch bei diesen Rationalisierungsprozessen handelte und handelt es sich nicht um ein quasi naturwüchsiges Geschehen. Vielmehr sind es in der Regel die betriebliche Akteure aus dem Management, die solche Veränderungen geplant und gezielt in Gang setzen, wobei das gesellschaftliche Umfeld, d. h. einschlägige Organisationen und Institutionen sie unterstützen. Ihre Eingriffe fußen ebenfalls auf normativen Grundlagen, wobei diese – anders als bei den neueren, expliziten Strategien zur Organisationsentwicklung – eher selten offen gelegt werden. Ambivalente Wirkungen, etwa mit Blick auf die Arbeitskräfte, sind solchen Maßnahmen, wie in Kapitel 2.2 aufgezeigt, ebenfalls inhärent. Diese umfassendere Perspektive lässt erkennen, dass Organisationsentwicklung keineswegs so neu ist, wie häufig suggeriert wird. Sie hat durchaus eine wissenschaftliche und praktische Geschichte aufzuweisen.

Zweitens: Aus der Vielzahl von *Definitionen* soll der von der im deutschsprachigen Raum 1980 gegründeten Gesellschaft für Organisationsentwicklung vorgenommene Versuch präsentiert werden. Diese Gesellschaft, die VertreterInnen aus Wissenschaft und Praxis zusammenführt,

> „versteht Organisationsentwicklung als einen längerfristig angelegten, organisationsumfassenden Entwicklungs- und Veränderungsprozeß von Organisationen und der in ihr tätigen Menschen. Der Prozeß beruht auf Lernen aller Betroffenen durch direkte Mitwirkung und praktische Erfahrung. Sein Ziel besteht in einer gleichzeitigen Verbesserung der Leistungsfähigkeit der Organisation (Effektivität) und der Qualität des Arbeitslebens (Humanität)" (Becker, Langosch 1986: 5).

Dabei bezieht sich die Qualität des Arbeitslebens nicht nur auf die materielle Existenzsicherung, den Gesundheitsschutz und die persönliche Anerkennung, sondern auch auf Dispositionsspielräume, Beteiligung sowie Weiterbildung und berufliche Entwicklungschancen (vgl. ebd.: 5). In dieser Definition wird sichtbar,

2.3 Theoretische und praktische Probleme

dass Organisations- und Personalentwicklung zusammengehören. Die Zielvorstellungen der Gesellschaft für Organisationsentwicklung, die weit verbreitet sind und vielfach geteilt werden, sind, wie wir auf der Grundlage von Kapitel 2.2 wissen, reichlich optimistisch und können sich zuweilen als illusionär erweisen. Die hohen Erwartungen können jedoch der Tatsache geschuldet sein, dass die in Rede stehende Gesellschaft sich mit anderen Anbietern auf dem heftig umkämpften Markt der Unternehmensberatung behaupten muss. In dem Feld tätige Arbeitspsychologen stellen demgegenüber ernüchternd klar:

> „Wir fürchten, daß die positive Seite (...), nämlich jene Experimentierfreudigkeit, die vielfältige Lösungen hervorbringt und zuläßt, einzig und genau dort ihre Grenzen findet, wo an den bestehenden Macht- und Herrschaftsverhältnissen gerüttelt wird. Wir denken hier noch nicht einmal an die Veränderung der *gesellschaftlichen* Verhältnisse, sondern an jene *alltäglichen Macht- und Herrschaftsverhältnisse,* die sich beispielsweise in der Ungleichbehandlung der Geschlechter zeigen, die die tragende Säule betrieblicher (Status-)Hierarchien bilden, die die Bildungsprivilegierten ihre Vorteile als Vorrechte erleben lassen, die die ausländischen Fremdarbeiter (nicht Gastarbeiter: Gäste arbeiten nicht!) nicht nur ausbeuten, sondern sie auch noch selbst für ihr Los verantwortlich machen. (...). Der Glaube, in den Unternehmen setze sich von zwei machbaren jeweils die wirtschaftlichere Lösung durch, gehört zu den bestgenährten Mythen unserer Zeit. Es ist aber unabweisbar, daß viele arbeitspsychologische Gestaltungskonzepte nur dann wirklich zum Tragen kommen, wenn diese Macht- und Herrschaftsverhältnisse abgebaut werden" (Frei, Udris 1990: 348 f.).

Das Urteil findet sich in der Feststellung von Crozier und Friedberg wieder: „ (...) kein Wandel (ist) ohne eine Veränderung des Machtsystems möglich (...). Nun ist in unseren Gesellschaften das Tabu Macht noch schwerer zu brechen als das der Sexualität" (Crozier, Friedberg 1979: 275).

Drittens: Anwendungsfelder von Organisationsentwicklung sind im Prinzip Betriebe aus allen Sektoren und Branchen von Produktion, Verwaltung und Dienstleistung. Dabei nehmen traditionell Produktionsbetriebe einen herausragenden Stellenwert – häufig sogar eine Vorreiterrolle – ein. In einer privatwirtschaftlich organisierten Gesellschaft stehen nämlich private Unternehmen aufgrund der Wettbewerbssituation unter einem permanenten Veränderungsdruck. Innovationen werden möglichst auf Dauer gestellt, um sich so am Markt behaupten zu können (vgl. Kapitel 2.2). Für öffentliche Verwaltungen gilt dieser Zwang nicht in dem Maße. Jedoch nimmt spätestens seit den neunziger Jahren angesichts der prekären Finanzlage öffentlicher Haushalte auch hier der Veränderungsdruck enorm zu. Im Rahmen von New Public Management bestimmen seither Kriterien der Wirtschaftlichkeit und Effizienz das Verwaltungshandeln. Zudem gibt es bereits seit Jahrzehnten

Initiativen, die die bürokratischen, wenig bürgerfreundlichen und tendenziell innovationsfeindlichen Strukturen von Verwaltungen aufzubrechen versuchen (vgl. Mayntz, Scharpf 1973; Klages 1993: 157 ff.; Kühnlein, Wohlfahrt 1994: 3 ff.; Tegethoff, Wilkesmann 1995: 27 ff.). Gut möglich, dass hier strukturelle Widrigkeiten, Beharrungsvermögen und Widerstand von Personen und Gruppen stärker gegeben sind als in privatwirtschaftlichen Organisationen. Auch das Handeln in den Verwaltungen von Verbänden, Parteien und Kirchen orientiert sich an den vor genannten Kriterien, da die finanziellen Ressourcen wegen sinkender Mitgliederzahlen schrumpfen. Der Trend ist u. a. auf den gesellschaftlichen Wandel mit zunehmenden Individualisierungstendenzen zurückzuführen. Diese, in jüngster Zeit breit angelegten Veränderungsprozesse lassen sich in dem Schlagwort der „schlanken Produktion" (Lean Production) bzw. der „schlanken Verwaltung" (Lean Administration) bündeln (vgl. Kapitel 3.4).

Viertens: Bei der Frage nach den *AdressatInnen* von Organisationsentwicklung kann eine Antwort kaum befriedigen, die vorgibt, alle Arbeitskräfte eines Betriebes würden zumindest potentiell in solche Maßnahmen einbezogen. Diese Annahme ist angesichts eines gespaltenen inner- und überbetrieblichen Arbeitsmarktes mit der Herausbildung von Rand- und Stammbelegschaften kaum realistisch. Die Gruppen unterscheiden sich beispielsweise hinsichtlich des betrieblichen Einsatzes, des Entgelts, des Beschäftigungsrisikos, der Teilnahme an Weiterbildungsmöglichkeiten und eines innerbetrieblichen Aufstiegs erheblich. Die personelle Zusammensetzung der Rand- und Stammbelegschaften hat sich in den vergangenen Jahrzehnten deutlich verändert. In den siebziger und achtziger Jahren des vergangenen Jahrhunderts zählten zur Randbelegschaft Jugendliche, ältere, ausländische und weibliche Arbeitskräfte. Sie galten als Problemgruppen des Arbeitsmarktes. Sie verfügen, so die Annahme der Wissenschaftler damals, über eine gesellschaftlich akzeptierte Alternativrolle (vgl. Offe 1984). Bei Frauen wurde generell die Rolle der Hausfrau und Mutter unterstellt. Auf Grund des sozialen und kulturellen Wandels sind diese Behauptungen - zumindest teilweise - obsolet geworden. Der demographische Wandel erfordert einen anderen, nämlich einen wohlwollenden, unterstützenden Umgang mit älteren ArbeitnehmerInnen. Die betriebliche Politik setzt vermehrt auf nachhaltige Beschäftigungschancen für diese Gruppe. Die Einwanderung ausländischer, qualifizierter Arbeitskräfte ist notwendig und erwünscht, wiewohl Widerstände in der Bevölkerung nicht zu übersehen sind. Auf eine Generation gut bis sehr gut qualifizierter Frauen können Unternehmen - schon wegen des Fachkräftemangels - nicht verzichten. Zwar ist die frühere betriebliche Arbeitsmarktpolitik mit ihrer gruppenspezifischen Diskriminierung nicht völlig verschwunden, aber doch deutlich relativiert worden. In neueren Programmen des

2.3 Theoretische und praktische Probleme

Personalmanagements wie dem Diversity Management werden, sofern die notwendigen Qualifikationen vorhanden sind, diese ehemaligen, nunmehr in Teams zusammengefassten „Problemgruppen" wertgeschätzt (vgl. Bissels, Sackmann, Bissels 2001: 403 ff.). Sie gelten erwiesenermaßen als Promotoren für Kreativität, Ideenreichtum, Energie und Innovation. Zu den Mitgliedern der Randbelegschaft gehören wohl heute eher die prekär beschäftigten Arbeitskräfte, die in Leiharbeit, Zeitarbeit und Werkverträgen tätig sind.

Die Annahmen der skizzierten Segmentationstheorie über den Arbeitsmarkt bedürfen der Ergänzung und Präzisierung. Es bleibt u. a. offen, warum etwa Frauen aller Qualifikationsstufen sich auf bestimmten Arbeitsplätzen konzentrieren und warum Betriebe für bestimmte Arbeitsplätze nur Frauen rekrutieren. Es wird die These vertreten,

> „daß die Segmentierung der Arbeitsmärkte nach dem Geschlecht nur bei expliziter Berücksichtigung der Rolle der betrieblichen Arbeitsorganisation verstanden werden kann: Die meisten Arbeitsplätze sind auf männliche oder weibliche Arbeitskräfte zugeschnitten, d. h., nach Tätigkeitsinhalten und anderen expliziten oder impliziten Vertragselementen so festgelegt, daß nur noch Bewerber eines Geschlechts in Frage kommen" (Kleber 1991: 96).

Diese Argumentation, die das Handeln bzw. die Strategien betrieblicher Akteure in Rechnung stellt, schärft im Zusammenhang mit Organisationsentwicklung den Blick für frauenspezifische Barrieren und Benachteiligungen, die beispielsweise durch gezielte und integrierte Maßnahmen zur Frauenförderung angegangen werden können (vgl. ebd.: 104). Auf diese Weise könnte folgende Situationsbeschreibung einmal der Vergangenheit angehören:

> „Typische Frauenarbeitsbereiche (...) sind häufig nicht oder nur bedingt Gegenstand von Gestaltungsprojekten. In der innerbetrieblichen Problemhierarchie sind sie von untergeordneter Bedeutung, ihre Umgestaltung erscheint aufwendig und wenig vielversprechend. Es besteht die Gefahr, daß diese Frauenarbeitsbereiche als ‚Restarbeitstätigkeiten' verbleiben – entgegen allen Prophezeiungen nach wie vor hoch repetitiv, mit restriktiven Aufgabenzuschnitten und wenig Einbindung in die aufgabenbezogenen Kommunikationsstrukturen" (Rothe 1993: 73).

Infolge dieser nach wie vor gegebenen Realität stehen Frauen häufig im Schatten oder sogar auf der Verliererseite von Maßnahmen zur Organisationsentwicklung. Unterstützt wird diese These dadurch, dass Frauen in der (betrieblichen) Weiterbildung im Vergleich zu Männern nach wie vor unterrepräsentiert sind. Eine solche Benachteiligung kann natürlich auch auf die anderen vorgenannten Gruppen zutreffen, vor allem für die prekär Beschäftigten. Gleichwohl können Frauen von solchen Entwicklungen auch profitieren, und zwar mit Blick auf Qualifikation bzw. Arbeitseinsatz und Entgelt. Förderpläne allein reichen jedoch dafür nicht aus. Erfolge lassen sich nur dann erzielen, wenn „es den Frauen gelingt, ihre individuelle und kollektive Handlungsfähigkeit zu entwickeln, um aktiv in betriebliche Umstrukturierungen einzugreifen" (Kutzner 1995: 488). Dabei ist diese unmittelbare Beteiligung mit jener der kollektiven Interessenvertretung, also der Beteiligung von Betriebs- bzw. Personalrat, zu verbinden und überdies darauf hinzuwirken, die bislang unzureichende Vertretung von Frauen in diesen Gremien zu verbessern.

Fünftens: Aus der Vielzahl von *Strategien und Methoden* zur Organisationsentwicklung interessieren in diesem Überblick solche, die explizit beteiligungsorientiert vorgehen und auf den Abbau hierarchisch-monokratischer hin zum Aufbau genossenschaftlich-demokratischer Strukturen einschließlich der damit einhergehenden veränderten Aufgabenzuschnitte und Führungskonzepte zielen. Zur Erinnerung: Insofern Crozier und Friedberg Verhandlungen in solchen Entwicklungsprozessen als zentral erachten, ist ihr Konzept partizipativ ausgerichtet. Bei der Gegenüberstellung handelt es sich um eine in der Organisationstheorie, besonders in der Soziologie, übliche Beschreibung grundlegender Muster, die die beiden Pole möglicher Organisationsmodelle zu erfassen versuchen (vgl. Kapitel 2.1). Das derzeitige theoretisch-methodische Instrumentarium, mit dessen Hilfe die Veränderungen herbeigeführt werden sollen, wird als „unübersichtlich" gekennzeichnet,

> „weil es in allen Bereichen – von Verhaltenstraining bis zu unternehmerischen Rationalisierungsverfahren – immer Unmengen konkurrierender Ansätze und Methoden gibt, die wahrscheinlich niemand mehr übersieht. Die Situation vereinfacht sich aber dramatisch, wenn man sie gleichsam mit Röntgenaugen betrachtet. Dann sieht man, daß hinter all den Methoden- und Namensbrimborium nur eine Handvoll Muster stehen, die zwar aus Marketing-Gründen abgewandelt werden, im wesentlichen aber gleich sind" (Schmidt 1993: 23).

Wie wir in Kapitel 3 noch sehen werden, handelt es sich zudem vielfach um wissenschaftsgeschichtlich betrachtet frühe, empirisch gestützte Erkenntnisse einschlägiger Disziplinen und daraus abgeleiteter Strategien. Programme zur Organisationsentwicklung weisen zudem häufig eine einseitige Orientierung auf, indem sie die soziale Dynamik überbetonen und dabei aufgabenbezogene, technische und strukturelle Momente in ihrer Wechselwirkung unterbelichten und sogar vernachlässigen (vgl. French, Bell 1977: 233). Folge dieser Einseitigkeit ist, dass Herrschaft, Macht, Kontrolle und auch Konkurrenz der Arbeitskräfte untereinander ausgeblendet werden. Das hat die folgende Polemik ausgelöst:

2.3 Theoretische und praktische Probleme

„Wir sollten Organisationsentwicklung preisen, weil sie für Manager das ist, was Hasch, Flower power, psychodelische Experimente, Encounter groups und harter Rock für die wesentlich jüngere Generation bedeuten. Die Suche nach Authentizität und Spontaneität sollte niemals aufhören, auch wenn sie in der Verkleidung der Produktivitätserhöhung stattfinden muß, so sei's drum. Die Teilnehmer werden erfrischt zu einer Welt der Hierarchien, des Konflikts, der Aktivität, der Dummheit und der geistigen Brillanz zurückkehren, und die Hierarchien und das alles werden nicht verschwinden. Die meisten Organisationen bleiben hochautoritäre; einige setzen sogar Organisationsentwicklung ein, um dieses fundamentale Faktum zu verbergen" (Perrow 1972, zitiert nach: Kieser 1981: 116).

Diese Kritik hat ferner zu bedeuten, dass Organisationsentwicklung als sozialer Innovationsvorgang Teil eines umfassenden und integrierten Rationalisierungsprozesses ist, der heute auf der Basis von Informations- und Kommunikationstechnologien mehr und mehr den betrieblichen Rahmen sprengt und auch überbetriebliche Dimensionen erfasst. Dazu ausführlicher in Kapitel 3! Diese Einwände sind bewusst zu halten bei der nun folgenden Erörterung einiger Strategien und Methoden. Mit der Konzentration auf sozialkommunikative Aspekte von Organisationsentwicklung wird der Bezug zu den weiteren Momenten zumindest indirekt hergestellt. So setzt die gelungene Einführung einer technischen Neuerung bestimmte, diesen Prozess förderliche Kommunikations- und Kooperationsgefüge voraus, die zudem auf spezifische Qualifikationsangebote hinauslaufen können.

Sechstens: Organisationsentwicklung als geplanter sozialer Wandel wird von Unternehmensleitungen initiiert unter *Einbeziehung einer Beratung*. Diese Personen stellen „*in enger Zusammenarbeit mit dem Auftraggeber* für die künftige Entwicklung gewissermaßen die Weichen" (Becker, Langosch 1986: 29, hervorgehoben von I.R.). In den letzten Jahrzehnten hat sich die Beratungsbranche zu einem wichtigen Wirtschaftszweig mit hohen, zweistelligen Wachstumsraten entwickelt. Jedoch stagniert und schrumpft sie inzwischen (vgl. Ernst 2010: 115; Faust 2005: 529 ff.). Die Umsetzung der in Kapitel 3 präsentierten Organisationskonzepte hat sich in vielfältiger Weise auf Beratung gestützt. Die Aufgabe wird und wurde von einzelnen Personen sowie von speziellen Organisationen bzw. Institutionen mit professionellem Personal wahrgenommen. Die Konzepte werden in der Aus- und Weiterbildung rezipiert. Nur vereinzelt findet auch Beratung explizit aus der Perspektive von ArbeitnehmerInnen statt, was nicht bedeuten muss, dass dabei unternehmerische Belange ignoriert werden. Die BeraterInnen unterstützen die AuftraggeberInnen bei der Durchsetzung ihrer Pläne und verschaffen die dafür notwendige Legitimation. In der Regel zeitlich begrenzt sind sie behilflich bei der Problemdiagnose und -lösung sowie der Einleitung von entsprechenden Veränderungsprozessen. Sie klären das Problem, nennen Voraussetzungen, machen auf Folgen und Wirkungszusammenhänge aufmerksam, entwickeln Alternativen und versuchen so, ihre AuftraggeberInnen in die Lage zu versetzen, ihre Probleme selbst zu lösen. Insofern sind OrganisationsberaterInnen Fachleute „für organisatorische und psychologische Probleme, Träger und Vermittler von wissenschaftlicher Information und methodischem know-how" (Becker, Langosch 1986: 30). Beratung kann auch aus der Organisation selbst kommen. Interne Beratung unterliegt weniger zeitlichen Restriktionen, sie verfügt über vielfältige betriebliche Kenntnisse, die aber zur Betriebsblindheit verleiten können. Externe Beratung steht zeitlich befristet zur Verfügung, sie bietet betriebsübergreifende Erfahrungen und Fähigkeiten und kann, da in betriebliche Vorgänge nicht involviert, zu einer höheren Akzeptanz führen (vgl. Bartölke 1980: 1468 f.).

Die Wirkungen von Organisationsberatung werden aber auch skeptisch beurteilt. Der Transfer wissenschaftlichen Wissens in die Praxis erfolgt nicht linear, sondern wird beispielsweise durch organisationsinterne Interessens- und Interpretationsvielfalt sowie unterschiedliche Machtressourcen bezüglich der Deutungshoheit über die avisierten Veränderungen gebrochen – ganz zu schweigen von den Mitgliedern, die den Status quo offen oder verdeckt verteidigen. Demzufolge erscheint ein Szenario realistischer, in dem Erfahrungswissen und wissenschaftliches Wissen nicht konkurrieren, sondern sich wechselseitig ergänzen. Die Funktion wissenschaftlicher Beratung besteht nicht in der Bereitstellung instrumentellen, sozialtechnologischen Wissens. Das ist prinzipiell nicht möglich, obwohl ein solches Wissen vielfach erwartet wird. „Es geht eher um neuartige Interpretationen von praktischen Erfahrungen, die neue Handlungsspielräume eröffnen. In diesem Sinne geht es weniger um die Wahl zwischen Alternativen als um die Erschaffung neuer Alternativen" (Nicolai 2010: 148).

Räumt man der Beratung eine derart exponierte Position ein, wie das in Theorie und Praxis geschieht, dann wird leicht übersehen, dass organisatorischer Wandel häufig durch die Mitglieder selbst vollzogen wird, und zwar in der Regel auf der Basis von Verhandlungen zwischen dem Management und der Interessenvertretung der Beschäftigten. Organisationsentwicklung wird nicht einseitig, d. h. vom Management initiiert und durchgesetzt, sondern ist das Ergebnis von zumindest zweiseitigen Aushandlungsprozessen, in denen die Interessen und Bedürfnisse auch der Beschäftigten zum Zuge kommen.

Siebtens: Wird die folgende Auffassung geteilt, dass „nicht Wissenschaftler oder Berater, sondern die Mitarbeiter eines Unternehmens (…) die eigentlichen Organisationsexperten" sind, und zudem „ihr Wissen und Können (…) das eigentliche Organisationswissen" (Schmidt 1993: 9) ist, dann wird einsichtig, warum *Organi-*

2.3 Theoretische und praktische Probleme

sationsentwicklung erfolgreich nur unter Mitwirkung der Betroffenen erfolgen kann. Dieser Grundsatz hat eine lange Tradition, und diese ist zuweilen in Vergessenheit geraten. Darüber werden wir mehr in Kapitel 3 und 4 erfahren! Unterstützt wird die Perspektive unmittelbarer Beteiligung zudem durch neuere gesellschaftliche Wandlungsprozesse. Danach ergeben sich unterschiedliche Interessenlagen nicht nur zwischen den Arbeitgebern und Beschäftigten, sondern auch innerhalb dieser Gruppen mit der Konsequenz, dass für alle ArbeitnehmerInnen ein Bürgerstatus mit bestimmten Rechten im Betrieb gefordert wird (vgl. Matthies u. a. 1994: 248 ff.). Erweiterte Individualrechte, so etwa das in einer Betriebsvereinbarung[3] verankerte Recht auf unmittelbare Beteiligung, lassen die kollektive betriebliche Interessenvertretung zwar nicht überflüssig werden, aber es verändert sich ihre Rolle hin zum Moderator. In Partizipationsprozessen wird das vielfach latente Wissen der Beschäftigten erst manifest. Im Austausch mit anderen wird es bewusst und für Organisationsentwicklung nutzbar. Partizipation ist zwar ein unvermeidliches, aber aus der Sicht der Leitung sowie des oberen und mittleren Managements zugleich ein verdächtiges Verfahren. Das Dilemma besteht in folgendem Sachverhalt: Wird Partizipation nur als Mittel zum Zweck anerkannt, so besteht die Gefahr, dass sie von den Betroffenen als Scheinpartizipation durchschaut und abgelehnt wird. Besteht andererseits das Ziel, eine unmittelbar beteiligungsorientierte Organisation zu entwickeln, die etwa die repräsentativen Formen der Mitwirkung von Betriebs- und Personalrat ergänzt, so werden tradierte Macht- und Herrschaftsstrukturen tangiert und möglicherweise unterminiert und mithin Widerstand auf den entsprechenden Ebenen provoziert. Beteiligung hat zunehmend organisatorische Gestalt angenommen und ist unter verschiedenen Schlagwörtern wie Qualitätszirkel, Lernstatt, Vorschlagsgruppe betriebliche Wirklichkeit geworden (vgl. Becker, Langosch 1986: 194 ff.). Grundmodell ist die Beteiligung von unmittelbar Betroffenen in Form von Gruppenarbeit.

Achtens: Ein bereits angemerktes Phänomen ist der *Widerstand* der von Organisationsentwicklung auf unteren Hierarchieebenen *unmittelbar Betroffenen*. Mit dieser Akzentuierung wird keineswegs ignoriert, dass solcher Widerstand auf allen Ebenen, vor allem auch beim mittleren Management, anzutreffen ist (vgl. Kapitel 2.1). *Kurt Lewin* (1890-1947), ein deutscher, 1933 in die USA emigrierter Sozialpsychologe jüdischer Herkunft, der als „der eigentliche Initiator" der Organisationsentwicklung gilt (French, Bell 1977: 42), beschreibt, ausgehend vom

---

3   § 3 Abs. 1 Nr. 1 BetrVG räumt die Möglichkeit ein, arbeitsplatznahe Beteiligungsformen neben dem Betriebsrat einzuführen. Davon ist bislang kein Gebrauch gemacht worden (vgl. Matthies u. a. 1994: 269).

Phänomen des Widerstands, dessen schrittweise Überwindung durch eine Phase des Auftauens, der Entwicklung neuer Formen der Interaktion und ihrer Stabilisierung (vgl. Lewin 1947: 5 ff.). Neuere empirische Untersuchungen zeigen jedoch die Beharrungstendenzen solcher Widerstände auf. Die Veränderungssperren sind nämlich eingelassen in jene Strategien, mit denen die Betroffenen versuchen, die Belastungen, Schwierigkeiten und Probleme der Arbeit zu bewältigen. Diese inneren Barrieren drücken sich in vielfältigen Ausflüchten und Einfällen aus, um eine Verbesserung der Arbeitsbedingungen für unnötig oder gar unmöglich zu halten (vgl. Volmerg, Senghaas-Knobloch, Leithäuser 1986: 261). Dem Phänomen des Widerstands scheint mit dem relativ einfachen Erklärungsmodell von Lewin kaum beizukommen zu sein.

Neuntens: Organisationsentwicklung, dafür legt Lewin ebenfalls wichtige Grundlagen, kann in einem eigens dafür konzipierten Forschungsvorhaben mit einem bestimmten Vorgehen erfolgen. Dabei handelt es sich um den *Aktionsforschungsansatz* (vgl. Kapitel 4.2.2). Eine Voraussetzung dafür ist, dass zwischen theoretischen und praktischen Diskursen unterschieden wird: „Erstere dienen dem Verständnis einer Situation, letztere ihrer Veränderung (Gestaltung). An beiden Diskursen nehmen sowohl Wissenschaftler als auch Praxisakteure teil" (Fricke 2007: 295). Im Kontrast zu Laboratoriumsexperimenten, deren Ergebnisse mit der Schwierigkeit konfrontieren, dass das unter Laborbedingungen im Rahmen so genannter gruppendynamischer Trainings Gelernte nicht ohne weiteres Probleme in Organisationen zu lösen vermag, findet die Aktionsforschung im Feld, also unter realen Bedingungen statt (vgl. French, Bell 1977: 38). Diese empirische Methode überwindet die traditionelle Trennung von Forschungssubjekt und -objekt, indem sie den Gegenstand, also die Mitglieder von Organisationen, zum Subjekt der Forschung erklärt. Sie bestimmen bei der Auswahl der Themen, der einzusetzenden Methoden sowie der Auswertung der Ergebnisse mit. Die partizipationsorientierte Ausrichtung macht Ernst mit dem Grundsatz der Beteiligung aller Akteure, um ihr Alltagswissen zu erschließen und grundlegende Erkenntnisse über das Handeln zu erlangen. „Dieses Wissen ist notwendiger Beitrag in dem Bemühen auf persönlicher wie auf kulturell-gesellschaftlicher Ebene, den Grad an Autonomie, Verantwortlichkeit und demokratischer Partizipation weiterzuentwickeln" (Faucheux 1994: 158).

Zehntens: Ein weiteres Problem ist die Frage nach der *Erfolgswirksamkeit von solchen Maßnahmen.* Es geht also um das *Problem der Evaluierung,* zumal mittlerweile die Autorität und Leistungsfähigkeit von Beratung in Frage gestellt wird (vgl. Ernst 2010: 116). Berit Ernst bilanziert ihre empirische Untersuchung über Unternehmensberatung so: Manager, die diesbezügliche Aufträge vergeben, messen

2.3 Theoretische und praktische Probleme

einer „formalisierten Ex-post-Evaluation wenig Bedeutung zu" (ebd.: 121). Sowohl von Seiten der AuftraggeberInnen als auch der AuftragnehmerInnen, also der Beratung, gibt es eine verständliche Zurückhaltung, sich diesem Problem zu stellen. Die BeraterInnen müssen bei einer negativen Evaluierung befürchten, dass ihre Chancen auf dem Markt sinken und weitere Aufträge zumindest gefährdet sind. Andererseits sind sie sehr wohl an einer Beurteilung interessiert. Solche Zeugnisse dokumentieren ihre Leistung und bauen ihre Reputation auf, um so erfolgreich Folgeaufträge akquirieren zu können (vgl. ebd.: 121 ff.). Die AuftraggeberInnen andererseits werden sich kaum mit der für sie unangenehmen Tatsache konfrontieren wollen, dass die Investition von Zeit und Geld den gewünschten Erfolg nicht erbracht hat. Dieses Dilemma kann u. a. erklären, warum Initiativen zur Organisationsentwicklung in betrieblichen Selbstdarstellungen in der Regel als geschönte und geglättete Erfolgsbilanz präsentiert werden. Über diese eher pragmatischen Motive hinaus gibt es aber auch eine Reihe von theoretischen Gründen, die eine Evaluation erschweren. Mit Blick auf die Beratung ist von mehrdeutigen und widersprüchlichen Zielen auszugehen, sie soll auch inoffizielle, latente Funktionen erfüllen und unbeabsichtigte Folgewirkungen und externe Einflüsse möglichst unterbinden, schließlich kann es unklare Verantwortlichkeiten sowie Wissensdefizite bei den Projektbeteiligten geben (vgl. ebd.: 126 f.).

Aktionsforschung kann unter Beteiligung aller Akteure eine begleitende und kontinuierliche Evaluation menschlichen Handelns ermöglichen (vgl. Faucheux 1994: 157). Dabei stellt sich jedoch für große Teile der wissenschaftlichen Gemeinschaft der schwer zu bewältigende Konflikt zwischen einer Forschungs- und Theorieorientierung einerseits und einer Aktions- und Veränderungsorientierung andererseits (vgl. Bartölke 1980: 1477 f.). Als eine weitere Methode der Evaluierung bietet sich die zeit- und kostenaufwendige sozialwissenschaftliche Begleitforschung an, die nach den überkommenen Regeln empirischer Sozialforschung verfährt. Darauf wird in Kapitel 4 näher einzugehen sein!

Elftens: Bei der Entwicklung von Arbeitsorganisationen spielen, wie wir in Kapitel 3 im Einzelnen sehen werden, *Modellvorstellungen* eine erhebliche Rolle, die sich als der einzig richtige und beste Weg präsentieren und mithin nationalübergreifende Gültigkeit beanspruchen. Die Idee eines solchen „one best way" liegt etwa der Wissenschaftlichen Betriebsführung und dem Ansatz Lean Production explizit zu Grunde. Auch Webers Bürokratiemodell ist keineswegs frei von derartigen Vorstellungen. Soweit ich sehe sind es folgende Sachverhalte, die diese mechanistische, quasi naturgesetzliche Sicht auf Organisationsentwicklung erschüttert haben: Die Zunahme international vergleichender sozialwissenschaftlicher Forschung in den letzten Jahrzehnten, die auch der wachsenden globalen Vernetzung nationaler

Wirtschaftsgesellschaften geschuldet ist, hat grundlegende sozio-historische und sozio-kulturelle nationale Besonderheiten in das Blickfeld gerückt. Ein, in diesem Kontext herausgehobenes, empirisch gestütztes Konstrukt ist beispielsweise das der Vielfalt von Kapitalismen, der „varieties of capitalism" (vgl. Hall, Soskice 2001). Ebenfalls etabliert hat sich das Konzept der Pfadabhängigkeit gesellschaftlichen Wandels. Dieser vollzieht sich nicht beliebig, sondern ist eingebettet in eine spezifische gesellschaftliche Entwicklung, die als ein wichtiger Impulsgeber für die zukünftige Gestaltung gilt. Dadurch ist die Deutungshoheit sozialwissenschaftlicher Modernisierungs- und Konvergenztheorien, die sich im Gefolge einer allgemeinen Systemtheorie, etwa Parsonsscher Provenienz, nach dem Zweiten Weltkrieg etabliert hatten, nachhaltig erschüttert worden. Gemäß diesem Ansatz erfolgt gesellschaftliche Entwicklung – einschließlich der früher existierenden sozialistischen Wirtschaftsgesellschaften – nach einem für alle Länder einheitlichen, also allgemeinen Modell, das in den Grundzügen dem westlichen, US-amerikanischen Kapitalismus entspricht. Erinnern wir uns demgegenüber an die nuancierten, differenzierten Aussagen von Crozier und Friedberg. Für sie sind (Arbeits)Organisationen Teil eines bestimmten kulturell und historisch geprägten sozio-ökonomischen Umfeldes. Dadurch wird einsichtig, dass sich solche Organisationsmodelle nicht beliebig kopieren lassen. Mithin ist von *Grenzen der* Übertragbarkeit auszugehen. Gleichwohl können die für die Gestaltung von Organisationsstrukturen verantwortlichen Akteure von diesen Ansätzen lernen und Alternativen zum Status quo entwickeln. Die Gestaltungsoptionen ergeben sich unter Berücksichtigung nationaler Besonderheiten, wie sie sich manifestieren in den Systemen sozialstaatlicher Sicherheit, der Arbeitsbeziehungen, von Bildung und Ausbildung, in den verschiedenen Strukturen sozialer Ungleichheit, etwa zwischen den Geschlechtern, Inländern und Arbeitsimmigranten, jungen und älteren Arbeitskräften, zentralen und peripheren Regionen (vgl. Heidenreich 1994: 76; Raehlmann 1991: 506 ff.).

Zwölftens: Bei der Entwicklung von Arbeitsorganisationen spielen, wie angemerkt, Rationalisierungsmodelle eine wichtige Rolle. Metaphorisch gesprochen werden sie neuerdings häufig als *Moden* charakterisiert. Dabei handelt es sich um kurzlebige, unter Bezug auf popularisierte wissenschaftliche Erkenntnisse stilisierte Leitbilder, die ultimative Problemlösungen versprechen. Solche Visionen finden sich vielfach in den Management-Bestsellern, deren Konzepte überdies beides sind: „einfach und klar, aber auch mehrdeutig, vage, widersprüchlich – Rätsel aufgebend" (Kieser 1996: 25). Auch durch die staatliche Forschungspolitik kann deren Verbreitung unterstützt werden. Es sind vor allem UnternehmensberaterInnen, die versuchen, solche Ansätze allgemeinverständlich zu propagieren und möglichst umzusetzen. Sie gelten in dem Moment als obsolet wie neue Konzepte – sozusagen als Heilsbrin-

2.3 Theoretische und praktische Probleme

ger – erscheinen und auf ihre Anwendung durch betriebliche Akteure hoffen. Das Modell der „schlanken Produktion" bzw. der „schlanken Verwaltung" wird als ein herausragendes Beispiel für solche Neuerungen angesehen, wiewohl – angesichts der mittlerweile langjährigen Praxis – Zweifel an dieser Etikettierung angebracht sind (vgl. Kapitel 3.4). Der Neuanfang ist aber keineswegs immer so neu wie unterstellt. Die Paradoxie zeigt sich, wie der historische Rückblick lehrt, auch in der Entwicklung von Wissenschaft allgemein. So rät Luhmann den Akteuren von Organisationsentwicklung: „Zu den wichtigsten Ressourcen von Reformen gehören deshalb das Unterlassen der Evaluation ihrer Ergebnisse und das Vergessen des Umstandes, dass ähnliche Versuche schon früher unternommen worden waren" (Luhmann 2005: 421). Dafür hat sich in der scientific community das folgende Bild eingeprägt und der entsprechende Slogan lautet: „Das Rad wird immer wieder neu erfunden!" Überdies ist jedem Konsumenten das Phänomen wohl bekannt, wonach frühere Moden – leicht verwandelt – als „letzter Schrei", d. h. als neue Mode wiederkehren.

Moden werden zu *Mythen* überhöht, sofern diesbezügliche Akteure die Verfolgung und Realisierung außeralltäglicher, also spektakulärer Ziele anstreben und mögliche Widrigkeiten von vornherein ausblenden (vgl. Kieser 1996: 26). Daher ist es durchaus von nach geordneter Bedeutung, ob die euphorischen Verheißungen den Tatsachen letztlich aber auch entsprechen. Durch Institutionalisierung werden Mythen auf Dauer gestellt. Hingegen ist derzeit eher von deren Kurzlebigkeit auszugehen, so dass sie sich wiederum als Moden entpuppen. Das Bild von der „Mythenspirale" veranschaulicht diese Bewegung (vgl. Deutschmann 1997: 55 ff.).

Die mittlerweile gängige These, der zufolge Rationalisierungskonzepte nicht mechanisch, quasi gesetzmäßig und mithin universell, sondern diskontinuierlich, also national- und unternehmensspezifisch umgesetzt werden, hat Christoph Deutschmann aufgegriffen. Daran anknüpfend schlägt er ein auf induktivem und deduktivem Weg gewonnenes Modell vor, das womöglich erklären kann, wie und wodurch „einmal akzeptierte Paradigmen erschüttert und diskreditiert werden" (ebd.: 61). Das Konstrukt umfasst mehrere Entwicklungsschritte (vgl. ebd.: 64 ff.): 1. Die Entstehung: Es treten charismatische Personen auf, die technologische und organisatorische Leitbilder propagieren und die versuchen, ein Netzwerk einflussreicher Personen zur Umsetzung zu knüpfen. 2. Die Kodifizierung: Die Visionen mutieren zu Mythen und entfalten im Zuge der Popularisierung ihre in sozialer und ökonomischer Hinsicht Struktur bildende Kraft. 3. Die Institutionalisierung: Das Modell erlangt allgemeine Anerkennung in den Unternehmen sowie in der Aus- und Weiterbildung. 4. Der Niedergang bzw. die Krise: Problematische Neben- und Folgewirkungen des nunmehr etablierten und allseits anerkannten Konzeptes werden ignoriert, so dass Korrekturen kaum erwartet werden können. Diese Beharrungstendenzen lassen „die Voraussetzungen für die Entstehung eines neuen Rationalisierungsmythos (reifen) (...). Er setzt an den blinden Flecken und ungeplanten Hinterlassenschaften des alten Mythos an und macht sie zum Gegenstand neuer Rationalisierung. Die Weisheiten der alten Lehre werden auf den Kopf gestellt: Was vorher falsch war, wird zum Inbegriff der neuen Weisheit, was vorher als richtig galt, verfällt unnachsichtiger Kritik" (ebd.: 66). Kapitel 3 wird in der historisch-systematischen Darstellung wichtiger Rationalisierungsansätze diese, vor allem im letzten Punkt formulierten Annahmen zu einem Gutteil bestätigen. Andererseits lehrt uns die Geschichte der Rationalisierung, dass organisatorische Ansätze, etwa die Wissenschaftliche Betriebsführung (vgl. Kapitel 3.1) sich bis heute in der Praxis zäh behaupten, obwohl sie längst durch die Wissenschaft entzaubert worden sind. Dem zeitweiligen Bedeutungsverlust folgte nicht nur eine Wiederbelebung, sondern sogar eine Ausbreitung in andere Branchen, wie z. B. in den personenbezogenen Dienstleistungen (vgl. Raehlmann 2013). Insofern bleibt fraglich, ob die nachfolgend referierten Ansätze mit den Bezeichnungen „Mode" und „Mythos" angemessen charakterisiert werden. Diese Begriffe überdecken meines Erachtens nur das überkommene Theorem vom „one best way", das ja durch die international vergleichende Forschung der letzten Jahre nachhaltig erschüttert worden ist. Die langjährige wechselvolle Praxis dieser organisatorischen Ansätze, die Etappen des Aufstiegs, des Niedergangs, aber auch der Renaissance und Ausweitung umfasst, lässt begründete Zweifel an dieser Etikettierung aufkommen. Möglicherweise ist es kein Zufall, dass in den neunziger Jahren mit dem Siegeszug von Lean Production und der damit einhergehenden Konjunktur des Beratungsgeschäfts „Mode" und „Mythos" zu Schlüsselbegriffen avancierten. Es ist keineswegs ausgeschlossen, dass ihre Prominenz auch wieder verblasst.

2.4 Aktuelle Arbeits- und Managementkonzepte für die Entwicklung von Arbeitsorganisationen

Erfolgreiche Organisationsentwicklung ist an bestimmte Voraussetzungen gebunden. Dazu gehört u. a. eine angemessene, d. h. eine stimmige, empirisch fundierte und damit umfassendere Gültigkeit beanspruchende Auffassung über den Menschen und seine Arbeit (vgl. Kapitel 2.2). Grundlage hierfür sind die in den verschiedenen Wissenschaften vom Menschen formulierten Annahmen. Im Folgenden werden einige Aussagen der soziologischen und psychologischen Forschung vorgestellt, die die bislang dargelegten Vorstellungen präzisieren und ergänzen. Zudem haben Managementkonzepte diese Menschen- und Arbeitsbilder zu berücksichtigen. Solche unternehmerischen Strategien werden abschließend skizziert.

2.4 Aktuelle Arbeits- und Managementkonzepte

Norbert Elias (1897-1990) verweist, ausgehend von dem Sachverhalt, dass das Verhältnis von Individuum und Gesellschaft einem permanenten Veränderungsprozess unterliegt, auf die gestiegenen Individualisierungschancen des Menschen in der Moderne (vgl. Elias 1991: 207 ff.). Gemeint sind damit seine vermehrten Möglichkeiten, aus überkommenen Lebensformen herauszutreten, das Leben bewusst selbst zu regeln und mithin eigenverantwortlich zu gestalten. Eine zentrale Voraussetzung für diese Entwicklung war, dass die Wirtschaftsform des „ganzen Hauses", also die Einheit von Produktion und Reproduktion im Zuge der Durchsetzung der kapitalistischen Wirtschaftsgesellschaft zerbrach – „einer der tiefsten sozialhistorischen Einschnitte im neuzeitlichen Erwerbsleben" (Wehler 1995: 146). Mit der Trennung von Haushalt und Betrieb bildeten sich nunmehr getrennte Lebensbereiche wie Arbeits- und übrige Lebenswelt heraus. Für die männliche Arbeitskraft wird Erwerbsarbeit durch die zugeschriebene Rolle des Familienernährers zentrales Element der Lebensführung. Trotz der geschlechtsspezifischen Arbeitsteilung, d.h. die Zuständigkeit von Frauen für die Haus- und Familienarbeit, ist auch die weibliche Erwerbsarbeit von Beginn an eine soziale Tatsache. Gleichwohl lassen sich Unterschiede im Vergleich zur männlichen Erwerbsarbeit feststellen, die im Ergebnis bis heute zur faktischen Ungleichheit der Geschlechter wesentlich beitragen. Dennoch ist die Erwerbsarbeit auch für Frauen immer zentraler geworden. Die gesellschaftliche Modernisierung hat tief greifende Folgen für die Lebenswelt von Männern und Frauen. Diese skizziert bereits Weber so: Mit der „Vervielfältigung der Lebensmöglichkeiten erträgt schon an sich der Einzelne die Bindung an feste undifferenzierte Lebensformen, welche die Gemeinschaft vorschreibt, immer schwerer und begehrt zunehmend, sein Leben individuell zu gestalten und den Ertrag seiner Fähigkeiten nach Belieben zu genießen" (Weber 1964: 293). Seine Gattin, *Marianne Weber* (1870-1954), schreibt mit Blick auf die modernen, erwerbstätigen Frauen: Sie ringen „um geistige und rechtliche Mündigkeit, nach Möglichkeiten zur Entwicklung individueller Gaben und Kräfte, nach Freiheit für jede einzelne, entgegen überlieferten Anschauungen ihr Schicksal zu meistern und ihres Daseins Sinn selbstverantwortlich zu gestalten" (Weber 1919: III). Dieses weibliche Begehren ist bereits in den frühen, in den ersten Dekaden des 20. Jahrhunderts durchgeführten Untersuchungen über weibliche Erwerbstätige empirisch eindrucksvoll belegt (vgl. Raehlmann 2002: 249 ff.).

Mit der Individualisierung von Lebenslagen und Pluralisierung von Lebensformen geht ein vielfach konstatierter, nahezu alle Lebensbereiche erfassender Wandel sozialer Werte einher, der seit den achtziger Jahren des vergangenen Jahrhunderts Gegenstand empirischer Untersuchungen ist. Der Wertewandel zeigt sich beispielsweise bei den Erziehungswerten zwischen 1951 und 1989: „In dem dramatischen Anstieg der Wertegruppe ‚Selbständigkeit und freier Wille' und in dem sehr deutlichen Abfall der Wertegruppe ‚Gehorsam und Unterordnung' gelangt etwas zum Ausdruck, was man als die Hauptrichtung des Wertewandels ansprechen kann" (Klages 1993: 26). Dieser Trend werde trotz zeitweiliger Einbrüche eine Erscheinung von Dauer sein und die entwickelten Industriegesellschaften bei all ihren Unterschieden erfassen. Die Hauptrichtung des Wertewandels wird weiter differenziert. *Helmut Klages* entdeckt in empirischen Untersuchungen, Anfang und Ende der achtziger Jahre durchgeführt, vier Handlungsmuster. Er versäumt jedoch, eine Verteilung derselben nach Geschlecht vorzunehmen (vgl. ebd.: 33 ff.), obwohl Frauen in den letzten Jahrzehnten ihre Lebensstile und Orientierungen vielfach grundlegend verändert haben. Diese Typen sind: Der „nonkonformistische Idealist" mit hohen Selbstentfaltungswerten und niedrigen Pflicht- und Akzeptanzwerten, dazu der Gegentyp, der „ordnungsliebende Konventionalist", ferner der „perspektivlos Resignierte", der beide Seiten nur schwach entwickelt hat und zu den Verlierern der Wertewandels rechnet, schließlich der Typ des „aktiven Realisten", der in der neuen Bundesrepublik etwa 30 Prozent der Bevölkerung ausmacht. Er weist starke Selbstentfaltungswerte bei gleichzeitig starken Pflicht- und Akzeptanzwerten auf und zeichnet sich in der privaten und öffentlichen Lebenssphäre durch hohe Aktivität und kritisches Engagement aus. Um die Jahrtausendwende ist dieser Typ bereits mit 34 Prozent ab 14 Jahren vertreten und mithin „die stärkste Teilgruppe" (Klages 2002: 44, 47). Sie lässt sich als Adressat und Multiplikator von Organisationsentwicklungsprogrammen identifizieren:

> „Im Bereich des alltäglichen Arbeitens sind diese Menschen durch eine ausgeprägte Leistungsbereitschaft gekennzeichnet, die mit hoher Eigeninitiative und mit einem stark entwickelten Interesse an sinnvoller Arbeit gepaart ist. Sie sind in einem hohen Maße dazu bereit, Verantwortung zu übernehmen, falls ihnen ein ausreichender Freiraum zu gebilligt wird. Sie besitzen nichtsdestoweniger gleichzeitig aber auch ein deutliches Interesse an einer handlungsfähigen und kompetenten Führung, die sie sich allerdings ‚kooperativ' vorstellen" (Klages 1993: 34 f.).

Im deutlichen Kontrast zu dieser Gruppe identifiziert Klages Ende der achtziger Jahre einen weiteren Typus, den „Hedomat" (= hedonistischer Materialist), der zwar nur mit zehn Prozent in der Gesamtbevölkerung der Bundesrepublik vertreten ist, aber mit vermutlich wachsender Tendenz. 1999 umfasst diese Gruppe ab 14 Jahren bereits 15 Prozent (vgl. Klages 2002: 43). Während der „aktive Realist" eher in der Gruppe leitender Angestellter mit gutem Einkommen zu finden ist, gehört der „Hedomat" eher zur Gruppe jüngerer Arbeitskräfte der unteren Mittelschicht. Er zeichnet sich durch ein ausgeprägtes materielles Interesse und eine hohe Konsumneigung bei einem insgesamt geringen gesellschaftlichen Engagement aus. Der „Hedomat", der durchaus ein latentes Unzufriedenheits- und Unruhepotential darstellt, kann als

2.4 Aktuelle Arbeits- und Managementkonzepte

Indiz dafür angesehen werden, dass in vielen Lebensbereichen, auch in der Arbeitswelt, Bedürfnisse nach Beteiligung, Übernahme von Verantwortung und mithin nach Selbstverwirklichung nicht bzw. kaum befriedigt werden. Insofern weist die Existenz dieser Gruppe auf gravierende Defizite in den Arbeitsorganisationen hin.

Diese tief greifenden gesellschaftlichen Entwicklungen können unterstützt werden durch Maßnahmen, die auf eine humanere Gestaltung der Arbeitswelt zielen. Dazu liefert die Arbeitspsychologie, soweit ihre VertreterInnen dem Leitbild einer persönlichkeits- bzw. entwicklungsförderlichen Arbeitsgestaltung folgen, wichtige Beiträge. *Walter Volpert* hat unter Bezug auf aktuelle arbeitspsychologische Positionen und deren Weiterentwicklung einige Prinzipien für die menschengerechte Arbeitsgestaltung formuliert (vgl. Volpert 1990: 23 ff.). Seine neun Leitprinzipien sind eingebettet in *drei allgemeine Vorstellungen vom Menschen,* die wir ansatzweise schon kennen gelernt haben (vgl. Kapitel 2.1, 2.2).

- *Erstens:* Der Mensch ist ein zur Selbstreflexion und zum eigenständigen Handeln fähiges Wesen. Seine Handlungsmöglichkeiten werden beeinflusst durch allgemeine gesellschaftliche, kulturelle sowie geschichtliche Rahmenbedingungen und durch konkrete situative Momente, die zusammen die Persönlichkeitsentwicklung hemmen oder fördern können.
- *Zweitens:* Der Mensch ist sowohl durch Geistigkeit als auch durch Körperlichkeit gekennzeichnet.
- *Drittens:* Der Mensch lebt und entwickelt sich in Auseinandersetzung mit anderen Menschen, er ist daher sozial und gesellschaftlich eingebunden.

Ausgehend von diesem Grundverständnis sind in den Arbeitssituationen folgende neun Leitideen umzusetzen:

- Das *erste* Gestaltungsprinzip bezieht sich auf den durch die Arbeitsaufgabe festgelegten *Handlungsspielraum,* der umfassende Möglichkeiten zur Planung, Entscheidung und Kontrolle von Zielen und Mitteln bieten soll.
- Das *zweite* Gestaltungsprinzip richtet sich auf den *zeitlichen Spielraum* für die Erledigung einer Aufgabe. Dieser soll so umfassend sein, dass der Handlungsspielraum auch unter zeitlichen Aspekten ausgefüllt werden kann.
- Das *dritte* Gestaltungsprinzip spricht die Möglichkeit an *Situationen zu strukturieren.* Damit sind mehrere Aspekte gemeint: die Möglichkeit, die Arbeit in ihrer Gesamtsituation zu erfassen, die Chance, eigene Perspektiven und Lösungen sowie Arbeitsweisen zur Erhöhung von Sicherheit und zur Verminderung von Beanspruchungen entwickeln zu können.

- Das *vierte* Gestaltungsprinzip soll die aus dem Arbeitsprozess häufig erwachsenen *Behinderungen* technischer und organisatorischer Art *vermeiden*, um die Qualität des Arbeitsprodukts zu optimieren und die Belastungen zu minimieren.
- Das *fünfte* Gestaltungsprinzip verlangt ausreichende und vielfältige *körperliche Aktivitäten* beim Arbeitsvollzug.
- Das *sechste*, mit dem fünften zusammenhängende Gestaltungsprinzip beinhaltet, dass die *vielfältigen Sinne*, die der Mensch hat, im Arbeitsprozess umfassend beansprucht werden.
- Das *siebte* Gestaltungsprinzip zielt auf den *Umgang mit realen Gegebenheiten und Gegenständen* unter Bedingungen der Zusammenarbeit mit anderen Menschen.
- Das *achte* Gestaltungsprinzip intendiert, standardisierte Arbeitssituationen zugunsten einer größeren *Variabilität der Erledigung von Aufgaben* zu vermeiden. Unterschiedliche Realisierungsbedingungen, schon beim dritten Gestaltungsprinzip angesprochen, beeinflussen den Lernprozess und das Bewältigungsrepertoire positiv.
- Das *neunte* Gestaltungsprinzip verlangt nach *kooperativen Arbeitsbedingungen*, die, wie bereits unter Punkt sieben erwähnt, zwischenmenschliche Kontakte ermöglichen und fördern.

Dass diese Gestaltungsprinzipien mit Aussicht auf Erfolg nur unter Beteiligung und Qualifizierung der Betroffenen umgesetzt werden können, ist bereits in Kapitel 2.3 dargelegt worden.

Diese Veränderungstendenzen werden von Unternehmen mehr und mehr als Herausforderungen wahr- und angenommen, und zwar unter dem programmatischen Schlagwort Unternehmenskultur. Arbeitsorganisationen suchen nach einer „corporate identity", nach einem attraktiven Erscheinungsbild. Auf diese Weise profilieren sie sich „nicht nur am Markt, sondern in der Öffentlichkeit in einem weiteren Sinne, und das heißt: nicht nur im Blick auf die wirtschaftssysteminterne Umwelt, sondern auch im Blick auf die darüber hinaus reichende gesellschaftssysteminterne Umwelt" (Luhmann1994: 107). Als Unternehmenskultur wird die Gesamtheit der von allen Mitgliedern einer Organisation geteilten Werte, Normen und Einstellungen verstanden, die ihr Handeln leiten und so zum Erfolg beitragen. Friedrich Fürstenberg verweist auf die Berufskultur und Betriebskultur als traditionsreiche, wirkungsmächtige und national geprägte Grundlagen von Unternehmenskultur (vgl. Fürstenberg 2005: 189 ff.). Demzufolge ist das Konzept keineswegs so neu wie gemeinhin unterstellt wird. Es macht Ernst mit der Vorstellung, dass Unternehmen nicht nur zweckrationale Leistungs-, sondern zugleich auch Sozialzusammenhänge sind, die gestaltungsfähig und gestaltungsbedürftig sind. Davon ausgehend entwickelt er „die These (...), dass die *Kernfrage einer zeitgemäßen Unternehmenskultur*

2.4 Aktuelle Arbeits- und Managementkonzepte

die Frage nach den Handlungsspielräumen in Arbeitsorganisationen ist, die eng mit einer Persönlichkeits- und Organisationsentwicklung zusammenhängt" (ebd.: 192). Auftrieb erhält dieser seit Anfang der achtziger Jahre favorisierte Ansatz ferner durch den sich zunehmend verschärfenden nationalen und vor allem internationalen Wettbewerb sowie die ökologische Krise (vgl. Dierkes, v. Rosenstiel, Steger 1993). Deutlich dürfte geworden sein, dass dieses Konstrukt mehr zu sein beansprucht als ein modernes mitarbeiterorientiertes Führungskonzept (vgl. Kapitel 3.2). Versuche, die aus der Perspektive des Managements Unternehmenskultur etablieren wollen, sind zum Scheitern verurteilt, denn mit ihrer zweckrationalen Orientierung negieren sie die Grundlagen „sozialkultureller Prägungen von erheblichem Eigengewicht" (Fürstenberg 2005: 193). Bestenfalls wird so „eine ‚moderne' Spielart bekannter Führungsstrategien" entwickelt (ebd.: 193). Bei der Unternehmenskultur handelt sich dem Anspruch nach um einen ganzheitlichen, gesellschaftsbezogenen Ansatz, der gleichermaßen nach innen und nach außen gerichtet ist. Demzufolge wird sowohl eine Leistungspotentiale optimaler ausschöpfende Integration der Arbeitskräfte in das Unternehmen intendiert als auch die Überwindung von Legitimationsdefiziten und mithin von Akzeptanzproblemen mit Blick auf Produktionsverfahren und Produkte gegenüber Kunden, Verbrauchern und einer zunehmend sensibilisierten Öffentlichkeit.

Ansätze zur Entwicklung von Arbeitsorganisationen – historisch-systematischer Rückblick und soziokulturelle Umsetzung in Deutschland

3

3.1 Die Wissenschaftliche Betriebsführung

Die Durchsetzung der Wissenschaftlichen Betriebsführung im Verlauf des Industrialisierungsprozesses hat einige allgemeine sozialökonomische Entwicklungsmomente zur Voraussetzung: Die Mechanisierung der Produktion machte die handwerklich-intellektuellen Fähigkeiten überflüssig und bewirkte die Dequalifizierung der Arbeitskraft und ihre Entwertung. Infolgedessen erhöhte sich die Konkurrenz der Arbeiter untereinander, und die nicht qualifizierten Bevölkerungsteile, vornehmlich Frauen und Kinder, wurden in den Arbeitsprozess einbezogen. Lohnsenkungen und Verlängerung des Arbeitstages waren die bekannten Folgen dieser ersten, extensiven Phase der Industrialisierung.

Die zweite, intensive Phase der Industrialisierung setzte gegen Ende des 19. Jahrhunderts ein und war durch einen grundlegenden Umbruch der Wirtschaftsstruktur gekennzeichnet. Der freie Wettbewerb wurde durch Machtpositionen infolge Konzentration des Kapitals und Herausbildung großer Unternehmen, die eine Aufteilung des Marktes vornahmen sowie Absprachen über die Höhe der Preise und der Produktmenge trafen, von monopolistischen und oligopolistischen Marktformen durchsetzt und abgelöst. Die Unternehmen gerieten unter wachsenden Konkurrenzdruck, so dass „das neue Kampffeld der Kosten entdeckt" wurde (Hoffmann 1969: 107). Die ökonomische Machtzusammenballung weitete sich aus zu einer sozialen, die in der Gründung von Gewerkschaften, Arbeitgeber- und Wirtschaftsverbänden sichtbar wurde. Mit dieser gewandelten Struktur des Kapitalismus ging ein weltweiter Wirtschaftsaufschwung einher. Die Gewerkschaften erzielten in Arbeitskämpfen ihre ersten größeren Erfolge. Die Reallöhne stiegen bei gleichzeitiger Tendenz zur Arbeitszeitverkürzung. Die Unternehmer konnten eine Produktivitäts- und Produktionssteigerung nicht mehr wie bisher über eine Ausdehnung des Arbeitstages erreichen, sondern mussten versuchen, die Arbeitsleistung zu steigern. Dafür schienen Möglichkeiten noch durchaus vorhanden.

Unternehmer und ihre Manager klagten zunehmend, dass die ArbeiterInnen sich nicht voll verausgabten und dies umso weniger, wie mit zunehmender Größe der Betriebe die bisherigen Methoden der Überwachung und Kontrolle nicht mehr ausreichten. Neben der Eliminierung „überflüssiger Pausen" kann die Tätigkeit des Einzelnen durch die Ausschaltung „überflüssiger Arbeit", also durch die Korrektur falscher, da zeitraubender Bewegungen, effizienter gestaltet werden. Außerdem „vergeudeten" die ArbeiterInnen Zeit und Energie im Kampf gegen die Unternehmer. Der „industrielle Friede" sei Voraussetzung, um bei den Bestrebungen, die Arbeitsleistung zu optimieren, erfolgreich zu sein. Rationalisierung der Arbeit ist damit ein komplexes Problem, das neben den technisch-organisatorischen Aspekten physische, psychische und soziale enthält. Die Notwendigkeit, industrielle Arbeit nach diesen Gesichtspunkten systematisch zu durchdringen, rief die Wissenschaft auf den Plan. So wurde in der zweiten, der intensiven Phase der Industrialisierung der Produktionsprozess, speziell die Arbeitsorganisation, Objekt wissenschaftlicher Beschäftigung und ebenso begründeter Interventionsstrategien. Neben den Natur- und Ingenieurwissenschaften zeigten nunmehr auch die Sozialwissenschaften ihre unmittelbare praktische Nützlichkeit. Sie sind seither unverzichtbare Produktivkraft wirtschaftlichen Wachstums.

Bestand schon in der Manufaktur der Ausweg darin, bei technisch gleich bleibenden Mitteln die Produktivität durch Zerlegung der Arbeitstätigkeiten enorm zu steigern, so wurde diese Perspektive jetzt auf der Stufe der Großunternehmen bei zunächst gleichem technischen Niveau ebenfalls verfolgt. Jede Arbeit wird bis in das letzte Element hinein zerlegt und analysiert, um den einzig richtigen Weg ausfindig zu machen, sie auszuführen. Anschließend werden die Einzelarbeiten in ein räumliches und zeitliches Kontinuum wieder integriert. Zentrale Untersuchungsmethoden sind die Bewegungsstudie und die Zeitaufnahme. In der Fließbandproduktion erfuhr dieses Organisationsprinzip des Fertigungsprozesses seine Perfektionierung. Die allgemeine Bedeutung des Fließbandes signalisierte seine Verwendung in der Automobilmontage bei Ford seit 1913. Fortan wird die Arbeit in der Massenproduktion nach dem Fließprinzip des Werkstücktransports, vor allem beim Montieren, Verpacken und Sortieren organisiert. Das System der Wissenschaftlichen Betriebsführung von *Frederick Winslow Taylor* (1856-1915) bietet die Grundlage, um den Fertigungsprozess so zu verändern. Es wurde von ihm Anfang des 20. Jahrhunderts in den USA entwickelt und erprobt und in den folgenden Jahren zunehmend auch in Europa, allerdings nationalspezifisch überformt, übernommen. Das Wissenschaftsverständnis, das dieses Konzept beinhaltet, ist, wie nachfolgend deutlich wird, ein höchst problematisches. Es ist daher durchaus diskussionswürdig, ob es sich bei diesem Ansatz überhaupt um Wissenschaft handelt. Diese Frage stellt sich ganz unabhängig davon, dass der

3.1 Die Wissenschaftliche Betriebsführung

Taylorismus – trotz seiner offensichtlichen Mängel – bis heute eine höchst beeindruckende praktische Erfolgsgeschichte aufzuweisen hat. Seine nach wie vor aktuelle Bedeutung besteht u. a. darin, dass sich von diesem Managementkonzept in der Folgezeit alle Systeme ableiten,

> „die den Anspruch auf rationelle und ‚wissenschaftliche' Organisation der Produktion erheben. Der Taylorismus muß also der Ausgangspunkt für die Untersuchung der menschlichen Probleme sein, die von der Verbreitung der neuen Produktionstechniken und von den Veränderungen der Arbeitsformen gestellt werden" (Friedmann 1952: 31).

Taylor beansprucht – so Rudolf Roesler, der Herausgeber der deutschen Übersetzung in seinem Vorwort – Leitung und Durchführung der Arbeit auf wissenschaftliche Grundlagen zu stellen, d. h. „das Verhältnis zwischen Arbeitserfolg und den dafür aufgewendeten Mitteln vernunftgemäßer, richtiger zu gestalten" (Taylor 1919: IX). Sein Konzept beansprucht „auf alle(n) Gebiete menschlicher Tätigkeit anwendbar (zu sein): auf die Verwaltung und Leitung des Haushalts und des Bauerngutes, die Geschäftsführung des Handwerk- und des Fabrikbetriebes, die Leitung und Verwaltung von Kirchen, Wohlfahrtseinrichtungen und Universitäten" (ebd.: 6). Im Kern geht es darum, die bislang gültigen Faustregeln durch dem Anspruch nach wissenschaftliche Methoden zu ersetzen. Worum handelt es sich bei den Faustregeln? Taylor charakterisiert sie als die Summe der überlieferten Kenntnisse, der Geschicklichkeit, der Intelligenz aller Arbeiter zusammengenommen (vgl. ebd.: 34). Diese Qualifikationen sind „das größte Gut eines Handwerktreibenden", nicht zuletzt deshalb, weil „sie der Leitung selbst fremd sind" (ebd.: 33). So sieht er sich zu dem Geständnis veranlasst: „Ich war mir vollkommen bewußt, daß mich alle meine Arbeiter zusammen an Geschicklichkeit und Sachkenntnis mindestens um das Zehnfache überragten, obwohl ich Vorarbeiter und Meister war" (ebd.: 56). Arbeiten gemäß den Faustregeln verlangt „gebieterisch von jedem Arbeiter volle Verantwortung für seine Arbeit, deren praktische Durchführung er nach eigenem Ermessen und mit verhältnismäßig geringer Hilfe und Anweisung seitens der Leitung zu bewerkstelligen hat" (ebd.: 25 f.). Die traditionelle Arbeitsweise enthält all jene Elemente, die für das menschliche Arbeitsvermögen konstitutiv sind (vgl. Kapitel 2.2). Warum sollen nun diese herkömmlichen Arbeitsmethoden durch neue ersetzt werden? Anders gefragt: Worin besteht die Ineffizienz dieser Arbeitsweise? Die Frage drängt sich auf, weil Taylor die Einführung wissenschaftlicher Betriebsmethoden mit der Aussicht auf größere Wirtschaftlichkeit propagiert. Er ist darauf aus, „gleichzeitig die größte Prosperität des Arbeitgebers und des Arbeitnehmers herbeizuführen und so beider Interessen zu vereinen" (ebd.: 7). Bislang sei diese Harmonie noch nicht verwirklicht. Denn „friedliche Zusammenarbeit" kennzeichne weder das Verhältnis zwischen Arbeitgeberverbänden und Gewerkschaften noch das zwischen Arbeitgeber und ArbeitnehmerIn im Betrieb (ebd.: 8). Abgesehen von diesem konfliktträchtigen Zusammenwirken bestehe das betrieblich „größte Übel" im „Sich-um-die-Arbeit-drücken" (ebd.: 12). Taylor glaubt, es auf angeborene Instinkte, auf die Neigung des Menschen, nicht mehr zu arbeiten als unumgänglich nötig ist und schließlich auf schlechtes Vorbild zurückführen zu können (vgl. ebd.: 18). Diese Arbeitsverweigerungen will er „in jeglicher Form ausmerzen" und die betrieblichen Beziehungen so gestalten, „daß jeder Arbeiter in freundschaftlicher, enger Fühlung und mit Unterstützung der Leitung möglichst vorteilhaft und schnell arbeitet" und sich „im Durchschnitt die Produktion jeder Maschine und jedes Arbeiters annähernd verdoppel(t)" (ebd.: 12 f.). Gleichzeitig damit verbunden ist für ihn, „dem Arbeiter seinem höchsten Wunsch – nach höheren Löhnen – und dem Arbeitgeber sein Verlangen – nach geringen Herstellungskosten seiner Waren – zu erfüllen" (ebd.: 8). In dem organisatorischen Zielkonzept Taylors verbindet sich betriebswirtschaftliche Effizienz und ökonomischer Erfolg mit einem weit reichenden gesellschaftspolitischen Anliegen, d. h. eine Harmonisierung, ja Überwindung der gegensätzlichen Interessen von „Kapital" und „Arbeit".

Ein wichtiger Ansatzpunkt, um die Wirtschaftlichkeit der Betriebe in diesem Sinne zu heben, ist die – wie angedeutet – Beseitigung der Faustregel-Methode. Sie sei „unökonomisch", weil sie ursächlich mit den beschriebenen Dilemmata verbunden sei (vgl. ebd.: 14). Auf dieser doppelten Zielsetzung baut die Wissenschaftliche Betriebsführung, wie die vier folgenden Grundsätze zweifelsfrei belegen, auf. Sie sind sprachlich so gefasst, dass der tatsächliche Verlust der Arbeitskräfte an Qualifikation, betrieblicher Kontrolle, Verantwortung und Macht beschönigt und verschleiert wird:

- „• *Erstens:* Die Leiter entwickeln ein System, eine Wissenschaft für jedes einzelne Arbeitselement, die an die Stelle der alten Faustregel-Methode tritt.
- *Zweitens:* Auf Grund eines wissenschaftlichen Studiums wählen sie die passendsten Leute aus, schulen sie, lehren sie und bilden sie weiter, anstatt, wie früher, den Arbeitern selbst die Wahl ihrer Tätigkeit und ihrer Weiterbildung zu überlassen.
- *Drittens:* Sie arbeiten in herzlichem Einvernehmen mit den Arbeitern; so können sie sicher sein, daß alle Arbeit nach den Grundsätzen der Wissenschaft, die sie aufgebaut haben, geschieht.
- *Viertens:* Arbeit und Verantwortung verteilen sich fast gleichmäßig auf Leitung und Arbeiter. Die Leitung nimmt alle Arbeit, für die sie sich besser eignet als der Arbeiter, auf ihre Schulter, während bisher fast die ganze Arbeit und der größte Teil der Verantwortung auf die Arbeiter gewälzt wurde" (ebd.: 38 f.).

Es hatte zunächst den Anschein, dass die Ziele Taylors sich durchaus verwirklichen ließen. Die Unternehmen, die nach den Taylorschen Methoden arbeiteten, prosperierten „besser (…) denn je zuvor" (ebd.: 28 f.). So verdoppelte sich die Leistung

3.1 Die Wissenschaftliche Betriebsführung

pro Mann und Maschine durchschnittlich. „Dieses ganze Jahr über ist bei den Leuten (...) nicht ein einziger Ausstand zu verzeichnen. Anstelle der argwöhnischen Überwachung und der mehr oder weniger offenen Kampfstimmung, die für die gewöhnlichen Betriebe charakteristisch sind, ist allgemein ein freundschaftliches Zusammenarbeiten zwischen Verwaltung und Arbeitern getreten" (ebd.: 28 f.). Und weiter: „Es wäre absolut unmöglich gewesen, Streit zwischen diesen Leuten und ihren Brotherren zu säen" (ebd.: 75).

Die Wissenschaftliche Betriebsführung setzt, um Herrschaft zu sichern und ökonomische Effizienz zu ermöglichen, bei der Arbeitstätigkeit an, wie sie sich nach der Faustregel vollzieht. Diese Arbeitsweise ist durch die Einheit von Planung und Ausführung sowie Verantwortung, also Kontrolle des hergestellten Produkts, charakterisiert. Diese Ganzheitlichkeit macht das genuin Menschliche der Arbeit aus. Eine solche Auffassung belegt Taylor ungewollt, wenn er die rein ausführende Arbeit als „einfach und elementar" abqualifiziert und davon ausgeht, dass ein intelligenter Gorilla abgerichtet werden könne, um diese Arbeit zu verrichten (vgl. ebd.: 43).[4] Die Wissenschaftliche Betriebsführung zerbricht diese Einheit und verschärft, indem sie die einzelnen Arbeitselemente isoliert, also die Planung der Leitung und die Ausführung der ArbeiterIn zuordnet, die Teilung der Arbeit in Kopf- und Handarbeit. Mit der Bereitstellung dieses Herrschaftswissens hat der Taylorismus das Machtungleichgewicht zu Lasten der ArbeiterInnen verstärkt. Ein Tatbestand, den Taylor sehr wohl im Auge hat, wenn er davon spricht,

„daß in fast allen Zweigen der Technik die wissenschaftlichen Momente, die jeder einzelnen Handlung eines Arbeiters zugrunde liegen, so verwickelt und schwer verständlich sind, daß der fähigste praktische Arbeiter aus Mangel an Bildung oder Begabung die wissenschaftliche Seite ohne Anleitung und Hilfe seiner Mitarbeiter und Vorgesetzten nicht voll erfassen kann. Die Ausführung einer Arbeit in Übereinstimmung mit wissenschaftlichen Gesetzen bedingt eine weit gerechtere Verteilung der Verantwortlichkeit zwischen Leitung und Arbeitern, als es gegenwärtig unter irgend einem der gewöhnlichen Betriebssysteme der Fall ist. Die Betriebsleiter, denen die Entwicklung dieser Wissenschaft obliegt, sollen den Arbeiter anleiten und ihm helfen, dieser Wissenschaft gemäß zu arbeiten; sie sollen einen weit größeren Teil der Verantwortung für die Resultate auf sich nehmen als bisher" (ebd.: 26).

Wie brüchig dennoch diese Legitimationsbasis zur Erhaltung und Befestigung betrieblicher Herrschaft ist, wird sichtbar in dem Geständnis Taylors: Man sieht, „daß der Aufbau einer Wissenschaft, welche die Faustregeln ersetzen soll, in den

---

4   In dieser fragwürdigen Tradition lautet die Überschrift in einer Serie der Süddeutschen Zeitung vom 28. Juli 1994 über Lean Management: „Das Workshop-Prinzip schafft bei VW Kompetenz für die Basis, ‚Bandaffen' werden zu Protagonisten!"

meisten Fällen durchaus kein so ‚ungeheuerliches Unterfangen' ist. Ein gewöhnlicher Durchschnittsmensch ohne besonderes wissenschaftliches Training kann ihn vornehmen" (ebd.: 127).

Die Rezeption und Umsetzung der Wissenschaftlichen Betriebsführung verlief weder in den USA noch in Deutschland reibungslos und konfliktfrei. Die Kontroversen und politischen Strategien sind nationalspezifisch geprägt (vgl. Kapitel 2.3). Diese so genannte Pfadabhängigkeit gilt es im Folgenden am Beispiel Deutschlands zu skizzieren. Neuere Untersuchungen bestätigen die gewerkschaftliche Verurteilung des Taylorismus vor dem Ersten Weltkrieg. Dabei wird bereits als wesentliches Problem sein zwiespältiger Charakter angesprochen: Die Wissenschaftliche Betriebsführung kann einerseits Arbeitserleichterungen und Lohnsteigerungen bringen und andererseits Arbeitsintensivierung, Lohnsenkung, Hierarchisierung der Arbeiterklasse, Arbeitslosigkeit und Entleerung der Arbeit erzeugen (vgl. Lederer 1914: 769 ff.). Die negativen Folgen von Rationalisierung erhofften die im Allgemeinen Deutschen Gewerkschaftsbund (ADGB) zusammengeschlossenen Gewerkschaften, durch die Entfaltung von Gegenmacht, vor allem von Mitbestimmung auffangen zu können (vgl. Stollberg 1981: 77 f.). Die Argumentationslinie war auch für die Nachkriegsdiskussion typisch. Zunächst brach jedoch mit Ausbruch des Krieges die Auseinandersetzung ab, denn die so genannte „Burgfriedenspolitik" legte den Gewerkschaften auch in ihrer bisherigen Kritik an der Rationalisierung Zurückhaltung auf. Nach dem Krieg schlug die bislang ablehnende Haltung der Gewerkschaften gegenüber dem Taylorismus in seine Befürwortung um. Die Notwendigkeit unternehmerischer Rationalisierungen wurde anerkannt und im Einklang mit maßgeblichen Trägern politischer und wirtschaftlicher Macht als wichtiges Mittel zum Wiederaufbau der Nachkriegswirtschaft angesehen. In der Produktions- und Produktivitätssteigerung sahen die Gewerkschaften den einzigen Weg, die erbärmliche Lage der Arbeiterschaft zu bessern und damit auch die alte Gewerkschaftsbewegung, von wachsender innergewerkschaftlicher Opposition aus Räteanhängern und Kommunisten bedroht, zu retten (vgl. Flechtheim 1969: 308).

Die Arbeitsorganisation wurde „revolutioniert" (Preller) durch die Einführung des Taylorismus. Erste Anwendungsversuche gab es bereits vor dem und im Weltkrieg, und zwar im Zusammenhang mit Bemühungen zur Kompensation des Arbeitskräftemangels (vgl. Hinrichs, Peter 1976: 46). Insgesamt sammelten jedoch nur sehr wenige deutsche Betriebe vor 1918 Erfahrungen mit der Wissenschaftlichen Betriebsführung (vgl. Stollberg 1981: 36; Schmiede, Schudlich 1976: 178 ff.). Galt doch die Leistung der Betriebsleitungen „in erster Linie der Eingliederung des ‚technischen Wunders' in die Produktion (…), während die als selbstverständlich hingenommene menschliche Arbeitsleistung geringerer Aufmerksamkeit gewürdigt worden war, so wurde nun entdeckt, daß auch der ‚Produktionsfaktor Mensch'

3.1 Die Wissenschaftliche Betriebsführung

einer rationellen Durchgestaltung und Durchdenkung wert war" (Preller 1978: 127). Nun stürzte sich die Industrie „Hals über Kopf in die Rationalisierung, beseelt von dem Wunsche, so rasch wie möglich ihren Platz in der Weltkonkurrenz wieder einzunehmen" (Friedmann 1952: 40). Der Einsatzschwerpunkt des Taylorismus lag in den arbeitsintensiven Betrieben mittlerer Größe ohne gleichzeitige Einführung neuer Maschinen. Im Großbetrieb mit seiner Massenproduktion kam es darüber hinaus zur Anwendung der von Henry Ford entwickelten Fließfertigung, die das Reichskuratorium für Wirtschaftlichkeit (RKW) „in einer beispiellosen Kampagne ab 1925" propagierte und unterstützte (Neubauer 1980a: 144). Außer dieser Organisation spielte der 1924 gegründete Reichsausschuss für Arbeitszeitermittlung (Refa) eine wichtige Rolle. Er bildete die in den Betrieben tätigen so genannten Refa-Ingenieure aus, die auch als Multiplikatoren des neuen Organisationsmodells agierten. Eingeführt wurde der Taylorismus mit dem Refa-Verfahren, einem mit dem Anspruch auf Wissenschaftlichkeit begründeten Lohnfindungssystem (vgl. Schmiede, Schudlich 1976: 271).

Dennoch scheint der Einsatz von Fließfertigung und Taylorismus weit weniger dramatisch verlaufen zu sein, als die intensiv geführte Diskussion vermuten lässt (vgl. Vahrenkamp 1981; Bönig 1980). Erst im Zweiten Weltkrieg wurde die Massenfertigung engagiert vorangetrieben und schuf so die Grundlagen für den Wiederaufbau nach 1945 mit seinem Massenkonsum (vgl. Abelshauser 2003: 115, 124). Mit zunehmendem Einkommen seit den fünfziger Jahren des vergangenen Jahrhunderts konnten in der Bundesrepublik erstmalig Angehörige fast aller sozialen Schichten langlebige Konsumgüter wie Haushaltsgeräte, Unterhaltungselektronik und Automobile erwerben. Die Automobilproduktion avancierte zu einer der Schlüsselindustrien. Von dort traten die mit den Namen Taylor und Ford verbundenen US-amerikanischen Produktionsmethoden ihren Siegeszug durch die bundesrepublikanische Industrie an. Die Krise dieses Fertigungsmodells ging mit dem Ende der Massenproduktion in den siebziger Jahren einher. Steigende Einkommen und gewandelte vielfältige Bedürfnisse der Konsumenten ließen die Nachfrage nach standardisierten Massenprodukten sinken, zumal eine gewisse Sättigung bereits erreicht war. Neben der Massenproduktion behauptete sich – heute an Bedeutung gewinnend – jedoch ein klassisches Segment deutscher Industriearbeit, nämlich die diversifizierte Qualitätsproduktion, die eine hochwertige Ausbildung der Arbeitskräfte, wie sie im dualen System der Berufsausbildung gegeben ist, voraussetzt (vgl. Abelshauser 2004: 43 ff.).

Was waren die Folgen tayloristischer Rationalisierung für die Arbeitskräfte in den ersten Jahren ihrer Anwendung? Waren die früh von *Emil Lederer (1882-1939)* geäußerten Befürchtungen berechtigt?

Unmittelbar einsichtig ist, dass die tayloristischen Rationalisierungsmaßnahmen zu grundlegenden *Strukturveränderungen in der Arbeiterklasse* führten. Dieser seit 1925 sich vollziehende gewaltige Umbruch wurde mit dem Stichwort Tragödie des Facharbeiters beschrieben. Konkret handelt es sich um folgende Vorgänge:

> „Eine große Reihe früher nur den Fachkräften und damit in erster Linie männlicher Arbeitskraft vorbehaltener Arbeiten wurde nun in mehrere Teilarbeiten zerlegt, die von an- und ungelernten Arbeitern und damit vor allem auch von weiblichen Kräften übernommen werden konnten. Außerdem trat aber im Gefolge dieser Wandlung des Arbeitsprozesses eine Verlegung vieler Tätigkeiten in die vorbereitende Hand von Angestellten ein, die für die gesamte Angestelltenschaft eine starke Vermehrung, innerhalb ihrer Reihen aber eine außerordentliche bemerkenswerte Umkehr zu qualitativ geringer zu bewertenden Arbeiten brachte" (Preller 1978: 115).

Diese grobe Charakterisierung von Dequalifizierung und Qualifikationsverschiebung ist noch zu präzisieren. Während Klein-, Mittel- und Handwerksbetriebe weiterhin mit gelernten Kräften arbeiteten, nahmen in Großbetrieben die nicht gelernten Kräfte deutlich zu, und in der Folge davon wurden Arbeitnehmerinnen verstärkt in den Produktionsprozess eingegliedert (vgl. ebd.: 120). Außer in der Textil- und Bekleidungsindustrie arbeiteten Frauen vermehrt in den Wachstumsbranchen Elektrotechnik, Metallindustrie und Feinmechanik (vgl. ebd.: 120 f.; Reulecke 1977: 92). Erheblich stärker ins Gewicht fiel jedoch die Übernahme von Büroarbeit durch Frauen im Handel, im Bank- und Versicherungswesen sowie in den Behörden (vgl. ebd.: 92). Die gewaltige Zunahme der Angestellten führte in erster Linie zu minder qualifizierten Tätigkeiten. Bei den technischen Angestellten überwog der Funktionsmeister gegenüber dem Werkmeister alten Stils und unter den kaufmännischen Angestellten die mechanisch-maschinelle Arbeit durch Frauen (vgl. Preller 1978: 115). Die Angestelltentätigkeit glich sich an die der ArbeiterInnen tendenziell an:

> „Der vor dem Kriege noch stark schöpferische Arbeitsprozeß der Angestellten wurde damit in ungeahntem Maße mechanisiert, in unselbständige Teilarbeit zerlegt, nach Art der Rationalisierung der Arbeitertätigkeit vorkalkuliert, die Arbeitsweise festgelegt und damit das Gesamtniveau der Arbeitsanforderungen in ähnlicher Weise wie für den Arbeiter weithin in der Richtung auf unselbständige, von Spezialanweisungen abhängige Tätigkeit gesenkt" (ebd.: 133).

Im Folgenden sind die Konsequenzen dieser Rationalisierungsprozesse für die *Entwicklung von Löhnen und Gehältern* zu beleuchten. Hinzuweisen ist zunächst auf folgenden Sachverhalt: Im Zuge der Umwandlung der Wirtschaft stieg die industrielle Arbeitsproduktivität zum Teil erheblich an, etwa „von 1925 bis Mitte 1929 um 25 Prozent" (Wehler 2003: 256). Zwischen Kriegsende und Weltwirtschaftskrise wuchs sie „um 100 Prozent, allein während der ‚goldenen Jahre' in einigen Führungssektoren um 25 bis 40 Prozent. Solch einen Sprung gab es damals nur noch in der amerikanischen Industrie" (ebd.: 263). Der Warenausstoß wurde gesteigert, die Produktionskosten gesenkt und dadurch die Konkurrenzfähigkeit der Unternehmen auf den Märkten wieder hergestellt. Beispielsweise betrugen die Profitraten großer Aktiengesellschaften in Relation zum Eigenkapital 1924/25 5,1 und wuchsen bis 1927/28 auf 7,2 Prozent (vgl. Stollberg 1981: 54). Betrachtet man vor diesem Hintergrund die Verdienstentwicklung, so ist die Unzulänglichkeit des statistischen Materials anzumerken (vgl. Preller 1978: 150 ff.). Zudem scheint der Zusammenhang zwischen Einkommen und Rationalisierung „ebenso vermittelt wie schwer nachweisbar" zu sein (Stollberg 1981: 62). Gleichwohl nimmt *Ludwig Preller* (1897-1973) eine Parallelentwicklung zwischen nomineller Tariflohnhöhe und Rationalisierung an und führt die steigenden Einkommen auf den technischen Ausbau der Wirtschaft zurück (vgl. Preller 1978: 152). Hingegen führt *Hans-Ulrich Wehler* (1931-2014) die bis 1929 hohen, die Produktivitätsentwicklung übersteigenden Löhne darauf zurück, „daß die Position der organisierten Arbeiterschaft im Verteilungskampf seit 1919 unübersehbar aufgewertet worden war" (Wehler 2003: 254). Zudem verbesserten flankierende sozialpolitische Maßnahmen die Realeinkommen „drastisch" (ebd.: 255). Der Verdienst der ArbeiterInnen und Angestellten wies bis 1924 nach unten, stieg langsam und dann rascher an und fiel ab 1930 wieder scharf zurück (vgl. Preller 1978: 159). Für die Lebenshaltung in der Zeit des wirtschaftlichen Aufschwungs ergab sich eine „ohne Zweifel" günstigere Situation als in der Vorkriegszeit, sofern allerdings der einzelne Haushalt von Erwerbslosigkeit verschont blieb (ebd.: 158). Unter dem Gesichtspunkt der Wahrung gesamtwirtschaftlicher Stabilität war jedoch die Kaufkraft der ArbeitnehmerInnen zu gering. Von 1924 bis 1929 verschärfte sich „das Ungleichgewicht zwischen industrieller Produktionskapazität und kaufkräftiger Inlandsnachfrage (...), ohne daß eine volle Kompensation auf den Außenmärkten gefunden" wurde (Petzina, Abelshauser 1977: 63). Diese binnenwirtschaftliche Nachfrageschwäche zeigte sich vor allem auch in dem Verfall der Konsumgüterindustrie (vgl. Castellan 1977: 109).

Will man die *Entwicklung der Erwerbslosigkeit* untersuchen, erstaunt das Fehlen entsprechender Statistiken bis 1928 (vgl. ebd.: 109). Global ist von folgender Tendenz auszugehen: Selbst in den Jahren nach der Inflation blieb die Arbeitslosigkeit von 11,3 Prozent keine Randerscheinung, sondern erwies sich als Massenschicksal (vgl. ebd.: 109). „(...) auch während der Prosperitätsperiode blieb die Schattenseite der Wirtschaftsentwicklung erhalten: Nie gab es in der Weimarer Republik Vollbeschäftigung, auch nicht in den Jahren der Hochkonjunktur. (...) Vor allem bildete sich der vor 1914 völlig unbekannte Sozialtypus des Dauerarbeitslosen heraus" (Wehler 2003: 255). So ging „im konjunkturell relativ besten Jahr (1927)

(…) die Arbeitslosenquote nicht mehr unter einen Satz zurück, der vor dem Krieg nicht einmal die schlechtesten Jahre charakterisiert" (Borchardt 1979: 18). Darin manifestiert sich die relative Stagnation der deutschen Wirtschaft, die auch für andere westliche Industrienationen typisch war (vgl. Petzina, Abelshauser 1977: 60). Produktionszuwachs, Gewinne und Handelsaustausch erreichten im Durchschnitt nicht mehr die Raten der Vorkriegszeit. Der großen Krise ging also kein „anhaltend starker Aufschwung" voraus (Borchardt 1979: 13). Bis zum Ende der Inflation sank die Erwerbslosigkeit erst einmal ständig, um danach, vor allem im Winter 1925/26, wieder gewaltig anzuschwellen. Schließlich wuchs ab dem Winter 1928/29 bis 1933 die Erwerbslosigkeit permanent, und zwar von etwa zwei auf über sechs Millionen (vgl. Preller 1978: 164 ff.), d. h. die Erwerbslosenquote entwickelte sich von 9,6 auf 26 Prozent (vgl. Wehler 2003: 260). Am stärksten davon betroffen waren Landwirtschaft und Baugewerbe, Bekleidungs-, Lederbekleidungs- und Porzellanindustrie (vgl. Castellan 1977: 109). Auf dem Höhepunkt der Krise war „die knappe Hälfte aller Arbeitnehmer erwerbslos. In einzelnen Berufen, wie dem Baugewerbe, stieg dieser Anteil auf über 90 %. Dazu herrschte unter den noch Beschäftigten etwa zu einem Viertel Kurzarbeit" (Preller 1978: 166). Eine Angleichung der Lage der verschiedenen Beschäftigtengruppen erfolgte auch in diesem Punkt, die Angestellten blieben von der Erwerbslosigkeit nicht verschont (vgl. ebd.: 166). Unstrittig war Arbeitslosigkeit nicht nur konjunkturell, also eine Folge des gebremsten Wirtschaftswachstums, sondern auch strukturell bedingt. Dafür spricht vor allem die Tatsache, dass in Zeiten der Hochkonjunktur, so 1927/28, die Erwerbslosigkeit nicht mehr verschwand. Damit war sie auch ein Resultat der in Deutschland besonders intensiv und ohne Rücksicht auf die sozialen Wirkungen betriebenen Rationalisierungsmaßnahmen (vgl. Petzina, Abelshauser 1977: 62).

Ferner sind die *Auswirkungen auf die Gesundheit* der Arbeitskräfte zu skizzieren. Die Unternehmer konnten „unter dem Banner der Rationalisierung die Intensivierung der Arbeitsleistung und die Nutzung von Reserven betreiben" (Wehler 2003: 256 f.). In den ersten Nachkriegsjahren zeichnete sich bedingt durch einen in unfalltechnischer Hinsicht veralteten und abgewirtschafteten Maschinenpark und der Entwöhnung der Menschen vom Betriebsleben eine relativ hohe Unfallziffer ab (vgl. Preller 1978: 139). Aber auch nach der wirtschaftlichen Stabilisierung und einer wieder stärkeren Beachtung der Betriebsgefahren war bis zum Beginn der großen Erwerbslosigkeit 1928 „eine beträchtliche Vermehrung der Unfälle zu verzeichnen" (ebd.: 139). Anstrengungen zur technisch-maschinellen Unfallverhütung wurden konterkariert von dem insgesamt höheren Arbeitstempo. Zwar nahmen Maschinenunfälle ständig ab, dafür traten aber Unfälle außerhalb der Maschinen deutlich hervor, „die subjektiv im arbeitenden Menschen, objektiv allerdings häufig in der schärferen Arbeitsintensität begründet waren" (ebd.: 140). Dazu zählen Unfälle durch

3.1 Die Wissenschaftliche Betriebsführung 73

Zusammenbruch, Einsturz, Herabfallen und Umfallen von Gegenständen sowie durch den Fall von Personen. Hinzu kamen neue Gefahren durch das Vordringen von Chemie und Elektrizität in die Produktion. Überdies zeichnete sich die Steigerung rheumatischer Krankheiten sowie Magen- und Darmkrankheiten ab. Die Neuerungen im Bürobereich bedeuteten für die Angestellten neue Gesundheitsgefährdungen. Neben physischen Erkrankungen wie der Sehnenscheidenentzündung stellte sich eine erhöhte Nervenbeanspruchung ein (vgl. ebd.: 145).

Die Einführung des Taylorismus führte aus Sicht der Unternehmer durchaus zu positiven Ergebnissen. Dennoch blieb für das Management das Problem der Leistungszurückhaltung. Weber beobachtete früh, bereits vor dem Ersten Weltkrieg und vor Einführung der Wissenschaftlichen Betriebsführung folgende, sich sogar verschärfende Tendenz. Danach wuchs die Leistungszurückhaltung, und zwar „wie es scheint, ziemlich genau parallel: 1. der zunehmenden Rationalisierung der Lohnsysteme zwecks planmäßiger Steigerung der Leistung, und 2. wohl auch der, zufolge der stets verbesserten Organisationen der Arbeitgeber, wenigstens in vielen Industrien zunehmenden Ungunst der Streikchancen" (Weber 1924: 155 f.). Die Hoffnungen, die Taylor bezüglich der Arbeitsleistung geweckt hatte, wurden enttäuscht. Durch die Widerlegung seiner falschen Voraussetzungen entwickelte sich die sozialwissenschaftliche Forschung und Theorie über den Industriebetrieb bzw. über die Arbeitsorganisation weiter. Als kritische Reaktion entwickelte sich – wiederum zunächst in den USA – die Human-relations-Bewegung. Im Zuge breit angelegter empirischer Untersuchungen wurden die psychologischen, präziser motivationalen Annahmen Taylors widerlegt. Da die Anwendung direkter Zwangsmittel ausgeschlossen war, um die vermeintliche Diskrepanz zwischen Leistungsfähigkeit und tatsächlicher Leistung aufzuheben, war es nur konsequent, sich um ein differenzierteres Verständnis der Arbeitsmotivation zu bemühen und entsprechend praktische Schritte zur Veränderung der Arbeitssituation einzuleiten. Im Menschenbild von Taylor erscheint die Arbeitskraft als homo oeconomicus, also nur auf die Maximierung ihres Einkommens bedacht – ein damals und auch durchaus heute noch gängiges Leitbild. Verknüpft wird dieser Gedanke mit einer weiteren Vorstellung über die menschliche Natur. Die Reduktion der Arbeit auf ausführende Tätigkeiten, behauptet Taylor, sei mit der Natur der Arbeitskraft nicht nur vereinbar, sondern komme dieser geradewegs entgegen. Dieses Menschenbild wird hinsichtlich seiner mechanistischen und damit verkürzten Annahmen kritisiert. Danach ist Taylor ein psychologischer Dilettant (vgl. Volpert 1975: 33). Das trifft auch in physiologischer Hinsicht zu:

> „Die Ergebnisse der Psychologie und Physiologie zeigen übereinstimmend, daß der lebende Organismus mehr ist als ein Haufen zufällig zusammengekommener Ele-

mentarteile: er ist ein Individuum. (...) Individuelle Unterschiede müssen anerkannt werden (...). Die vom Taylorismus erstrebte Produktivitätssteigerung liegt weniger auf dem Wege der Rationalisierung, als vielmehr auf dem der Intensivierung der Arbeit" (Friedmann 1952: 50 ff.).

Anstelle von Maximalleistungen werden von Psychologie und Physiologie Optimalleistungen angestrebt.

3.2 Die Human-Relations-Bewegung

Die Bedeutung der Human-Relations-Bewegung besteht vor allem darin, dass einschlägige Forschungsergebnisse, die die tatsächlich komplexere Motivationsstruktur der Arbeitskräfte offen legten, praktisch verwertet wurden und werden. Verfügt wird über sie im Sinne der von Taylor eingeschlagenen Managementperspektive: Mit Zugeständnissen, welche die vielfältigen Motive berücksichtigen, will man die Leistungsbereitschaft der ArbeitnehmerInnen erhöhen und sich gleichzeitig ihrer Loyalität versichern. Damit wurde eine „epochal zu nennende(n) Veränderung des manageriellen Führungsstils" eingeleitet (Kern 1980: 193). Die Human-relations-Bewegung „hat Generationen von Managern beeinflusst und prägt noch heute einen guten Teil der Managementausbildung" (ebd.).

Betriebliche Untersuchungen, in denen Wissenschaft und Management eng zusammenarbeiteten, leiteten diesen Wandel ein. Unter der Leitung von *Elton Mayo* (1880-1949), Psychologe und Nationalökonom, Professor für industrial research an der Harvard School of Business Administration, wurden diese Experimente von seinen Mitarbeitern bzw. Kollegen in den Hawthorne Werken der Western Electric Company, USA, zwischen 1924 und 1932 durchgeführt. Die Hawthorne Werke hatten eine Beschäftigtenzahl von 25 Tausend. Finanziert wurde das anwendungsorientierte Vorhaben durch das Unternehmen und die Rockefeller-Foundation. Untersuchungsleitend waren unternehmerische Interessen: In der US-amerikanischen elektrotechnischen Industrie, in der in den zwanziger Jahren nach den Verfahren der industriellen Massenproduktion verbunden mit Lohnanreizsystemen gefertigt und wo ein hoher Rationalisierungsgrad erreicht wurde, suchte das Management nach neuen Methoden der Effizienzsteigerung. Dabei beinhaltete die Anwendung der Grundsätze von Taylor und Ford auch eine ausgeprägte betriebliche Sozialpolitik mit antigewerkschaftlicher Stoßrichtung (vgl. ebd.: 194).

Als Mayo mit seiner Forschungsgruppe in den Hawthorne Werken aktiv wurde, lagen bereits die Ergebnisse eines Beleuchtungsexperiments, durchgeführt von dem

Ingenieur G.A. Pennok, vor, aber deren Interpretation erwies sich als schwierig (vgl. Roethlisberger 1954: 14 ff.). Ausgangspunkt dieser Untersuchung war die Annahme, dass physikalische Faktoren wie Licht, Feuchtigkeit, Temperatur die Arbeitsleistung bestimmen. So wurde an zwei Gruppen von Arbeitskräften, einer Test- und Kontrollgruppe, ein Beleuchtungsexperiment durchgeführt. Die Lichtstärke wurde zunächst erhöht, der Erfolg war wie erwartet: die Arbeitsleistung stieg. Gleichzeitig erhöhte sich aber auch die Arbeitsleistung der Kontrollgruppe trotz unveränderter Bedingungen. Selbst als in der Experimentgruppe die Beleuchtung auf die Stärke einer Meterkerze abgeschwächt wurde, stieg das Arbeitsergebnis weiter an, wie auch bei der noch immer unter gleichen Bedingungen arbeitenden Kontrollgruppe. Die Ratlosigkeit der Forscher, dieses erstaunliche Ergebnis zu erklären, führte dazu, dass in der von Mayo eingeleiteten neuen Untersuchungsreihe die sozialen Aspekte der Arbeitsbedingungen wie Veränderungen des Lohnsystems, der Arbeitspausen, des Arbeitsschlusses, freier Sonnabend in ihren Auswirkungen auf die Arbeitsleistung studiert wurden. Wiederum stieg die Arbeitsleistung während der ganzen Untersuchungszeit an. Der Höhepunkt des Experiments war erreicht, als alle gewährten Vergünstigungen plötzlich wieder rückgängig gemacht wurden, und dennoch die Produktion ihren Höchststand erreichte und diesen 12 Wochen lang hielt. An diesem Punkt der Untersuchung erkannten Mayo und sein Team, dass die Annahmen ihres Forschungsdesigns falsch waren. Die Arbeitsleistung ist weder von physikalischen und physischen noch von den sozialen Aspekten der Arbeitsbedingungen abhängig, sondern von den psychischen und sozialen Begleitphänomenen.

Die Experimente haben in doppelter Hinsicht die Annahmen des Taylorismus widerlegt. Die individualistisch-egoistischen Momente im Modell des homo oeconomicus sind zu relativieren bzw. aufzugeben, da der Mensch in der Arbeitssituation sich nicht rein individualistisch verhält, sondern soziale Bedürfnisse wie Kommunikation und Kooperation befriedigen will und dies soweit wie möglich auch tut. Seine Leistungsbereitschaft und tatsächliche Leistung wird davon bestimmt. Mayo fasste rückblickend die Bedeutung dieser Forschungsergebnisse so zusammen:

> „Die eigentlich entscheidend zu nennende Veränderung im experimentellen Vorgehen ereignete sich, als die mit der Durchführung der Untersuchung Beauftragten sich bemühten, die Situation ganz ungestört zu erhalten, indem sie sich der Mitarbeit der Arbeiter vergewisserten. Dadurch kam es dazu, daß sechs Einzelwesen eine Arbeitsgruppe wurden, und diese Arbeitsgruppe entschloß sich, von ganzem Herzen spontan bei dem Experiment mitzuarbeiten. In der Folge davon fühlten und erlebten die sechs sich als Teilnehmer am Experiment – frei und ohne Hintergedanken, und sie waren glücklich, weil sie wußten, daß sie ohne Zwang von oben und ohne Einschränkungen von unten arbeiten konnten. Über das Ergebnis waren sie selber am meisten erstaunt, denn sie hatten das Gefühl, daß sie unter geringerem Druck als jemals vorher ihre Arbeit verrichtet hatten" (Mayo 1945: 72 f. zitiert nach: Bendix 1960: 406 f.).

Sichtbar wird diese Motivationsstruktur dadurch, dass in der untersuchten Firma Kleingruppen existierten, die, da sie der formale Organisationsaufbau nicht vorsieht, seither informelle Gruppen heißen. *Fritz Jules Roethlisberger* (1898-1974), der mit Mayo zusammenarbeitete und als Professor für Human Relations ebenfalls an der Harvard Graduate School of Business Administration lehrte, benennt zusammen mit William J. Dickson in dem Abschlussbericht der Forschung die entscheidenden Veränderungen:

> „(…): erstens, in einer allmählichen Veränderung der sozialen Beziehungen zwischen den Arbeiterinnen selbst, die sich in Form neuer Gruppenloyalitäten und -solidaritäten zeigten; zweitens, in einer Veränderung der Beziehung zwischen Arbeiterinnen und ihren Vorgesetzten. Die Autoritäten des Testraums hatten Schritte unternommen, die Kooperationswilligkeit der Mädchen zu erringen sowie sie von Ängsten und Befürchtungen zu befreien. Aus diesem Versuch, konstante Versuchsbedingungen zu erhalten, ergab sich indirekt eine Änderung in den menschlichen Beziehungen (human relations)" (Roethlisberger, Dickson 1975: 58 f., zitiert nach und übersetzt von: Kern 1980: 197).

Die Untersuchung, die mit sechs Telefonrelais montierenden Arbeiterinnen begann, wurde fortgesetzt mit einer Befragung von 20 Tausend Arbeitskräften, um „die persönlichen und sozialen Umstände zu ermitteln, die einen Einfluß auf die Unzufriedenheit und die Schwankungen der Arbeitsleistung hatten" (Bendix 1960: 407). Die Strategie der Human-relations-Bewegung bestand nun darin, den Widerspruch in Gestalt der informellen Gruppe nicht als dysfunktional zu diskreditieren. Vielmehr galt es, die Gruppen nicht ihrer Eigendynamik zu überlassen, sondern sie bewusst auf die Ziele der Organisation zu führen. So glaubte man sicher zu sein, dass sie sich nicht in oppositionelle Gruppen verwandeln. Diese Absicht erforderte, zusätzliche, vom Unternehmen zu kontrollierende Entlastungsmöglichkeiten für die Arbeitskräfte zu schaffen, beispielsweise durch die Einrichtung von Beschwerdeausschüssen.

Mit dieser Psychologisierung des Arbeitsverhaltens wird den Erscheinungen des sozialen Konflikts mit seinen sozio-ökonomischen Bedingungsfaktoren ausgewichen. Die Kritik lässt sich in vier Punkten zusammenfassen:

> „Erstens und vor allem finden wir (…) eine systematische Unterschätzung des Konflikts und die oft ausdrückliche Leugnung von wirtschaftlichen und politischen Bestimmungsfaktoren des industriellen Friedens, sowohl innerhalb als auch außerhalb der Fabrik. Zweitens ist das Beobachtungsgebiet auf die Fabrik selbst beschränkt, als existiere sie in einem Vakuum – alle für Konflikt oder Zusammenarbeit verantwortlichen Faktoren finden sich innerhalb der ‚sozialen Organisation des Betriebes'. Drittens geht jede Verringerung des Konflikts in erster Linie auf das Eingreifen des Unternehmers zurück, nicht in Form gemeinsamer Entscheidungen über zentrale Fragen oder in

3.2 Die Human-Relations-Bewegung

Form von Konzessionen an die Forderungen der Arbeiter – in welchen Fällen eine Neuverteilung der Macht nötig wäre –, sondern in Form der Anwendung ‚sozialer Fertigkeiten' einschließlich der Fähigkeit, die Arbeiter über die Beschwerden zum Reden zu bringen, um sie zu überreden, diese Beschwerden neu zu interpretieren, so daß das Unternehmen als Gegenstand der Aggression ausgeschaltet wird, und in der Form der Ausnutzung der egoistischen, statussuchenden Tendenzen im Durchschnittsarbeiter. Viertens bestehen die industriellen Beziehungen nach dieser Auffassung aus Beziehungen zwischen Einzelpersonen, in erster Linie zwischen Arbeitern oder Arbeitern und Werkmeistern, und der Ursprung des industriellen Konflikts findet sich auf dieser Ebene" (Sheppard 1954: 327, zitiert nach: Burisch 1973a: 50 f.).

Ebenso wie die Anwendung der Taylorschen Empfehlungen zumindest vereinzelt und kurzfristig zum Erfolg führte, galt dies auch für die von Mayo und seinen Mitarbeitern gemachten Vorschläge zur Pflege der zwischenmenschlichen Beziehungen. In den Hawthorne Werken kam es zu keiner Solidarisierung der Arbeiterschaft, und die Gewerkschaften konnten sich dort auch zur Zeit der Weltwirtschaftskrise nicht organisieren (vgl. Littek 1973: 29).

Mit dem Durchbruch der Human-relations-Bewegung wandelten sich auch die Vorstellungen über die Natur des Menschen bzw. der Arbeitskräfte. Ihre wissenschaftliche Ausprägung findet sich in entsprechend veränderten Motivationstheorien. *Douglas McGregor* (1906-1964), Professor für Management am Massachusetts Institute of Technology (MIT), geht in seinem dualistisch angelegten Theoriemodell von einer grundsätzlich komplexen Motivationsstruktur aus. Diese konkretisiere sich in der Theorie Y, die mit der Theorie X, in der die Annahmen des Taylorismus niedergelegt sind, konfrontiert wird. Die wichtigsten Hypothesen der Theorie Y, nach der die Arbeiterschaft sich motivieren lasse erhöhte Leistungen zu erbringen, lauten: Wenn sich die ArbeiterIn mit den Organisationszielen identifiziert, sind externe Kontrollen unnötig, sie/er wird Selbstkontrolle und Eigeninitiative entwickeln. Um diese Identifikation zu erreichen, muss die Möglichkeit gegeben werden, Ich-Bedürfnisse und das Streben nach Selbstverwirklichung, nach Übernahme von Verantwortung zu befriedigen. Einfallsreichtum und Kreativität der Arbeitskraft werden so für die Organisation aktiviert (vgl. McGregor 1970).

Obwohl die Untersuchungen während der Weltwirtschaftskrise abgebrochen wurden, blieb deren Fragestellung aktuell. Mit wachsender wirtschaftlicher Stärke der USA und politischer Macht der Gewerkschaften wurde Ende der dreißiger Jahre das Forschungsprogramm nunmehr differenzierter in der Fragestellung und ausgedehnter in der Untersuchungsanlage wieder aufgenommen. Organisationstechnische Vorschläge, die zur Lösung der „alten Probleme" gemacht werden, müssen sich seither verstärkt empirisch ausweisen. Im Forschungszentrum stehen

Probleme der Arbeitseinstellung, der Arbeitsmotivation, der Arbeitszufriedenheit, des Führungsstils und des Betriebsklimas. Ford beschrieb die Situation 1946 so:

> „Wenn wir das Problem der zwischenmenschlichen Beziehungen in der industriellen Produktion lösen können, dann können wir in den nächsten 10 Jahren den gleichen Fortschritt in Richtung auf Kostensenkung erzielen, wie wir ihn im letzten Vierteljahrhundert durch die Entwicklung der Maschinerie in der Massenproduktion erreicht haben" (zitiert nach: Volpert 1974: 18).

Die bisherigen Methoden der Human-relations-Bewegung wurden dadurch ergänzt, dass der bislang autoritäre Führungsstil von einem demokratischen abgelöst wird, um Bedürfnissen nach Anerkennung und Information entgegenzukommen. Zur weiteren Verbesserung des Betriebsklimas wird die Partizipation als Verfeinerung dieses Führungskonzepts propagiert. Darunter ist die Mitwirkung von Arbeitsgruppen an Entscheidungen zu verstehen. Sie läuft darauf hinaus, die ArbeiterInnen zur Annahme dessen zu bringen, was das Management sowieso will, wobei ihnen jedoch das Gefühl der unmittelbaren Beteiligung an der Entscheidung gegeben wird. Gleichzeitig können so eventuelle oppositionelle Aktivitäten der informellen Gruppen vom Management kontrolliert und möglicherweise in unternehmensloyale Haltungen verwandelt werden. Die Konzepte der Human-relations-Bewegung wurden noch in einer anderen Richtung weiterentwickelt. Hierbei handelt es sich um den Ausbau des betrieblichen Vorschlagwesens. Danach sollen solche Vorschläge honoriert werden, die Kosteneinsparungen und gleichzeitig eine Verbesserung der Arbeitsbedingungen ermöglichen (vgl. McGregor 1970: 126 ff.).

Friedmann weist auf eine bis heute für die Entwicklung von Arbeitsorganisationen aktuelle praktische Schlussfolgerung der Forschungen von Mayo und seinem Team hin:

> „Die psychologischen Reaktionen des Arbeiters sind jedem Verhalten gegenüber ablehnend, zu dem er von oben her, ohne geistige Beteiligung und ohne Verstehen gezwungen wird. Wenn man rationalisiert, wenn man ein System der Betriebsorganisation errichtet oder verändert, muß man überzeugen. Tut man dies nicht, so macht man sozusagen nichts anderes, als einem widerspenstigen Patienten eine Arznei einflößen: ‚Sie mag gut für ihn sein, ohne daß er davon überzeugt ist. Wenn ein Mensch ohne genügendes Verständnis für seine Arbeit arbeiten muß, dann hat er (im Gegensatz zur Maschine) gegen einen Widerstand zu arbeiten, der aus ihm selber kommt'" (Friedmann 1952: 316). Die Forschungsgruppe um Mayo legte „letzten Endes die Finger auf bestimmte allgemeine und wesentliche Probleme der Rationalisierung. Praktisch verurteilt die Untersuchung (...) jede von oben kommende Einführung von Rationalisierungsmethoden, die als logische Mechanismen aufgezwungen werden, und dies insbesondere in einer Zeit, in der Verordnungen, Anweisungen und Verfahren infolge des technischen Fortschritts häufigen Veränderungen unterliegen müssen. Es

3.2 Die Human-Relations-Bewegung

ist gefährlich, auf diese Weise den Arbeitern mit Gewalt Projekte (...) aufzwingen zu wollen, die aus den Büros kommen, und selbst dann, wenn diese Pläne so sorgfältig wie möglich ausgearbeitet sind. Was not tut, ist, sie den Arbeitern verständlich zu machen, dieses Verständnis auszubreiten und die größtmögliche Zahl von Arbeitern daran teilnehmen zu lassen" (ebd.: 317).

Erkenntnisse über betriebliche Kooperationsformen, wie sie die Human-relations-Bewegung praktisch umsetzte, lagen bereits in Untersuchungen der frühen deutschen Arbeitsforschung vor. Weber beobachtete bei seinen betrieblichen Studien ein planmäßiges „Bremsen" der Akkordarbeiter als eine kollektive Reaktion gegenüber Leistungsverdichtung und Rationalisierung:

„Das ‚Bremsen', nicht nur das unwillkürliche, stimmungsmäßige, sondern das bewußte und absichtsvolle, findet sich auch beim Fehlen aller gewerkschaftlichen Organisation überall da, wo irgendwelches Maß von Solidaritätsgefühl in einer Arbeiterschaft oder doch einem hinlänglich bedeutenden Teil ihrer existiert. Es ist vielfach ganz allgemein gesprochen, die Form, in der eine Arbeiterschaft, bewußt und hartnäckig, aber wortlos, mit dem Unternehmer um den Kaufpreis für ihre Leistung feilscht und ringt. Es kann sowohl die Erzwingung höherer Akkordsätze, wie, bei gleichbleibenden Akkordsätzen, die Erhaltung des traditionellen Tempos der Arbeit zum Zweck haben, wie endlich der Ausdruck einer ihrer Provenienz nach mehr oder minder deutlich bewußten allgemeinen Mißstimmung sein. (...). Im Gegensatz zum Streik erfordert es keinen Apparat einer förmlichen Organisation und keine Kassen, die Arbeiter setzen sich nicht gänzlich aus ihr Brot, sondern schränken nur ihren Verdienst mit ein, und ihre taktische Lage ist dabei auch insofern im Verhältnis zum Streik günstiger, als der Gegner keineswegs immer in der Lage ist, dem einzelnen nachzuweisen, daß und wie stark er tatsächlich ‚gebremst' hat: und eine formell ganz grundlose Entlassung eines nicht notorisch leistungsunfähigen Arbeiters wegen angeblichen ‚Bremsens' würde, wo die Arbeiterschaft nicht gänzlich machtlos ist, eine Belastung mit einem nicht gern getragenen Odium für den Unternehmer bedeuten" (Weber 1924: 156 ff.).

Die Untersuchung von *Marie Bernays* (1883-1939) in der Gladbacher Spinnerei und Weberei AG zu München-Gladbach im Rheinland, die im Rahmen der Anfang des Jahrhunderts vom Verein für Socialpolitik unter der maßgeblichen Einflussnahme von Weber durchgeführten Forschungen über „Auslese und Anpassung (Berufswahlen und Berufsschicksal) der Arbeiterschaft der geschlossenen Großindustrie" vorgenommen wurde und bis heute als vorbildlich gilt (vgl. Kern 1982: 90 ff.), förderte ebenfalls entsprechende Ergebnisse zutage. Bei ihrem Vorgehen kombinierte Bernays mehrere Methoden, so die teilnehmende Beobachtung mit einer Dokumentenanalyse und einer Befragung der Beschäftigten. Unter der Überschrift „Werkstatt-Gemeinschaft" skizziert sie die Gruppenbildung innerhalb der Arbeiterschaft, die dadurch zustande komme, „daß die mit derselben Teilarbeit beschäftigten Arbeiter und Arbeiterinnen sich untereinander und den anderen gegenüber als Einheit fühlen" (Bernays 1910: 183). Die Gruppen erfüllen mehrere Funktionen: Zunächst erlange die einzelne Arbeitskraft eine „gewisse Bedeutung" und bewahre sie „vor dem gänzlichen Versinken in der Masse, vor dem völligen Nummerwerden", sodann entwickeln die Mitglieder der Gruppe „ein starkes Solidaritätsgefühl" (ebd.: 185), was sich darin zeige, dass sie

> „sich gegenseitig bei der Arbeit unterstützen. Diese für Angehörige anderer Kreise zunächst gänzlich befremdende Hilfsbereitschaft muß daneben noch einem durch jahrelange gemeinsame Arbeit hervorgerufenen Abhängigkeitsgefühl der Leute von einander entspringen. (...) (Sie) ist oft sogar stärker als ihre Lohnbegier und veranlaßt sie, die Akkordarbeit zu verlassen, um anderen zu helfen" (ebd.: 187).

Zudem zeige sich die Solidarität vor allem in der „Toleranz (...) gegen die Laster und Vergehen ihrer Arbeitsgenossen" (ebd.). Aus diesen Erkenntnissen wurden praktische Konsequenzen in Deutschland zunächst nicht gezogen. Erst durch die Rezeption der Human-relations-Bewegung in der Bundesrepublik in den fünfziger Jahren werden solche gruppenbezogenen Ergebnisse handlungsanleitend. Die Verzögerung, möglicherweise sogar der Wissensverlust können so erklärt werden: Im Unterschied zum Taylorismus zeigt sich, dass es sich bei den vor genannten Ergebnissen um wissenschaftlich isolierte Erkenntnisse handelt. Mit andern Worten: Es gab, soweit ich sehe, keine interessierten, machtvollen – auch institutionellen – Akteure, die eine Umsetzung in die betriebliche Praxis hätten fordern und fördern können, zumal während des Nationalsozialismus eine autoritäre Führung wieder belebt und gestärkt wurde. Reformen unterstützende Netzwerke sind jedoch für die Umsetzung organisatorischer wie auch technischer Innovationen unverzichtbar (vgl. Raehlmann 2007: 29 ff.). Die Erkenntnisse Webers und Bernays' waren – zusammen mit den praktischen Konsequenzen, die Mayo und seine Mitarbeiter aus ihren Resultaten ableiteten – ihrer Zeit weit voraus. Im Deutschen Kaiserreich mit seinen autoritär geführten Unternehmen fand z. B. ein demokratischer Führungsstil als Managementstrategie noch keine Resonanz. Gleichwohl können die um die Jahrhundertwende freiwillig und später per Gesetz eingerichteten so genannten Arbeiterausschüsse in eine solche Richtung weisen (vgl. Müller-Jentsch 1997: 261 ff.).

Mit dem Sieg des Nationalsozialismus wurden u.a. die Arbeiterparteien und Gewerkschaften in Deutschland verboten. Das „Gesetz zur Ordnung der nationalen Arbeit" vom Januar 1934 oktroyierte den Betrieben eine Arbeitsverfassung, die alle Mitbestimmungs- und Kontrollrechte, die die Arbeiterbewegung bis 1933 erkämpft hatte, beseitigte und durch das autoritäre Führer-Gefolgschaftsprinzip ersetzte. Nach dem Zweiten Weltkrieg gelang es den Gewerkschaften Anfang der fünfziger Jahre, das Montanmitbestimmungs- und Betriebsverfassungsgesetz gegen den heftigen Widerstand der Arbeitgeber und Wirtschaftsverbände politisch

3.2 Die Human-Relations-Bewegung

durchzusetzen. In der Antimitbestimmungskampagne der Wirtschaft gewann die Human-relations-Bewegung insofern eine strategische Bedeutung, als ein demokratischer Führungsstil, eine Führung im Mitarbeiterverhältnis als Alternative zur Mitbestimmung propagiert wurde (vgl. Raehlmann 1975: 181). Dieses Konzept, das auch unter dem Titel Harzburger Modell bekannt wurde, war Leitbild der Akademie für Führungskräfte der Wirtschaft, die 1956 in Bad Harzburg gegründet wurde und damals eine der größten Managementschulen in der Bundesrepublik war. Die wachsende Bedeutung der Erkenntnisse und praktischen Folgerungen aus der Human-relations-Bewegung seit der zweiten Hälfte der fünfziger Jahre erklärt sich auch aus der zunehmenden Arbeitskräfteknappheit der bundesrepublikanischen Volkswirtschaft. Diese zwang die Unternehmen dazu, bislang unausgeschöpfte Leistungsreserven der Beschäftigten zu aktivieren und zu nutzen. Unter dem Titel „Führungsauftrag und Führungsstil" legte der Ausschuss für soziale Betriebsgestaltung bei der Bundesvereinigung der Deutschen Arbeitgeberverbände (BDA) 1969 einen Arbeitsbericht vor, in dem die zentralen Ansatzpunkte der Human-relations-Bewegung aufgegriffen wurden (BDA 1970: 213 ff.). Einleitend wird auf die Notwendigkeit der Verwissenschaftlichung moderner Führung und auf mögliche Konflikte, die die Führungskräfte zu bewältigen haben, hingewiesen. Die Ziele des Betriebes und die der Arbeitskräfte können sich nämlich widersprechen. Sodann wird auf einen Wandel der betrieblichen Aufgabenstruktur aufgrund des technischen Fortschritts, der wachsenden Unbestimmtheit von Aufgaben und Umweltverhältnissen aufmerksam gemacht (vgl. Kapitel 2.1). Dieser führe dazu, dass „neben einem höheren Fachwissen vor allem die *schöpferische Leistung* und das *verantwortliche Mitdenken* im Betrieb an Raum und Bedeutung" gewinne (ebd.: 216). Zudem wird ein veränderter Führungsstil gefordert, der die komplexe Motivationsstruktur der Arbeitskräfte, wie sie McGregor in seiner Theorie Y niedergelegt hatte, berücksichtigt. Dieses Führungskonzept sei auf Kooperation angelegt:

> „An die Stelle der direkten Anweisung tritt das erläuternde, mit Gründen versehene Anordnen. Empfehlen, Raten und Anregen im Rahmen der festgelegten Ziele spielen eine entscheidende Rolle. Grundlage bildet die Delegation von Aufgaben, Befugnissen und Verantwortung, die dem Mitarbeiter ein eigenverantwortliches Tätigkeitsfeld schafft und damit die gewünschte Eigeninitiative und ein Mitdenken aus eigener innerer Bereitschaft heraus auslöst" (ebd.: 218).

Das Führungskonzept schließt die Förderung von Gruppenarbeit ebenso mit ein wie die von informellen Gruppen. Das betriebliche Vorschlagwesen soll ebenfalls das Interesse und die Initiative der Betriebsangehörigen an der Arbeit fördern.

3.3 Die neuen Formen der Arbeitsorganisation

Die vorgängig präsentierten arbeitsorganisatorischen Interventionsstrategien wie die Wissenschaftliche Betriebsführung und die Human-relations-Bewegung können – bei der grundsätzlichen Ambivalenz dieser Maßnahmen – den Bemühungen um eine Humanisierung der Arbeit zugerechnet werden. Von Ambivalenz ebenso gekennzeichnet sind folglich auch jene neuen Formen der Arbeitsorganisation, die häufig als die genuinen Humanisierungsstrategien angesehen wurden und bis heute noch werden. Die Ansätze sind Bestandteil von Managementkonzepten, die aber von den Gewerkschaften und Betriebsräten durchaus akzeptiert wurden. Die Maßnahmen, die auf der Wissenschaftlichen Betriebsführung wie auf der Human-relations-Bewegung systematisch aufbauen, werden im Folgenden vorgestellt.

Die Weiterentwicklung schien geboten, weil trotz aller Verheißungen die Leistungszurückhaltung als Problem blieb. Auch die betriebliche Integration der ArbeiterInnen war nicht gelöst, zumal der Einfluss der Gewerkschaften weiterhin bestand. Offenkundig wurde diese Problemsituation zuerst in den USA in den vierziger Jahren des vergangenen Jahrhunderts (vgl. Volpert 1975: 51 f.). Die sozialtechnischen Maßnahmen konnten jedoch, nachdem sie ihre leistungssteigernden Effekte eingebüßt hatten, nicht rückgängig gemacht werden.

> „Nichtautoritäres Verhalten und ‚menschlicher' Umgangston der Vorgesetzten, gewisse Möglichkeiten, sich Gehör zu verschaffen und die eigenen Auffassungen in die Diskussion einzubringen etc., all dieses ‚motivierte' zwar inzwischen niemanden zu erhöhter Anstrengung, war aber so zur Selbstverständlichkeit und zum Gewohnheitsrecht geworden, daß eine Rückkehr zu den früheren Umgangsweisen des Managements bei den Arbeitern schwerste Unruhe und massiven Widerstand hervorgerufen hätte und deshalb unmöglich war" (Holzkamp-Osterkamp 1975: 31).

Es war also wenig sinnvoll, den eingeschlagenen Weg weiter zu verfolgen, etwa indem die sozialtechnischen Maßnahmen weiter perfektioniert wurden. Vielmehr war Ausschau nach neuen, bisher unentdeckten Dimensionen möglicher Intensivierung und zugleich Integration zu halten. Die Abkehr von der Sozialtechnik bedeutete eine Hinwendung zur Arbeitstätigkeit. Angesichts der gruppenwissenschaftlichen Erkenntnisse der Human-relations-Bewegung war eine Rückkehr zum individualwissenschaftlichen Ansatz von Taylor ausgeschlossen. Die Neuorientierung erfolgte, indem die bisherigen Ergebnisse rezipiert und auf einer entwicklungstheoretisch höheren Stufe, im so genannten aktionswissenschaftlichen Ansatz zusammengefasst wurden (vgl. Volpert 1974: 21). Begünstigt, wenn nicht sogar ermöglicht, wurde dieser Ansatz durch technische Veränderungen. Infolge des raschen Fortschritts von Mechanisierung und Automatisierung entstanden Arbeitsplätze vorwiegend

3.3 Die neuen Formen der Arbeitsorganisation

mit Überwachungs- und Steuerungstätigkeiten; Tätigkeiten, die nicht unbedingt ein hohes Maß an Fachkenntnissen verlangen, sich jedoch dem Zugriff des Taylorismus weitgehend entziehen. Um ein reibungsloses Funktionieren des Produktionsprozesses zu ermöglichen, ist der Arbeitskraft ein gewisser Handlungs- und Ermessensspielraum zuzugestehen, denn beispielsweise sind Störungen im Produktionsablauf nicht vorhersehbar. Die Richtung, die mit dem neuen Ansatz eingeschlagen wurde, macht folgende Beobachtung des Präsidenten von IBM 1943 deutlich. Bei einem Rundgang im Werk Endicott entdeckte er eine Arbeiterin, die nichts tat. „Obwohl sie ihre Maschine selbst einrichten konnte, wartete die Arbeiterin auf einen Einrichter, da das Einrichten nicht zu ihren Aufgaben gehörte. Sie konnte – nach ihren Aussagen – auch ihre Arbeit selbst kontrollieren (...), aber dafür wiederum war ein Fertigungskontrolleur zuständig" (zitiert nach: Ulich 1972: 267). Es wurden Maßnahmen ergriffen, um das Einrichten und Kontrollieren den ArbeiterInnen zu übertragen. Die Veränderungen brachten nicht nur Einsparungen, sondern erhöhten die Arbeitsleistung, die Löhne und die Zufriedenheit der ArbeiterInnen. Der favorisierte Weg bedeutete, dass die von Taylor aufgestellten Grundsätze der Spezialisierung, die Voraussetzung für eine effiziente Arbeitsorganisation sein sollten, umgekehrt wurden. „Von Adam Smith bis F.W. Taylor", bemerkte George C. Homans, wird „kritiklos angenommen, daß man um so billiger produziere, je weiter man die Arbeitsteilung vorantreibe (...). Jetzt beginnen wir aber zu begreifen, daß die Arbeitsteilung wie jeder andere Entwicklungsprozeß einen Punkt kennt, von dem an der Ertrag wieder sinkt" (Homans 1950: 102, zitiert nach und übersetzt von: Friedmann 1959: 40).

Die Neuorganisation industrieller Fertigung basierte auf dem theoretischen Konzept des socio-technical-approach, das in der Tradition des Human-relations-Ansatzes nach dem Zweiten Weltkrieg vom *Tavistock-Institut* in London entwickelt wurde. Es geht von zwei Voraussetzungen aus:

- *Erstens* kann der Produktionsprozess nur dann erfolgreich sein, wenn sowohl das technische als auch das soziale System optimal strukturiert sind.
- *Zweitens* ist die simultan-optimale Zuordnung nur unter der Berücksichtigung der psychologischen, politischen, organisatorischen und ökonomischen Bedingungen möglich (vgl. Vilmar 1973: 106 ff.; Klein 1975: 22 ff.).

Als wichtigste Methoden schlägt der sozio-technische Ansatz vor:

- *Erstens: Arbeitsplatzwechsel (job rotation)* bedeutet, dass die Arbeitskraft nach einem vorgeschriebenen Zeitplan ihren Arbeitsplatz wechselt, wobei nach wie vor repetitive Teilarbeiten ausgeführt werden. Deren Monotonie soll durch den

Arbeitswechsel abgebaut und zudem eine Erweiterung der Kenntnisse sowie ein größerer Überblick über den Produktionsablauf ermöglicht werden.
- *Zweitens: Arbeitserweiterung (job enlargement)* reduziert die extreme Arbeitsteilung, indem Teiloperationen wieder zusammengefügt und von einer Arbeitskraft ausgeführt werden. Da es sich um ähnliche und gleichartige Tätigkeiten, d. h. um eine horizontale Integration handelt, sind die motivationssteigernden Hoffnungen, die sich mit einer solchen Art der Abwechslung verbinden, nur begrenzt berechtigt.
- *Drittens:* Durch die *Bildung von Abteilungen am Fließband* werden die langen Bänder durch *Pufferzonen* in Produktionsabschnitte unterteilt, in denen fünf bis 20 ArbeiterInnen ein Teilprodukt herstellen. Durch das Lagern der Teilprodukte in den Pufferzonen hofft man, unproduktive Wartezeiten infolge Materialmangels zu eliminieren. Diese Art der Fließbandorganisation erlaubt der Arbeitskraft, den Arbeitsrhythmus ihrer individuellen Leistungskurve anzupassen, was bei starren Taktzeiten nicht möglich ist.

Diese drei organisatorischen Veränderungen bedeuten keine neue Qualität der Arbeit gegenüber dem Taylorismus. Ihnen ist das Prinzip der Arbeitszerlegung, der Normwertbestimmung durch Zeit- und Bewegungsanalysen, des Leistungslohns und der rigiden Trennung von Disposition und Ausführung gemeinsam (vgl. Mendner 1975: 171). Außer diesen Methoden sind noch zwei weitere zu nennen, die sich nicht so eindeutig bestimmen lassen:

- *Viertens: Bereicherung, Anreicherung der Arbeit (job enrichment)* bedeutet, dass die Arbeit nicht nur in horizontaler, sondern auch in vertikaler Hinsicht erweitert wird. Unterschiedliche Arbeitsabschnitte wie Vorbereitung, Fertigung, Kontrolle und Korrektur werden integriert und damit das Prinzip der Spezialisierung im Sinne kurzzyklischer repetitiver Teilarbeiten aufgehoben. Mit der Verkürzung der hierarchischen Linie geht eine Erweiterung des Verantwortungs- und Dispositionsbereichs einher. Zwar ist die vertikale Integration partiell noch mit der Fließbandorganisation vereinbar, aber deren tendenzielle Überwindung deutet sich zumindest an.
- *Fünftens: Die teilautonome Arbeitsgruppe* stellt die weitestgehende Form der Verselbständigung dar. Die Gruppe entscheidet selbst „in all den Fragen, die nicht übergeordnete Produktions- und Investitionsprobleme darstellen", so über die Wahl der Arbeitsmethoden und -bedingungen sowie die Aufgabenverteilung, die Aufnahme und Entlassung von Gruppenmitgliedern (Vilmar 1973: 114). Obwohl in der Realität die Autonomiebereiche abgestuft sind, ist eine Trennung von Disposition und Ausführung weitestgehend aufgehoben.

3.3 Die neuen Formen der Arbeitsorganisation

Diese beiden Methoden lassen sich nicht mehr unter den Taylorismus subsumieren, sondern widersprechen ihm grundsätzlich, weil sie die Arbeitszerlegung in Planung, Ausführung und Kontrolle aufheben. Im Zusammenhang mit diesem Umbau der Arbeitsorganisation gehen Veränderungen der Motivationstheorien einher, die sich in Auseinandersetzung mit dem Human-relations-Ansatz ergeben. Die Absetzung erfolgt durch zwei Argumente:

- *Erstens* führen die Zugeständnisse längerfristig zu keiner Anhebung der Leistungsmotivation. Sie nutzen sich in dem Maße ab, wie sie als Tricks und Täuschungsmanöver durchschaut werden.
- *Zweitens* sind die Enthüllungen nicht ungefährlich, da sie den Status quo bedrohende Folgen heraufbeschwören, wenn gefordert wird, Scheinzugeständnisse in wirkliche Zugeständnisse zu verwandeln. Demgegenüber soll das Konzept der Arbeitshumanisierung das Motivationsproblem lösen.

Die konzeptionelle Neufassung der Motivation erfolgt mit der Motivations-Hygiene-Theorie von *Frederick Herzberg* (1923-2000) (vgl. Herzberg, Mausner, Snyderman 1959; Herzberg 1970: 86 ff.). Ausgangspunkt seiner Überlegungen ist, dass die Bedürfnisstruktur der Arbeitskräfte komplexer sei als bisher angenommen. In umfangreichen empirischen Untersuchungen über Arbeitsmotivation kommt Herzberg zu der Unterscheidung von bloßen Hygienefaktoren und den eigentlichen Motivatoren. Bei den ersten handelt es sich um jene psychischen und sozialen Aspekte der Arbeitsbedingungen, die die Human-relations-Bewegung propagiert, und die, wenn sie befriedigt werden, das Anspruchsniveau zu unerfüllbaren Forderungen wachsen lassen. Diese äußeren Bedingungen müssen zwar erfüllt sein, wenn die ArbeiterIn nicht unzufrieden sein soll, sie schaffen für sich genommen jedoch noch keine positive Einstellung zur Arbeit und somit keine Leistungsbereitschaft. Für Herzberg liegen die eigentlichen Motivatoren in der Arbeit selbst, und diese entwickeln sich aus der Möglichkeit, eine Aufgabe zu vollbringen, die als befriedigend erlebt wird, weil sie erlaubt, Fertigkeiten und Fähigkeiten anzuwenden, zu vervollkommnen und neue hinzuzulernen. Demnach erfolgt, nicht wie bisher angenommen, Motivation von außen, sondern von innen, extrinsische wird durch intrinsische Motivation ersetzt. Bei gelungener Verinnerlichung, so die Hoffnung Herzbergs, sei das Problem der Abnutzung von Motivation gelöst. Damit sei die Diskrepanz von Leistungsvermögen und tatsächlicher Leistung behoben. Zugleich soll damit, da Selbstverwirklichung mittels der Humanisierungstechniken angestrebt wird, eine Identifikation mit dem Unternehmen und seinen Zielen erreicht werden. Bei dieser Motivationstheorie – wie auch schon bei den entsprechenden Theorien zuvor – gilt es kritisch anzumerken, dass zumindest implizit ein Anspruch auf Allgemeingültigkeit vertreten wird und somit eine differenzierende Analyse, die etwa situative objektive wie subjektive Momente berücksichtigt, im Prinzip ausgeblendet wird.

Für die Einführung der neuen Formen der Arbeitsorganisation in der Bundesrepublik Deutschland war der in den sechziger Jahren des vergangenen Jahrhunderts sich vollziehende Übergang vom extensiven zum intensiven Wirtschaftswachstum bedeutsam. Der seit Mitte der fünfziger Jahre sich zunehmend verschärfende Arbeitskräftemangel führte zunächst zum Einsatz der Human-relations-Techniken. Es reichten die dadurch bei den Arbeitskräften mobilisierten Reserven an Initiative, Leistung und Verantwortung sowie schöpferischen Fähigkeiten nicht mehr aus, um die Kapitalrentabilität längerfristig zu sichern. Notwendig wurde eine Änderung der technisch-organisatorischen Bedingungen der Produktion. In den sechziger Jahren erreichte in bestimmten Bereichen die technische Ausstattung ein qualitativ neues Niveau: das der Automation. Zu diesen technischen Neuerungen gehören Prozessrechner, die den Fertigungsablauf korrigieren und optimieren, Computer, die Rechen-, Registrier- und Dispositionsarbeiten übernehmen. Ein zusätzlicher Auftrieb ergab sich durch die Fortschritte der Halbleiterelektronik und die Entwicklung billiger Mikroprozessoren. Eingeführt wurden diese automatischen Verfahren in der industriellen Produktion und in der Verwaltung. Die Produktionsautomation bedeutet, dass Maschinen und Apparate Güter herstellen und sich dabei selbst kontrollieren; die Büroautomation beinhaltet die Einführung von Rechenanlagen, die zur selbstständigen Informationsverarbeitung fähig sind. Negativ begleitet wurde dieser technische Wandel von Belastungsverschärfungen und Dequalifizierungsprozessen, die in der Konsequenz zu einem betrieblichen Macht- und Kontrollverlust der Arbeitskräfte führten (vgl. Naschold 1981: 27). Damit habe sich „die Prognose, parallel mit steigendem Niveau der Produktionstechnik würden sich auch die Qualifikationsanforderungen an die Arbeiter erhöhen, (...) ebenso wenig erfüllt wie die Hoffnung auf eine generelle Belastungsreduktion" (Schumann 1974: 42). Kam es in wenigen Teilbereichen zu einer Verbesserung der Arbeitsbedingungen, etwa bei der neu entstehenden Messwartentätigkeit, so war die vorherrschende Tendenz doch durch eine Polarisierung der Tätigkeitsanforderungen gekennzeichnet. Auch auf höchster Mechanisierungsstufe blieben intellektuell wenig anspruchsvolle Tätigkeiten erhalten bzw. nahmen zu, z. B. bei der Automatenkontrolle und Mehrstellenarbeit. Die Entwicklung der Arbeitsbelastungen zeigte, dass körperliche Schwerstarbeit mit extrem muskulären Belastungen und schädlichen Umgebungseinflüssen trotz technischen Fortschritts nach wie vor existiert, so in der Stahlindustrie, im Bergbau, in der Gießerei und glasverarbeitenden Industrie. Körperliche Belastungen werden nur zum Teil durch nervliche Belastungen kompensiert, sie existieren unabhängig davon und nehmen

3.3 Die neuen Formen der Arbeitsorganisation

sogar zu. Ihre Ursachen sind recht vielfältig: der rapide Anstieg der Nachtarbeit, Lärm, monotone, repetitive Arbeit.

Neben technischen Neuerungen wurde eine Produktivitätssteigerung über arbeitsorganisatorische Veränderungen erzielt. Diese Rationalisierungen gingen vornehmlich auf gewandelte Arbeits- und Leistungsverfahren sowie Entlohnungsformen zurück. Die Einführung der „Systeme vorbestimmter Zeiten" Anfang der sechziger Jahre und verstärkt während und nach der wirtschaftlichen Rezession von 1966/67 war für die betroffenen Arbeitskräfte folgenreich, weil Dispositionsspielräume und Autonomie eingeschränkt wurden und die Arbeit intensiviert wurde. Die Entlohnungsmethode kann die Arbeitsproduktivität zwischen 25 und 40 Prozent steigern (vgl. Teschner 1974: 209). Ihre Bedeutung liegt darin, die in den fünfziger und sechziger Jahren sichtbar gewordenen Schwachstellen des Akkords abzudichten. Diese waren darauf zurückzuführen, dass es den ArbeiterInnen gelang, ihre Effektivverdienste über die Tarifabschlüsse hinaus zu steigern, ohne dass das Leistungsniveau im gleichen Maße mit stieg. Denn die Unternehmen waren bei der Knappheit der Arbeitskräfte nicht in der Lage – wollten sie innerbetriebliche Konflikte nicht riskieren –, eine strikte Kürzung der Vorgabezeiten vorzunehmen. Bei den „Systemen vorbestimmter Zeiten" werden Vorgabezeiten und Leistungsgrad in Zeittabellen festgelegt und nicht erst durch den Zeitnehmer am Arbeitsplatz bestimmt. Infolge der technisch-organisatorischen Veränderungen wurde die Krise der Arbeitsmotivation zunehmend manifest; verstärkt waren Verhaltensweisen wie Arbeitsplatzwechsel, Absentismus, Ausschussproduktion zu beobachten (vgl. Mergner, Osterland, Pelte 1975: 117 ff.).

Die Auswirkungen schlugen sich in gewerkschaftlichen Forderungen nieder. In Verbindung gebracht wurden sie mit der gleichzeitig zu Beginn der siebziger Jahre, insbesondere in der SPD einsetzenden Diskussion über die Qualität des Lebens. Diese müsse sich auch in der Qualität der Arbeit konkretisieren, was „eine Umgestaltung der Arbeitsbedingungen im Interesse der Arbeitnehmer" erfordere (Vetter 1975: 98 ff.). Ansatzpunkt für die Durchsetzung ihrer Humanisierungsvorstellungen waren die Nutzung und Verbesserung der Mitbestimmung nach dem Betriebsverfassungsgesetz (z. B. §§ 90 und 91), die (paritätische) Mitbestimmung im Unternehmen und die gewerkschaftliche Tarifpolitik (vgl. WSI 1980: 37). So wurden in der Streikbewegung von 1973 erstmalig in der Bundesrepublik die Arbeitsbedingungen thematisiert. Wegen der enormen Arbeitsbelastungen war eine Kompensation über den Lohn fragwürdig geworden, so dass eine Verbesserung der Arbeitsbedingungen angestrebt wurde. Einen Beginn stellte der Manteltarifvertrag von Nordwürttemberg-Nordbaden dar, der Erholzeiten von fünf Minuten pro Stunde, bessere Verdienstabsicherungen und erhöhten Kündigungsschutz im Alter, größere Transparenz bei der Ermittlung der Leistungsnormen vorsah.

Für Forderungen, die auf eine Änderung der Arbeitsorganisation abzielten, etwa individuelle Verdienstgarantie als Begrenzung des Leistungsprinzips, Verbot extrem kurzer Taktzeiten als Einschränkung der Möglichkeit der Unternehmen zu beliebiger Vereinfachung der Arbeit, brachte der Tarifvertrag keine substantiellen Verbesserungen (vgl. Kern 1974: 29 f.).

Bei den Gewerkschaften zeichnete sich ein Humanisierungsverständnis ab, das eine Begrenzung auf Einzelaspekte der Arbeitsbedingungen vermied. Vielmehr wird ein Gesamtprogramm transparent, das außer einer besseren Qualität des Arbeitslebens eine Umorientierung von quantitativen zu qualitativen Wachstumszielen, bessere Umweltbedingungen, Ausbau der inner- und überbetrieblichen Mitbestimmung, Beseitigung von Diskriminierung im Bildungs- und Gesundheitswesen verlangt (vgl. WSI 1980: 29).

Von diesem Anspruch deutlich zu unterscheiden ist die Position der Arbeitgeberverbände. Vorstellungen, die im Zusammenhang mit der Humanisierungsdiskussion entwickelt wurden, beziehen sich schwerpunktmäßig auf die betriebliche Ebene und konzentrieren sich auf die einzelne Arbeitskraft. Im Kern lassen sich ihre Bemühungen den Versuchen zuordnen, das Problem der Arbeitsmotivation zu bewältigen, wobei dafür die neuen Formen der Arbeitsorganisation hilfreich sein können. Diese gelten zuvörderst als Strategien des Managements. Entsprechend konstatierte die Bundesvereinigung der Deutschen Arbeitgeberverbände in ihrer Erklärung zu gesellschaftspolitischen Grundsatzfragen: „Der Betrieb hat ein ureigenes Interesse an motivierten Mitarbeitern, die in ihrer Arbeit menschliche Befriedigung erfahren und damit einen zusätzlichen Anreiz erhalten, sich aus eigenem Antrieb für die Unternehmensziele einzusetzen" (BDA 1975: 115). Unterstellt wird den ArbeitnehmerInnen ein wachsendes Bedürfnis nach größeren Handlungsspielräumen in der Arbeit, nach Selbstbestätigung und Selbstverwirklichung, der Wunsch nach Mitbestimmung und Eigenverantwortung (vgl. ebd.: 111 ff.). Dem Bedürfnisspektrum sei Rechnung zu tragen. Es sei „natürlich (…) nicht die sogenannte Mitbestimmung des DGB gemeint", wie der BDA-Präsident Hanns Martin Schleyer ausführte, „sondern die mitdenkende Teilnahme des arbeitenden Menschen an der Gestaltung von Arbeitsabläufen und Arbeitssystemen, an der Planung von Betriebseinrichtungen und der Konzeption von Betriebsmitteln" (Schleyer 1975: 120). In einem solchen Konzept von sozialer Betriebsgestaltung werden Humanität und Rentabilität zwar als gleichrangige Ziele verkündet, jedoch wird realistischerweise davon ausgegangen, dass in der Praxis die Humanität der Rentabilität sich zu beugen habe, denn es wäre „kurzsichtig, (…) zu übersehen, daß der Betrieb auf Dauer rentabel produzieren muß. Daher ist nicht alles, was die Humanisierung fördert, wirtschaftlich tragbar" (BDA 1975: 115).

3.4 Neue Produktionskonzepte, Lean Production und Unternehmensnetzwerke

Die neuen arbeitsorganisatorischen Entwicklungen haben ein gewandeltes Rationalisierungsverständnis, das seit den achtziger und neunziger Jahren des 20. Jahrhunderts zunehmend praktische Bedeutung erlangte, zur Voraussetzung. Die organisatorischen Veränderungen werden erst zusammen mit den technischen Innovationen, die sich bis heute rasant weiter entwickeln, voll verständlich, wiewohl dabei auch ein tief greifender ökonomischer und gesellschaftlicher Wandel zu berücksichtigen ist. Diese Veränderungen werden mit dem Schlüsselbegriff Globalisierung gekennzeichnet. Während der in Kapitel 2.2 dargelegte Rationalisierungsbegriff sich auf einzelne, punktuelle Gestaltungsmaßnahmen bezieht, die natürlich kombiniert werden können, zeichnet sich das veränderte Verständnis durch ein umfassendes Rationalisierungskonzept aus, das auf der Grundlage der neuen, auf der Mikroelektronik basierenden Informations- und Kommunikationstechnologien einen ganzheitlichen Zugriff, eine systematische Planung und einen konsequenten Vollzug ermöglicht. Dabei werden häufig die Grenzen des Betriebs/des Unternehmens überschritten und überbetriebliche Dimensionen erfasst (vgl. Kern, Schumann 1984: 16). Vielfach sprengen sie heute auch nationale und kontinentale Grenzen. Die neue Qualität wird als systemische Rationalisierung bezeichnet. Mit anderen Worten: Sie beabsichtigt, Teilprozesse in ein betriebliches Gesamtsystem optimal zu integrieren. Zentrum der Rationalisierung sind nicht mehr nur die industrielle Fertigung, sondern gleichermaßen die vor- und nachgelagerten Bereiche wie die Verwaltung und die Dienstleistung und ferner die außerbetrieblichen nationalen und internationalen Zulieferer, der Handel und der Transport. Außer einer zeitlichen Flexibilisierung, die sich vor allem in beweglichen Formen der Dauer und Lage der Arbeitszeit manifestiert, ermöglichen die neuen Technologien eine räumliche Flexibilisierung, die etwa von der Teleheimarbeit bis zu globalen Unternehmensnetzwerken reichen kann.

Die Rationalisierungsmaßnahmen können widersprüchliche Folgen für die Beschäftigten haben: Zum einen kann es zu enormen Freisetzungen kommen, die keineswegs ein neues Phänomen, sondern Folge von technischen und organisatorischen Rationalisierungsprozessen sein können. Die relativ hohen wirtschaftlichen Wachstumsraten der Bundesrepublik in den sechziger und siebziger Jahren hatten die damit einhergehende gesellschaftspolitische Brisanz zunächst neutralisiert. Solche Kompensationsmöglichkeiten sind seither ausgeschlossen, so dass sich die Folgen drastisch zeigen können. Betroffen davon sind auch die anderen westlichen Industrieländer. Den Rationalisierungsgewinnern, auf die im Folgenden noch näher einzugehen ist, stehen Rationalisierungsdulder und Rationalisierungsverlierer gegenüber. Die Gruppe der Rationalisierungsdulder war aufgrund von Merkmalen wie fortgeschrittenes Alter, Fehlen polyvalenter Qualifikationen, häufig Frauen und Ausländer den Herausforderungen, die von den neuen Rationalisierungsmustern ausgehen, nicht gewachsen, zumal betriebliche Initiativen zur Weiterbildung für diese Gruppen kaum existierten. Sie verblieben zunächst im Betrieb aufgrund gewisser Schutzmaßnahmen, aber ohne inner- oder gar überbetriebliche Perspektive. Gemeinsame Programme des Staates, der Tarifvertragsparteien und der Unternehmen, etwa zur Rückführung von Ausländern in ihre Heimatländer und zur Frühverrentung, entschärften die betriebliche und gesellschaftliche Problematik. Der vorzeitige Ruhestand zeitigte jedoch Folgeprobleme, so hohe Kosten für die Unternehmen und die Sozialversicherung. Die Unternehmen verloren durch den personellen Verlust Wissen, vor allem Erfahrungswissen, sie investierten unzureichend in die Weiterbildung, so dass der derzeitige Fachkräftemangel auch durch diese Politik verursacht wurde. Eine weitere Gruppe arbeitete in krisengeschüttelten Branchen, wo die Beschäftigungsperspektiven unsicher sind. Deutlicher noch als diese Gruppe rechnen die Erwerbslosen zu den Verlierern der Modernisierung (vgl. ebd.: 22 f.).

Diese Ergebnisse, die empirische Untersuchungen von *Horst Kern* und *Michael Schumann* in den Kernsektoren der Industrie wie Chemie, Automobilindustrie und Werkzeugmaschinenbau Ende der siebziger / Anfang der achtziger Jahre zutage förderten, sind zu präzisieren für die Gruppe der Rationalisierungsgewinner. Sie bilden die personelle Basis für *die neuen Produktionskonzepte*. Hierbei handelt es sich in erster Linie um ProduktionsfacharbeiterInnen und Instandhaltungsspezialisten einschließlich derer, die in diese Positionen nachrücken. Ihre Arbeitsgrundlage ist nicht mehr die überkommene, am Taylorismus orientierte Arbeitsteilung, sondern ihre vielfach breiter zugeschnittenen Qualifikationen werden nun umfassend genutzt. Damit einhergehen verstärkt Aus- und Weiterbildungsmaßnahmen. Folglich verändert sich das Rationalisierungsverständnis: Die Arbeitskraft, bislang potentieller Störfaktor, die über eine restriktive Arbeitsgestaltung zu kontrollieren oder besser noch mittels technischer Maßnahmen zu ersetzen ist, gewinnt nunmehr eine herausgehobene Bedeutung mit Blick auf ihre besonderen Qualitäten. Daher lautet die Botschaft der neuen Produktionskonzepte:

„a) Automatisierung des Produktionsprozesses gegenüber lebendiger Arbeit ist kein Wert an sich. Die weitestgehende Komprimierung lebendiger Arbeit bringt nicht per se das wirtschaftliche Optimum. b) Der restringierende Zugriff auf Arbeitskraft verschenkt wichtige Produktivitätspotentiale. Im ganzheitlichen Aufgabenzuschnitt liegen keine Gefahren, sondern Chancen; Qualifikationen und fachliche Souveränität auch der Arbeiter sind Produktivkräfte, die es verstärkt zu nutzen gilt" (ebd.: 19).

3.4 Neue Produktionskonzepte, Lean Production, Netzwerke

Noch dreißig Jahre später erinnert Schumann in einem Forschungsrückblick an die damals entdeckte Paradoxie: „In einem historischen Moment der Explosion technischer Möglichkeiten zur Ersetzung menschlicher Funktionen steigt gleichzeitig die Wertschätzung der besonderen Qualitäten menschlicher Arbeitsleistung" (Schumann 2013: 24). Er betont zwei Entwicklungen, die die neuen Produktionskonzepte mit beförderten. Zunächst verweist er auf den Wandel der Märkte seit den späten siebziger bzw. achtziger Jahren (vgl. Kapitel 3.1). Seither fragen die Konsumenten nicht mehr zuvörderst Massenprodukte nach, sondern sie erwarten – als Ausdruck wachsender Individualisierung – Produkte, die sich durch „Typenvielfalt (…) bei hoher Qualität, Zuverlässigkeit und technischer Perfektion" auszeichnen (ebd.: 23). Ferner sind auf Grund einer verlängerten und qualitativ höherwertigen Schul- und Berufsausbildung die inhaltlichen Ansprüche an Arbeit bei den ArbeitnehmerInnen deutlich gewachsen, was ja auch die Forschungen über den Wertewandel bestätigten (vgl. ebd.: 24; Kapitel 2.4).

Die Kernaussagen lösten in der wissenschaftlichen Gemeinschaft und der interessierten Öffentlichkeit eine rege Diskussion und zuweilen eine heftige Auseinandersetzung aus (vgl. Malsch, Seltz 1987). Die Existenz neuer Produktionskonzepte wurde letztlich nicht bestritten. Aber es waren die empirische Reichweite und die breitere Gültigkeit dieses Rationalisierungskonzepts einschließlich seiner arbeitsmarkt- und gesellschaftspolitischen Schlussfolgerungen strittig. Die kontroversen Punkte ließen sich später auf breiterer empirischer Grundlage besser klären. Darauf ist noch einzugehen!

Auch von ingenieurwissenschaftlicher Seite erhielt die Diskussion über nicht-tayloristische Produktionsmodelle in den achtziger Jahren wichtige Impulse. *Peter Brödner* konzipierte unter Rückgriff auf Grundsätze der Gruppentechnologie ein so genanntes *anthropozentrisches Produktionskonzept*, das in den Kernaussagen mit den neuen Produktionskonzepten übereinstimmt (vgl. Brödner 1986). Als Vorbild gilt das in den zwanziger Jahren des 20. Jahrhunderts unter dem Stichwort Gruppenfabrikation von dem Betriebsingenieur bei Daimler Benz *Richard Lang* und dem Arbeitspsychologen *Willy Hellpach (1877-1955)*, Professor an der TH Karlsruhe, entwickelte Konzept (vgl. Lang, Hellpach 1922). Es wird den Vorläufern der Gruppenarbeit zugerechnet (vgl. Neubauer 1980b: 14 ff.). Dies ist eine strittige Einordnung, da erweiterte Arbeitsinhalte und eine autonome Regulation der Gruppe nicht vorgesehen waren (vgl. Ulich 1992: 19 ff.), was die folgende Aussage verdeutlichen soll:

> „Auch unabhängig von allem ‚Taylorismus' muß *tatsächlich* damit gerechnet werden, daß selbst die fabrikmäßige Erzeugung von ‚Qualität' immer stärkeren Arbeitsdifferenzierungen zustrebt, das dem einzelnen Arbeiter verbleibende Leistungsstück immer mehr verengt. Davon (…) vermag auch die Gruppenfabrikationsordnung keine

Ausnahme zu machen, *nein sie führt sogar beschleunigt auf dieser Schicksalslinie der Fabrikarbeit vorwärts"* (Lang, Hellpach 1922: 91).

Gleichwohl sind die Grundsätze der Gruppenfabrikation heute die Ausgangsbasis für ein alternatives Produktionskonzept, das qualifizierte Gruppenarbeit als einen zentralen Baustein enthält. Dieser schrittweise Entwicklungsprozess einer anderen Fertigungsorganisation verläuft so:

> „Anstatt die Arbeit zu teilen und auf bestimmte Verrichtungen zu spezialisieren, wird das Spektrum der Aufträge separiert und zu Familien fertigungsähnlicher Teile gebündelt(...) (und) als ganze gefertigt. (...) der Fertigungsprozeß (ist) in zweifacher Hinsicht reintegriert: Die Fertigungsaufträge werden als ganze auf räumlich und organisatorisch zusammengefaßten Einrichtungen vollständig gefertigt, und die lebendige Arbeit vollzieht sich in Arbeitsgruppen mit ganzheitlichen Arbeitsabläufen"
> (Brödner 1986: 146 f.)

Die Prinzipien der Gruppentechnologie verdeutlicht das folgende Schema (ebd.: 147):

	1. Stufe: Teilefamilie
	Zusammenfassung fertigungstechnisch ähnlicher Teile
	2. Stufe: Fertigungsmittel
	Zusammenfassung der für Komplettbearbeitung einer Teilefamilie benötigten Fertigungsmittel
	3. Stufe: Arbeitsgruppe
	Zusammenfassung der zur Fertigung der Teilefamilie benötigten gleichartig qualifizierten Arbeiten in einer Gruppe
	4. Stufe: Fertigungsinsel
	Integration konstruktiver, planender und steuernder Tätigkeiten für die Fertigung der Teilefamilie

3.4 Neue Produktionskonzepte, Lean Production, Netzwerke

Als Vorteile der Gruppenfertigung gelten: deutlich verkürzte Durchlaufzeiten, etwa zwischen 60 und 90 Prozent, mit einer entsprechenden Verringerung der Bestände in der Fertigung, geringerer Aufwand an Arbeits-, Produktionsplanung und -steuerung, da das technische Büro in die Fertigungsinsel verlagert wird, und diese als selbstständige Einheit fungiert, schließlich vergrößert sich der Arbeitsinhalt und mithin der Handlungsspielraum (vgl. ebd. 148).

Die Nachfolgestudie der Untersuchung von Kern und Schumann, der „Trendreport Rationalisierung" betonte als eines ihrer zentralen Ergebnisse den „Wiedereinzug von Produktionsintelligenz in die Massenproduktion" der achtziger und der frühen neunziger Jahre des vergangenen Jahrhunderts (Schumann u. a. 1994: 643). Sichtbar wurde dieser Trend zur Reprofessionalisierung in der Figur des Systemregulierers. Gleichzeitig entstanden „neue, zum Teil quantitativ durchaus bedeutsame Formen von manueller ,Maschinenarbeit', die sich in ihrem Aufgabenzuschnitt weiterhin auf wenig komplexe Restfunktionen beschränken" (ebd.: 643). Es erfolgte kein Abschied vom Taylorismus, bestenfalls wurde an die Konzepte aus den siebziger Jahren, so an die neuen Formen der Arbeitsorganisation, angeknüpft. Mit *job rotation* und einem ansatzweise *job enrichment* blieb ein tayloristischer Aufgabenzuschnitt für die große Mehrheit der ProduktionsarbeiterInnen weitestgehend erhalten. Zahlenmäßig entsprechend gering war die Verbreitung der neuen Produktionskonzepte.

„Im Gesamt der von uns untersuchten Industrien stellt der Arbeitstyp des Systemregulierers heute im Automobilbau 8 %, im Werkzeugmaschinenbau 10 % und in der Chemischen Industrie 47 % der Produktionsarbeiter. Diese Anteile fallen ausschließlich in den jeweils besonders weitreichend technisierten Produktionsbereichen innerhalb der Industrien sehr viel höher aus: 27 % in der Mechanischen Fertigung des Automobilbaus, 27 % in der Mechanischen Fertigung des Werkzeugmaschinenbaus, 88 % in der Mineralölverarbeitung" (ebd.: 644).

Trotz dieser ernüchternden Bilanz nahm die Forschungsgruppe um Schumann für die neunziger Jahre gute Durchsetzungschancen für die neuen Produktionskonzepte an, denn die weltweite Strukturkrise und die Herausforderungen durch Lean Production werde entsprechenden Handlungsdruck erzeugen, zumal sich eine Rückkehr zu tayloristischen Konzepten der Krisenbewältigung verbiete. Diese werde, wenn überhaupt, nur kurzfristig zum Erfolg führen. Die neuen Produktionskonzepte seien aber nicht der einzige Weg aus der Misere. Die Weiterentwicklung des dualen Ausbildungssystems, das System der Arbeitsbeziehungen und die sozialstaatlichen Absicherungen böten die Grundlage für Neuerungen im Bereich der Arbeits- und Betriebsverfassungen. Diese liefen, so das Plädoyer der Forschungsgruppe, zudem auf eine umfassende De-Hierarchisierung hinaus und stellten mithin ein weiteres wesentliches Element eines Modernisierungskonzeptes für die deutsche Wirtschaft dar – eine Wirtschaft, die ihr wesentliches Standbein auch zukünftig in der Herstellung und Weiterentwicklung von Qualitätsprodukten hat (vgl. ebd.: 658 ff.). Dazu gehöre auch, dass die bisherigen repräsentativen Formen der Mitbestimmung durch eine basisnahe Partizipation ergänzt werden. Die De-Hierarchisierung bedeute für die unmittelbaren Produzenten,

> „daß Verantwortlichkeit, Zuständigkeit und Kompetenz nicht mehr das Privileg von ‚Positionen' und ‚Personen' bleiben, sondern auch Arbeitsgruppen, also Kollektiven zugesprochen werden. (…) (Es) muß ihnen ein erweiterter Status innerbetrieblicher Verhandlungsfähigkeit zugestanden werden. Der Kanon der Verhandlungsgegenstände sollten Fragen der ‚Aufgabendefinition', ‚Leistung', ‚Entlohnung', ‚Produktivitätsteilhabe', ‚Personalfragen' und ‚rationalisierungsbedingte Freisetzung – Beschäftigungssicherungen' umfassen" (ebd.: 659 f.).

Diese Annahmen der Forschungsgruppe haben sich in mehrfacher Hinsicht – zumindest bis heute – als zu optimistisch erwiesen, was auch Schumann jüngst einräumte (vgl. Schumann 2014): In den neunziger Jahren veränderten sich mit dem Zusammenbruch der sozialistischen Wirtschaftsgesellschaften die gesellschaftlichen, ökonomischen und politischen Rahmenbedingungen grundlegend. Der Prozess dauert bis heute an. Das wiedervereinigte Deutschland sieht sich mit einem enormen Globalisierungsschub konfrontiert, der bereits in den späten siebziger Jahren eingesetzt hatte. Das bedeutet für die Unternehmen erhebliche Herausforderungen. Eine Orientierung an kurzfristiger Profitmaximierung, die den Interessen der Eigentümer ultimativ Vorrang vor jenen der Beschäftigten einräumt, avanciert zum vorherrschenden Leitbild. Es wird eingerahmt von einer neoklassischen bzw. neoliberalen Wirtschaftspolitik mit tief greifenden Konsequenzen für die Arbeits- und Sozialpolitik. Diese zeigen sich u. a. in einer Flexibilisierung der Arbeits- und Beschäftigungsbedingungen, die sich etwa in prekärer Erwerbstätigkeit wie Leiharbeit, Befristung, Werkverträge, Minijobs und unfreiwillige Teilzeitarbeit manifestiert. Zudem setzt sich der Trend zur Intensivierung von Erwerbsarbeit fort. Er erhält sogar einen neuen Schwung, denn von den ArbeitnehmerInnen wird erwartet, die „ganze" Person mit ihrem vielfältigen Potential zu aktivieren und einzusetzen, was zu einer Selbstausbeutung führen und auf die private Lebenswelt übergreifen kann. Die Tendenz wird als Subjektivierung und Entgrenzung von Arbeit bezeichnet. Die Ausweitung flexibler Arbeitsformen sollte die Massenerwerbslosigkeit reduzieren verbunden mit der Erwartung, damit einen Übergang in reguläre Beschäftigung zu schaffen. Die Hoffnung erfüllt sich nur begrenzt, zumal die Entgelte dieser so genannten Randbelegschaft deutlich niedriger sind als die der Stammbelegschaft. Aber auch deren Mitglieder sahen und sehen sich noch mit Reallohnverlusten konfrontiert, die auch der zunehmenden

3.4 Neue Produktionskonzepte, Lean Production, Netzwerke

Schwäche des Tarifvertragssystems geschuldet sind. Im Ergebnis wurde der deutsche Sozialstaat nicht weiter ausgebaut, sondern ein stückweit um- und abgebaut. An die Stelle staatlicher Regulierung rückte eine, im Vergleich zu den achtziger Jahren verstärkte Deregulierung, die in den Arbeitsmarktreformen von 2005 unter der von SPD-Bündnis 90/Die Grünen gebildeten Regierung kulminierte. In der derzeitigen Großen Koalition von CDU/CSU und SPD kommt es möglicherweise zu einzelnen Korrekturen, d. h. zu Re-Regulierungen. Dennoch ist nicht davon auszugehen, dass der Markt und mithin der Wettbewerb als zentrale Instanzen zur Regulierung der Wirtschaftsgesellschaft ihren dominanten Einfluss zugunsten politischen Handelns bzw. (sozial)staatlicher Reformen verlieren, zumal ebenfalls mehr und mehr gesellschaftliche Bereiche von einzelwirtschaftlichen Prinzipien überformt, ja durchdrungen werden. Durch die weltweite Finanz- und Wirtschaftskrise seit 2008 hat das neoliberale Programm zwar deutlich an Legitimation verloren, aber von einer Rückkehr zum Status quo ante kann daher keine Rede sein. Gleichwohl bleiben die referierten Forderungen der Forschungsgruppe um Schumann auf der gesellschaftspolitischen Agenda, da sie an Aktualität nichts eingebüßt haben (vgl. Schumann, Detje 2011: 68 ff.). Daran schloss Schumann in einem Vortrag jüngst an (vgl. Schumann 2014): Die Subjektivierung von Arbeit bedeute eine unternehmerische Instrumentalisierung der neuen Produktionskonzepte mit der Folge, dass die Standards für Erwerbsarbeit abgesenkt wurden. Dieses Rationalisierungskonzept könne allerdings auch einen strategischen Ansatzpunkt für die Beschäftigten und deren Interessenvertretung bieten, um Verbesserungen der Arbeitsbedingungen durchzusetzen. Der diesbezügliche Verhandlungsspielraum vergrößere sich, da das Management auf das innovative Potential der Beschäftigten nicht mehr verzichten könne. Jedoch seien ohne unmittelbare, aktive Beteiligung der Betroffenen solche Fortschritte nicht zu erzielen. Die von Schumann aufgezeigte Perspektive ist mithin anschlussfähig an das arbeitspsychologische Konzept der persönlichkeitsförderlichen Arbeitsgestaltung (vgl. Kapitel 2.4).

Auch weitere, zentrale Annahmen des Trendreport-Teams wie die Ausweitung von Gruppenarbeit als ein anti-tayloristisches Programm, das Planung, Ausführung und Kontrolle der Arbeit wieder zusammenführt, haben sich so nicht realisiert. Der gängige, empirisch vielfach erhärtete Tenor ist, dass das Organisationskonzept Gruppenarbeit zwar praktiziert wird, dass es aber in der Arbeitswelt bislang zu keiner größeren Ausweitung gekommen ist. „Ihre Verbreitung (…) vollzieht sich eher zögerlich, ihre Umsetzung erfolgt vielfach halbherzig und ohne Konsequenz und bleibt deshalb in den Anfängen stecken" (Weltz 1997: 379). Bislang sei Gruppenarbeit „ein Fremdkörper geblieben (…). Sie ist bei weitem kein Selbstläufer, der sich quasi selbsttätig in der betrieblichen Praxis durchsetzt" (ebd.: 381). Es handelt sich um Inseln in einem unternehmerischen bzw. betrieblichen Umfeld, das nach wie vor von überkommenen Ansätzen beherrscht wird. Mithin sind tayloristische Arbeitsstrukturen – obwohl mit „guten" Gründen für obsolet erklärt – weiterhin gegeben und darüber hinaus findet sogar eine Re-Taylorisierung von Arbeit statt. Daher sind pluralistische, gleichzeitig nebeneinander existierende Organisationsansätze für die derzeitige Situation typisch (vgl. Schumann 2013: 29 ff.; Dörre 2013: 187). Nicht zu übersehen ist jedoch folgende betriebliche Praxis: Das zu Recht als fortschrittlich geltende Konzept Gruppenarbeit wird instrumentalisiert, um etwa die durch Gruppengespräche und einen von der Gruppe gewählten Sprecher aufgelockerte, im Prinzip aber weiterhin tayloristische Arbeitsteilung zu verschleiern. So wird der Arbeitswelt ein moderner Anstrich verpasst, was zur Legitimation derselben beitragen soll. „Was unter dem Etikett Gruppenarbeit firmiere, verdiene häufig den Namen nicht, sei nur Scheinpartizipation. Von einem Bruch mit bestehenden Verfahrensweisen und Strukturen könne keine Rede sein, oft handele es sich lediglich um Organisationskosmetik" (Weltz 1997: 382). Zur Erklärung lassen sich mehrere Gründe anführen: Unstrittig dürfte sein, dass die vorstehend skizzierten Rahmenbedingungen keinen bzw. bestenfalls nur bedingt einen fördernden Einfluss auf die weitere Ausbreitung von Gruppenarbeit hatten und haben. Hinzu kommt das mangelnde Engagement des Managements. Im Gegensatz dazu setzte das reformfreudige politische Klima in den siebziger Jahren des vergangenen Jahrhunderts wichtige Impulse für arbeitsorganisatorische Innovationen. Das damalige staatliche Forschungs- und Aktionsprogramm Humanisierung der Arbeit förderte zwar Experimente zur Gruppenarbeit, die von den Betriebsräten und Gewerkschaften letztlich aber kaum akzeptiert wurden, denn sie befürchteten einen Verlust an Einfluss. Die Förderbilanz ist ernüchternd, denn schon von diesen Projekten der Arbeitsgestaltung ging keine inner- und überbetriebliche Breitenwirkung aus. Sie überlebten häufig die Modellphase nicht. Insofern kann davon ausgegangen werden, dass beide Betriebsparteien den Status quo favorisierten. Das in diesem Punkt gemeinsame Interesse von Management und Betriebsrat bzw. Arbeitgeberverbänden und Gewerkschaften an der Aufrechterhaltung der tradierten Strukturen von Herrschaft, Macht und Kontrolle lässt nämlich dieses – vermutlich ungewollte – widerständige Zusammenspiel plausibel erscheinen. Inzwischen mag sich die Haltung verändert haben, wiewohl von Widerständen nach wie vor auszugehen ist (vgl. Kapitel 4.1).

Hingegen stieß seit den neunziger Jahren ein Organisationsmodell auf breite Resonanz, das im Kontext der international vergleichenden Studie des Massachusetts Institute of Technology (MIT) über „Die zweite Revolution in der Autoindustrie" unter dem Schlagwort *Lean Production* bekannt geworden ist. Der programmatische Titel erinnert an die erste, von Ford und Taylor initiierte Umwälzung im Automobilbau. Wie noch im Einzelnen zu zeigen ist, favorisiert auch dieser Ansatz

Gruppenarbeit. Die Forscher konnten nachweisen, dass in japanischen Unternehmen die Grundsätze der schlanken Produktion optimal umgesetzt wurden und sich mithin deutliche Vorteile, etwa Produktivitäts-, Qualitäts- und/oder Flexibilitätsgewinne gegenüber US-amerikanischen und europäischen Produzenten ergaben (vgl. Womack, Jones, Roos 1994: 89).

Was ist unter Lean Production zu verstehen? Der Ansatz kombiniert die Vorteile der handwerklichen Produktion und die der Massenfertigung, indem er die hohen Kosten der ersteren und die Starrheit der letzteren unterbindet. Um dieses Ziel zu erreichen, setzen die Unternehmen „vielseitig ausgebildete(r)" Teams von Arbeitskräften ein und „hochflexible, zunehmend automatisierte Maschinen (…), um große Produktmengen in enormer Vielfalt herzustellen" (ebd.: 19). Lean Production sei schlank deshalb, „weil sie von allem weniger einsetzt als die Massenfertigung – die Hälfte des Personals in der Fabrik, die Hälfte der Produktionsfläche, die Hälfte der Investition in Werkzeuge, die Hälfte der Zeit für die Entwicklung eines neuen Produktes. Sie erfordert auch weit weniger als die Hälfte des notwendigen Lagerbestands (und) führt zu viel weniger Fehlern" (ebd.: 19). Die Ziele solcher Unternehmen seien „kontinuierlich sinkende Preise, Null Fehler, keine Lagerbestände und beliebige Produktvielfalt" (ebd.: 20).

Lean Production wurde von den Unternehmensberatern bzw. Rationalisierungsexperten in Deutschland und darüber hinaus begierig aufgegriffen. „Die Euphorie (…) löste in den westlichen Industrieländern eine der größten Reorganisationswellen der Nachkriegszeit aus" (Neuhaus 2013: 17). Dazu mag auch beigetragen haben, dass es von den Protagonisten – genauso wie einst der Taylorismus – als „one best way" der Rationalisierung für alle Sektoren und Branchen der entwickelten und sich entwickelnden Industriegesellschaften stilisiert wurde. Mit anderen Worten: „Am Ende aber, glauben wir, wird die schlanke Produktion die Massenproduktion und die verbliebenen Vertreter der handwerklichen Fertigung in allen Bereichen industrieller Betätigung ersetzen, um das weltweite Standardproduktionssystem des einundzwanzigsten Jahrhunderts zu werden. Diese Welt wird völlig anders und sehr viel besser sein" (Womack, Jones, Roos 1994: 291 f.). Allerdings verwundert diese nachdrückliche und eindeutige Botschaft, denn den Wissenschaftlern des MIT, immerhin Mitglieder einer Eliteeinrichtung der US-amerikanischen Forschung, hätte sehr wohl bekannt sein dürfen, dass Lean Production nur unter Berücksichtigung nationaler Besonderheiten zu adaptieren ist, ganz zu schweigen von den fundamentalen Unterschieden zwischen einzelnen Wirtschaftsbereichen. Gut möglich, dass dieser Grundsatz auch aus Gründen einer besseren Vermarktung formuliert wurde, denn immerhin wurde die MIT-Studie zum globalen Bestseller. Die tendenziell weltweite Ausstrahlung und Umsetzung mag zudem der Tatsache geschuldet sein, dass das Modell sich in die vorstehend skizzierten

Rahmenbedingungen, nämlich der nahezu weltweit propagierten und praktizierten neoklassischen bzw. neoliberalen Agenda mit ihrem überragenden Interesse an Kostenreduktion und Gewinnmaximierung, ziemlich problemlos einpassen lies. Damit wird kein mechanistischer Wirkungszusammenhang unterstellt. Es handelt sich aber offensichtlich um eine optimale Anschlussfähigkeit, worauf zudem durchaus beeindruckende Erfolge des Konzepts verweisen.

Lean Production bzw. das Toyota-Produktionssystem wurde in Japan nach dem Zweiten Weltkrieg schrittweise entwickelt und eingeführt (vgl. Taiichi Ohno 1993: 19). Das ambitionierte Ziel besteht darin, die Produktion zu verdoppeln mit einem kalkulierten Mitteleinsatz, der von einer deutlichen Kostensenkung begleitet wird (vgl. ebd.: 12, 35). Schumann verweist zu Recht darauf, dass das Rationalisierungskonzept der Autobranche „stilbildend für viele andere Industrien" wirkte und wirkt (Schumann 2013: 10). Andererseits prägen organisatorische Prinzipien des Handels auch Lean Production. Es handelt sich insofern um eine bedeutende Branche, da deren Ansätze zur Gestaltung von Zeit zunächst auf andere Branchen des Dienstleistungssektors ausstrahlten und erst später auf die Industrie. Die Produktion wird nun durchgängig nach dem Prinzip „just-in-time" organisiert, d. h. die Nachfrage bestimmt die Produktion und der Stand der Produktion bestimmt den Zeitpunkt der Lieferung von Vorprodukten, womit sich im Prinzip eine kostspielige Lagerhaltung erübrigt. Erst in Gefolge der rasanten Innovationen in der Informations- und Kommunikationstechnologie kann dieses Prinzip sein Potential vermutlich voll entfalten. Auf die Verbindung dieser beiden Branchen verweist der Gründer von Lean Production nachdrücklich: „In einem Supermarkt kann ein Kunde bekommen, (1) was er braucht, (2) wann er es bracht, und (3) in der Menge, die er braucht. (...) Die Betreiber von Supermärkten müssen daher sicherstellen, daß die Kunden jederzeit das kaufen können, was sie benötigen" (Taiichi Ohno 1993: 53).

Bemerkenswert ist, dass *Taiichi Ohno* den Erfolg von Lean Production auf einige sozio-kulturelle Besonderheiten Japans mit zurückführt. Implizit wird dadurch der Grundsatz der US-amerikanischen Rezipienten von einem „one best way" deutlich relativiert, wenn nicht sogar aufgegeben. Der Autor betont mit Blick auf die japanische Gesellschaft die sozial integrierende Funktion von Gemeinschaft und das vorrangige Streben nach Harmonie in der Lebens- und Arbeitswelt. Harmonie ist sozusagen das Lebenselixier von Gemeinschaft. Im Unterschied zum Westen, der einer individualisierten Lebensführung Priorität einräumt, steht in Japan die Gemeinschaft an der ersten Stelle. Die Stärkung der Gemeinschaft und die Erzeugung von Konsens bzw. Harmonie gelten somit als zentrale, handlungsanleitende Werte. Das zeige sich beispielsweise darin, dass die japanischen sich deutlich von den US-amerikanischen und europäischen Gewerkschaften unterscheiden (vgl. ebd.: 41). Einerseits handelt es sich um eine Strategie, die über ein harmonisches

3.4 Neue Produktionskonzepte, Lean Production, Netzwerke

Miteinander – dabei das jeweils übergeordnete Ganze im Blick – einen Ausgleich zu erringen versucht. Andererseits geht es um eine Strategie, die gegenläufige Interessen und mithin soziale Konflikte anerkennt und diese in ausgehandelten Kompromissen zur Geltung bringen will, wobei übergeordnete Gesichtspunkte durchaus eine Rolle spielen können. Gleichermaßen von Harmonie soll die Teamarbeit geprägt sein, die ja ein zentrales Element von Lean Production ist. Die Botschaft lautet: „Die moderne Industrie hat einen größeren Nutzen, wenn Harmonie unter den Arbeitern einer Gruppe herrscht, wie etwa bei der Teamarbeit, als wenn der einzelne Handwerker eine besondere Geschicklichkeit aufweist" (ebd.: 50). Mit anderen Worten: Harmonie scheint wichtiger als Qualifikation zu sein, wiewohl allgemein anerkannt ist, dass Kooperationsbereitschaft und -fähigkeit ein unverzichtbarer Teil von Arbeit sind. Taiichi Ohno erklärt die skizzierten Besonderheiten lapidar so: „Ein großer Teil der Unterschiede liegt in der unterschiedlichen Geschichte und Kultur der Länder begründet" (ebd.: 41). Auf diese Weise wird im Prinzip die Pfadabhängigkeit von Arbeitsgestaltung anerkannt.

Nachfolgend richtet sich die Aufmerksamkeit auf die Teamarbeit, die ja ein herausragendes Element von Lean Production ist. Auf den ersten Blick erscheint diese Gruppenarbeit identisch mit derjenigen, die wir im Kontext der neuen Formen der Arbeitsorganisation und der neuen Produktionskonzepte kennen gelernt haben, zumal die Autoren aus dem MIT immer wieder die Qualifikation der Arbeitskräfte und deren Weiterentwicklung betonen. Das charakteristische Merkmal dieser durchaus ambitionierten Gruppenarbeit, die in einigen europäischen Ländern eine gewisse Tradition begründete, ist die explizit anti-tayloristische Stoßrichtung, d. h. Planung, Ausführung und Kontrolle von Arbeit werden wieder integriert. Eine solche Arbeitsgestaltung, die als produktiv und human gilt, wurde seit den sechziger Jahren des vergangenen Jahrhunderts erfolgreich in der schwedischen Automobilindustrie, so bei Volvo, praktiziert. Das Konzept entwickelte sich zum Leitbild für andere Länder, also auch für die Bundesrepublik. Hier wurden – wie vorstehend erwähnt – solche Arbeitsexperimente durchgeführt. Im Kontext von Lean Production ist allerdings ein solches Modell nicht vorgesehen. Die Autoren distanzieren sich vehement von dem bei Volvo praktizierten Ansatz, der als „Neohandwerkskunst" kritisiert wird (Womack, Jones, Roos 1994: 106). Das Niveau an Qualifikation, das die MIT-Wissenschaftler von den Arbeitskräften fordern, ist, meinem Eindruck nach, sehr viel niedriger. Zwar handelt es sich um polyvalente Qualifikationen, die jedoch in das qualitativ relativ niedrige Segment von *job enlargement* und bestenfalls ansatzweise von *job enrichment* einzuordnen sind. Dieses Urteil wird auch nicht durch das folgende Statement hinfällig: Das „dynamische Arbeitsteam" gilt „als Herz der schlanken Fabrik" (ebd.: 104).

„Der Aufbau solcher effizienten Teams ist nicht einfach. Als erstes müssen die Arbeiter zahlreiche Fertigkeiten erlernen – tatsächlich alle Jobs ihrer Arbeitsgruppe, so daß die Arbeitsteilung geändert werden kann und die Arbeiter für jeden anderen einspringen können. Dann müssen sie sich weitere zusätzliche Fertigkeiten aneignen: in einfacher Maschinenreparatur, Qualitätsprüfung, Reinigung und Materialbeschaffung. Ferner müssen sie zum aktiven, ja *vorausschauenden* Denken ermuntert werden, so daß sie Lösungen finden können, bevor Probleme ernst werden" (ebd.: 104).

Zentrale Probleme für Unternehmen und Beschäftigte, die sich im Gefolge einer mittlerweile langjährigen Praxis mit Lean Production zusammen mit permanenten Innovationen der Informations- und Kommunikationstechnologien ergeben, sind in einem empirisch untermauerten Überblick zu dokumentieren. Es versteht sich, dass die erhobenen Fakten vornehmlich in den nationalen, also deutschen Kontext eingebettet sind, wie er vorstehend skizziert wurde. Es ist daran zu erinnern, dass die sozialstaatliche Architektur, vor allem die Arbeits- und Ausbildungspolitik sowie das System der industriellen Beziehungen zur Erklärung der Sachverhalte beitragen:

Im Zuge der Einführung von Lean Production wurden die Unternehmen schlanker, teilweise bis zur „Magersucht", so dass Beschäftigung wieder aufgebaut wurde und wird. Im Prinzip werden nur Qualifizierte eingestellt, Ungelernte sind nahezu chancenlos. Dadurch soll die Integration, Kommunikation und Kooperation in den Arbeitsorganisationen und möglicherweise auch deren Zukunft gesichert werden.

Sofern *job enrichment* bzw. *qualifizierte Gruppenarbeit* in der Fertigung und darüber hinaus praktiziert wird, werden die unternehmerischen Hierarchien abgeflacht, was die Beschäftigungschancen von Angestellten in der Unternehmensverwaltung reduziert. Dadurch verschwinden bisherige berufliche Aufstiege. Aufstieg vollzieht sich nicht mehr ohne weiteres vertikal, sondern eher horizontal, indem zeitlich abfolgend, aber auch gleichzeitig unterschiedliche Aufgaben bzw. Projekte bearbeitet werden.

Outsourcing, also Aus- bzw. Verlagerung von einzelnen Tätigkeits- und ganzen Geschäftsbereichen, etwa Fertigung, Buchhaltung sowie Forschung und Entwicklung, ist durch Fortschritte in der Informations- und Kommunikationstechnologie nicht nur beschleunigt, sondern internationalisiert worden, wiewohl auch im nationalen Rahmen Ausgründungen erfolgen. Überwiegend sind Kostengesichtspunkte entscheidend, etwa die divergierende Höhe der Entgelte zwischen unterschiedlichen Branchen und entsprechenden Tarifverträgen, sodann zwischen einzelnen Ländern und Kontinenten. Qualitätsstandards spielten zunächst nicht die entscheidende Rolle. Allerdings werden sie wegen der Unzufriedenheit der Kunden immer wichtiger und fördern nicht selten eine Rückführung, d. h., es kommt zu einem so genannten Insourcing in das „Stammhaus". Eine Umkehr des Trends auf breiter Front wird es aber kaum geben, denn die internationale Arbeitsteilung hat sich ausgeweitet und

3.4 Neue Produktionskonzepte, Lean Production, Netzwerke

vertieft, zudem möchten nationale Unternehmen international präsent sein, um ihre Marktchancen global zu nutzen. Andererseits werden deutsche Unternehmen von den neuen „Mitspielern" aus den Schwellenländern, etwa aus China, aufgekauft. Die Strategie des just-in-time hat die Unternehmen bzw. Betriebe sehr störanfällig gemacht, wiewohl mit dem Abbau der Lagerhaltung ein enormer Kostenfaktor beseitigt wurde. Im geringen Umfang werden mittlerweile wieder Lager aufgebaut, da schlechtes Wetter, Staus auf den Straßen und Streiks eine passgenaue Anlieferung von Vorprodukten erschweren und mithin eine kontinuierliche Produktion. Eine sich strikt an der Nachfrage orientierende Produktion hat mit Blick auf Dauer und Lage der Arbeitszeit zu einer wachsenden Flexibilisierung geführt, vor allem zu vermehrter Schicht- und Wochenendarbeit sowie zur oben erwähnten Ausweitung prekärer Beschäftigung.

Die Folgen für die Arbeitskräfte sind durchaus gravierend. Generell gilt, dass die Standards für Beschäftigung seit den neunziger Jahren abgesenkt wurden. Erwähnt wurden bereits die Pluralisierung der Arbeitsverträge und die negative Entwicklung der Entgelte, die Re-Taylorisierung der Tätigkeiten und der Abbau betrieblicher Weiterbildung verhindern eine Fortentwicklung von Qualifikationen wie sie bei *job enrichment* und *Gruppenarbeit* möglich ist. Diese werden als persönlichkeitsförderliche Arbeitsgestaltung angesehen (vgl. Kapitel 2.4). Aus der Humanisierungsforschung der siebziger und achtziger Jahre ist jedoch bekannt, dass Gruppenarbeit keineswegs von Harmonie überstrahlt wird wie die Vertreter von Lean Production behaupten. In der Realität ist das Leistungspotential der Teammitglieder unterschiedlich, so dass über das übliche Maß hinaus – der Kooperation inhärent – mit Spannungen und Konflikten zu rechnen ist. Unstreitig, ist, dass vor allem psycho-soziale Belastungen und Beanspruchungen sowohl bei den neuen Produktionskonzepten als auch bei Lean Production, insbesondere forciert durch die Fortschritte der Informations- und Kommunikationstechnologie ansteigen. Zu dieser Entwicklung trägt auch das Prinzip der Null-Fehler-Produktion bei.

Die technologischen Innovationen haben weiteren grundlegend gewandelten arbeitsorganisatorischen Strukturen zum Durchbruch verholfen. Sie sind tief und weit greifender als die neuen Produktionskonzepte und Lean Production, wiewohl einzelne Elemente wie qualifizierte Gruppenarbeit und das Modell der schlanken Organisation übernommen werden. In transnationalen, globalen Unternehmen sowie zwischen formal selbstständigen, häufig in einer Wertschöpfungskette verbundenen Unternehmen, die etwa unter verschiedenen nationalen Rahmenbedingungen agieren, verändert sich – im Rückblick auf den Beginn der Industrialisierung – die Zusammenarbeit fundamental. Sie wird mit dem „Begriff der räumlich verteilten Arbeit" beschrieben (Meil, Heidling 2006: 147). In der Folge davon kommt es zu einem Abbau von Hierarchie, d. h. die Organisationsstruktur wird flacher. Es entwickeln sich *Unternehmensnetzwerke als eine neue arbeitsorganisatorische Gestaltungsform*. Auf der Grundlage der Informations- und Kommunikationstechnologien, wobei das Internet eine herausragende Rolle spielt, kooperieren die Arbeitskräfte, indem sie das lokal verankerte Unternehmen sowie nationale und kontinentale Grenzen überschreiten: „Das Internet biete neue Möglichkeiten zur Reorganisation internationaler Wertschöpfungsketten und zur Durchsetzung neuer Organisationsmodelle. Von großer Bedeutung ist hier eine grundlegende Verschiebung der Raum-Zeit-Struktur von Produktionsprozessen" (Boes, Pfeiffer 2006: 36). Kooperation auf der Basis international und interkulturell agierender Netzwerke betrifft nicht nur Großunternehmen, die von jeher damit vertraut sind, sondern zunehmend auch kleinere und mittlere Unternehmen als neuartige Herausforderung (vgl. Schmierl u. a. 2007: 79 ff.).

Dadurch kommt es für Gruppen unterschiedlich qualifizierter Arbeitskräfte zu raum- und mithin kulturübergreifenden Kooperationsformen wie Netzwerke und Projektarbeit. Das zuletzt genannte Muster nimmt eine Schlüsselposition ein, da es „als eine zentrale Organisationsform verteilter Arbeit" gilt (Meil, Heidling 2006: 151). Projektarbeit bildet nämlich „die Schnittstelle zwischen Innen (betrieblichen Abteilungen) und Außen (anderen Betrieben und Ländern)" (ebd.: 151). Es handelt sich um eine zeitlich befristete Zusammenarbeit in einem gemeinsam durchgeführten Projekt. Beschäftigte sind häufig in mehreren, parallelen Vorhaben eingebunden. Insgesamt sind die Anforderungen an die zeitliche und räumliche Flexibilität sowie die Lernbereitschaft, vor allem hinsichtlich der Aneignung internationaler und interkultureller Kompetenzen immens. Hinzu kommen vielfach zeitliche Vorgaben, die von den Arbeitskräften als zu eng bemessen wahrgenommen werden. Die neuen Kooperationsformen bieten durchaus Chancen für die Beschäftigten, da sie sich hinsichtlich der Qualifikation und darüber hinaus der gesamten Person weiter entwickeln können. Für sie können aber auch Belastungen und Beanspruchungen entstehen, zumal dann, wenn sie von ihren Vorgesetzten keine Unterstützung erfahren und für eine internationale Zusammenarbeit, die Menschen aus unterschiedlichen Kulturen mit unterschiedlichen Erfahrungen zusammenführt, nicht vorbereitet bzw. nicht weitergebildet worden sind. Hinzu kommen die heute weit verbreiteten Gesundheitsrisiken wie Arbeitsintensivierung, mehrdimensionale Arbeitsflexibilisierung und nicht zuletzt Gefahren für die Work-Life-Balance.

Staatliche Forschungspolitik zur Entwicklung von Arbeitsorganisationen 4

4.1 Forschungs- und Aktionsprogramm Humanisierung des Arbeitslebens

Vorhaben zur Entwicklung von Arbeitsorganisationen wurden unter dem Stichwort Arbeitsstrukturierung nur in der ersten Phase des Forschungs- und Aktionsprogramms Humanisierung des Arbeitslebens (HdA) gefördert. Es handelt sich um den Zeitraum von 1974 bis 1983. Darauf beziehen sich die folgenden Ausführungen. Die Nachfolgeprogramme, die bis über die Jahrtausendwende reichen, werden hier nicht thematisiert (vgl. Raehlmann 2007: 68 ff.).

Die Initiativen zur Humanisierung der Arbeit gehörten ins Zentrum der Reformpolitik der Koalition von SPD und FDP, die 1969 mit dem Anspruch antrat, eine Regierung der inneren Reformen sein zu wollen. Diese Politik fand ihren Niederschlag in der Arbeitsgesetzgebung, so in der Verabschiedung des Betriebsverfassungsgesetzes (1972), des Arbeitssicherheitsgesetzes (1973), der Arbeitsstättenverordnung (1975), der Arbeitsstoffverordnung (1975) und des Mitbestimmungsgesetzes (1976). Die rechtlichen Normierungen sind Bestandteil einer präventiven Sozialpolitik, mit der den volkswirtschaftlichen Kosten des Frühverschleißes der Arbeitskraft begegnet werden soll. Dem Ziel der Verbesserung der Arbeits- und Lebensbedingungen sollte ferner die Forschungs- und Technologiepolitik dienen, wozu auch das HdA-Programm zählte. Solche staatlichen Initiativen gab es in zahlreichen westlichen Industriegesellschaften, wobei die jeweiligen nationalen Programme lokalspezifisch geprägt sind (vgl. Naschold 1994: 103 ff.). Es kann jedoch nicht ausgeschlossen werden, dass der Bedeutungsverlust solcher Gestaltungsinitiativen mittlerweile nicht nur für die Bundesrepublik gilt, sondern seit den neunziger Jahren vermehrt auch international auf Grund der veränderten globalen Rahmenbedingungen und wirtschaftspolitischer Neuorientierungen, die verstärkt auf den Wettbewerb und den Markt denn auf staatliche Regulierung setzen.

Die staatliche Förderung von Forschung und Entwicklung war nicht neu. Sie setzte bereits Ende des 19. Jahrhunderts ein und ist typisch für die deutsche Wirtschaftsgesellschaft (vgl. Raehlmann 2007: 44 ff.). Die Produktivkraft Wissenschaft wurde in dem Augenblick in staatliche Regie genommen, als die wirtschaftliche Entwicklung ein Niveau erreicht hatte, bei dem es nicht mehr ausreichte, „den wissenschaftlich-technischen Fortschritt den Zufälligkeiten spontaner Forscher- und Erfindertätigkeit zu überlassen, der fallweise ökonomisch verwertet werden" kann (Hirsch 1971: 31). Während der ersten Rezession der Nachkriegszeit 1966/67 war das Fehlen wirksamer Strategien zur Vorhersage und Steuerung gesellschaftlich-wirtschaftlicher Entwicklung deutlich geworden. Das Bemühen, eine planmäßige Struktur- und Wachstumspolitik aufzubauen, führte zu einer verstärkten Förderung von Technik, Wissenschaft und Bildung. Dabei resultierte die Notwendigkeit, insbesondere den technischen Fortschritt zu fördern, wesentlich aus zwei Umständen: Technischer Fortschritt wird dann besonders wichtig, wenn eine Zunahme der erwerbstätigen Bevölkerung nicht mehr zu erwarten ist, und daher Wirtschaftswachstum nur über eine Erhöhung der Arbeitsproduktivität erzielt werden kann, und wenn ferner bei Dominanz oligopolistischer und monopolistischer Marktformen technologische Neuerungen ein spezifisches Mittel sind, nationale und internationale Konkurrenzfähigkeit zu erhalten (vgl. ebd.: 69).

In seiner ersten Regierungserklärung stellte Bundeskanzler Willy Brandt auch in der Forschungspolitik Reformen in Aussicht. Mit dem Schlagwort von der Modernisierung der Volkswirtschaft wurde eine Orientierung beibehalten, die auf die Steigerung und Sicherung der wirtschaftlichen Leistungsfähigkeit im internationalen Wettbewerb zielte. Verstärkt wurde die Förderung neuer Technologien im Bereich der Produktions- und Fertigungstechnik sowie der Informations- und Kommunikationstechnologien in Angriff genommen. Über diese Schlüsseltechnologien für industrielle Innovationen sollten Spitzenpositionen auf dem Weltmarkt behauptet und aufgebaut werden (vgl. BMW 1972: 53). Neu aufgenommen wurde das Ziel, Forschungspolitik am gesellschaftlichen Bedarf zu orientieren, um so zur qualitativen Verbesserung der Arbeits- und Lebensbedingungen beizutragen (ebd.: 99). Diese Orientierung hängt mit der zuerst genannten insofern zusammen, als es schwerpunktmäßig und zunehmend darum ging, unerwünschte Auswirkungen des technischen Wandels zu vermeiden (ebd.: 20). Damit wurde eingestanden, dass die sich aufdrängenden sozialen Probleme die optimistische Deutung dieses Wandels in den sechziger Jahren verbannt hatten. Das macht auch folgendes Eingeständnis des damaligen Forschungsministers Hans Matthöfer deutlich: Die Hoffnungen, „Automatisierung und Rationalisierung würden – gewissermaßen als notwendige Nebenprodukte der Produktionssteigerung – für Arbeiter und Angestellte auto-

4.1 Forschungsprogramm Humanisierung des Arbeitslebens

matisch menschengerechtere Arbeitsumstände (...) mit sich bringen", haben sich nicht erfüllt (Matthöfer 1977: 11).

Die zunehmende gesellschaftliche Relevanz von Forschungspolitik spiegelt sich in der Entwicklung der Ausgaben des Bundesministeriums für Forschung und Technologie (BMFT) wider. So hatten sich zwischen 1970 und 1980 die Mittel von ca. 1,8 auf ca. 5,4 Milliarden DM mehr als verdoppelt (vgl. BMBW 1972; BMFT 1979). Der Abstand herkömmlicher Förderbereiche zu jenen, die zur qualitativen Verbesserung der Arbeits- und Lebensbedingungen beitragen können, hatte sich allerdings nicht verringert (vgl. Maquardt 1975: 108 f.; Bergmann 1980; Bruder 1980: 19 f.). Darin manifestierte sich die Kontinuität bisheriger Forschungspolitik. Sie wurde besonders deutlich in dem Förderbereich, wo sich Forschungspolitik als Reformpolitik legitimierte: Das Aktions- und Forschungsprogramm Humanisierung des Arbeitslebens verfügte über sehr begrenzte Mittel. Sie betrugen knapp zwei Prozent der gesamten Ausgaben des BMFT. Mithin war es eines der kleinsten Fachprogramme (vgl. Raehlmann 2007: 71). Gleichwohl „schaffte es (...) Tatsachen, die auf die Forschungs- und Technologiepolitik große Wirkungen hatten" (Matthöfer, Herzog 2009: 111). Das HdA-Programm wurde im Mai 1974 der Öffentlichkeit vorgestellt und vom BMFT gemeinsam mit dem Bundesministerium für Arbeit und Sozialordnung (BMAS) durchgeführt. Es sollte zusammen mit den genannten rechtlichen Regelungen das Netz sozialer Sicherheit und des Schutzes der Arbeitskraft ergänzen und so zur Verbesserung der Arbeits- und Lebensbedingungen beitragen. Gleichzeitig sollten die Produktivkräfte, also Arbeit, Technik und Wissenschaft, weiter entwickelt werden, um die Modernisierung der Volkswirtschaft voranzutreiben. Aus dieser Doppelstrategie resultierte eine Ambivalenz der Humanisierungspolitik, die sich in der gesellschaftlichen Auseinandersetzung als Spannung zwischen Humanisierung und Rationalisierung darstellte (vgl. Kapitel 2.2).

Ziele, Aufgaben und Durchführung: Das Humanisierungsprogramm beabsichtigte, „die Möglichkeiten zu untersuchen, wie die Arbeitsbedingungen stärker als bisher den Bedürfnissen des arbeitenden Menschen angepaßt werden können" (BMFT 1977: 7). Dieses allgemeine Programmziel umschloss vier speziellere Ziele, die so konkretisiert wurden:

- „• Erarbeitung von Schutzdaten, Richtwerten, Mindestanforderungen an Maschinen, Anlagen und Arbeitsstätten,
- Entwicklung von menschengerechten Arbeitstechnologien,
- Erarbeitung von beispielhaften Vorschlägen und Modellen für die Arbeitsorganisation und die Gestaltung von Arbeitsplätzen,

- Verbreitung und Anwendung wissenschaftlicher Erkenntnisse und Betriebserfahrungen" (BMFT 1975: 33 ff.).

Für die Realisierung des ersten Ziels war das BMAS zuständig, für die letzten drei das BMFT.

Das Forschungsministerium fächerte seine Programmziele in fünf Aktionsrichtungen weiter auf (vgl. Pöhler 1979: 14 f.):

- *Erstens Verbesserung der Arbeitsinhalte und Arbeitsbeziehungen:* Die Arbeitsinhalte sollen zu ganzheitlichen Arbeitsvollzügen weiter entwickelt werden. Die Ergänzung um dispositive und kontrollierende Tätigkeiten eröffnet Möglichkeiten zur Höherqualifizierung. Arbeitsbeziehungen sollen so verändert werden, dass sie mehr Chancen zur Kommunikation und Kooperation sowie Partizipation bieten.
- *Zweitens Abbau von Über- und Unterbeanspruchungen:* Schädigende physische, psychische und soziale Belastungen und Beanspruchungen, verursacht durch die Arbeitsumgebung (Lärm, Erschütterungen, Schadstoffe), Arbeitszeitregelungen (Wechsel-, Nachtschicht), Leistungsverdichtung sowie geringe und einseitige mentale und sensomotorische Tätigkeiten, sollen vermindert werden. Besondere Aufmerksamkeit gilt den kombinierten Belastungen, d. h. solchen, die sich in ihrer Wirkung wechselseitig verstärken, etwa durch das gleichzeitige Auftreten von mentaler Belastung mit Lärm oder von Nachtarbeit mit Monotonie.
- *Drittens Erhöhung der Arbeitssicherheit:* Fortschritte im Bereich der Arbeitssicherheit sollen durch Verbesserungen der Technologie, der Organisation, der Transportsysteme, der Schutzvorrichtungen erreicht werden; dazu gehören auch Arbeitszeit- und Pausenregelungen, die mehr auf die Bedürfnisse der Beschäftigten eingehen.
- *Viertens Verminderung negativer Wechselbeziehungen zwischen Arbeitswelt und anderen Lebensbereichen:* Zwischen betrieblicher und außerbetrieblicher Lebenswelt bestehen enge Wechselbeziehungen, die sich auf der subjektiven und auf der objektiven Ebene manifestieren. Es sollen Forschungen initiiert werden, die sich diesem Problemkomplex mit der Absicht zuwenden, Vorschläge zu entwickeln, die geeignet sind, diesen Wirkungszusammenhang positiver zu gestalten.
- *Fünftens Entwicklung übergreifender Strategien der Humanisierung:* Neben unmittelbaren Änderungen der Arbeitsbedingungen sollen auch Themen aufgegriffen werden, die sich den Auswirkungen des Aktionsprogramms auf andere staatliche sowie tarifvertragliche Politiken widmen. Hierzu gehört auch die Förderung von Maßnahmen zur Verbreitung und Anwendung von Humanisierungserkenntnissen.

Die in den fünf Aktionsrichtungen aufgeschlüsselten Programmziele stellten enorme Anforderungen an die Problemlösungskapazität der Wissenschaft, weil sie herkömmliche disziplinorientierte Fragestellungen überschreiten. Insofern können disziplinäre Beiträge kaum bzw. bestenfalls ansatzweise einen Lösungsbeitrag leisten. Interdisziplinäre Zusammenarbeit wird damit unabdingbar. „Die Beurteilung des Arbeitslebens", so heißt es im Aktionsprogramm, „aus der Sicht nur einer oder nur durch zufälligen Kontakt zustande gekommenen Fachdisziplinen führt oft zu Fehleinschätzungen" (BMFT 1977: 47). Jedoch bereitet die Umsetzung des Interdisziplinaritätsgebots erhebliche Schwierigkeiten (vgl. Raehlmann 1988b: 191 ff.; Dies. 2011: 9 ff.). Die Wissenschafts- und Forschungspolitik trägt diesem Innovationserfordernis, vor allem durch die verstärkte Förderung der Sozialwissenschaften Rechnung. Eine solche Orientierung zeichnete auch das HdA-Programm aus.

Die Themen der fünf Aktionsfelder des Forschungsprogramms wurden von verschiedenen Projektarten aufgegriffen. Neben herkömmlichen empirischen Forschungsarbeiten, die sich auch auf Betriebe als Untersuchungsfeld bezogen, handelte es sich im Wesentlichen um die beiden folgenden, miteinander verbundenen Projekttypen, d.h. um Vorhaben der Arbeitsstrukturierung bzw. der Organisationsentwicklung. Solche betrieblichen Gestaltungsprojekte, schwerpunktmäßig durchgeführt in der Produktion und vereinzelt auch in der Verwaltung, wurden von der Geschäftsleitung oder vom Betriebsrat initiiert. Dabei musste das Unternehmen einen Teil der Forschungs- und Entwicklungskosten selbst tragen bzw. entsprechende Sach- und Personalmittel bereitstellen; ergänzend konnte externe Fachkompetenz hinzugezogen werden. Gleichzeitig mit diesen Entwicklungsvorhaben wurden Begleitforschungsprojekte durchgeführt, die folgende Aufgaben wahrnahmen: Die WissenschaftlerInnen führten Untersuchungen durch mit dem Ziel, einen Entwicklungsplan für die Veränderung der betrieblicher Arbeitsbedingungen zu entwerfen, sie beteiligten sich beratend an der Projektdurchführung. In einem gemeinsam erstellten Arbeitsplan zwischen Unternehmen, Betriebsrat und Begleitforschung wurden Ziele, Inhalte und Methoden der Forschung festgelegt.

Probleme, Konflikte, Perspektiven: Diese sind auf der Grundlage von Forschungsergebnissen zu diskutieren, die im Zuge der Evaluierung der Programmdurchführung gewonnen wurden. Im Zentrum des Programms standen die Forderungen nach Höherqualifizierung und Belastungsabbau.

Höherqualifizierung: Dieses Ziel spielte in der Förderungspraxis nicht die zentrale Rolle. Im Wesentlichen wurde es in Projekten zur Arbeitsstrukturierung aufgegriffen, wobei es auch hier eher von untergeordneter Bedeutung war (vgl. WSI 1980: 159). Der ehrgeizige Anspruch wurde kaum realisiert. So blieb im Bereich der Höherqualifizierung der „große Durchbruch" aus (Pöhler 1979: 35). Qualifizierungsmaßnahmen verharrten auf einem relativ niedrigen Niveau. In den Arbeitsstrukturierungsprojekten war es „in fast allen Fällen zu Arbeitserweiterungen, Arbeitsplatzwechsel gekommen" (WSI 1980: 161). Bei mehreren Projekten wurden Qualifikationen nicht nur horizontal, sondern auch vertikal erweitert, „indem z. B. die Tätigkeit von Prüfern, Reparateuren und Einrichtern in die Montagetätigkeiten integriert wird" (vgl. ebd.: 162). Arbeitserweiterung und -bereicherung hielten sich in engen Grenzen, und die Qualifizierungsfortschritte gingen insgesamt kaum über arbeitsplatz- und anlagenspezifisches Training hinaus (vgl. Auer, Penth, Tergeist 1981: 107). Kritisch wurde darüber hinaus die Überlagerung positiver Effekte durch negative angemerkt. So führten

> „vielfach Formen der Arbeitserweiterung und Arbeitsbereicherung ausschließlich dazu (...), daß die Arbeitsleistung pro Zeiteinheit erhöht wurde, ohne daß den Arbeitern daraus irgendein ernst zu nehmender Vorteil entstand. Oder verbesserte zeitliche Dispositionschancen (etwa durch Einrichtung von Einzelarbeitsplätzen und die Möglichkeit von Pufferbildung) können von dem Arbeitskräften nicht genutzt werden, weil die Produktionsquoten zu hoch angesetzt sind oder die Kalkulation der Vorgabezeiten die individuellen zeitlichen Bedürfnisse nicht ausreichend berücksichtigt" (Düll 1980: 341).

Ein weiteres Problem ergab sich, weil die Frage nach den Auswirkungen auf die Entlohnung ausgeklammert wurde. Sie musste ausgespart bleiben, da das Thema Entgelt das wichtigste Aktionsfeld der Tarifvertragsparteien ist. Auf Grund dessen mussten „Lohnfragen zu Spannungen und Konflikten bei der Programmverwirklichung führen" (Matthöfer, Herzog 2009: 109). Es kam in der Projektpraxis teilweise zu massiven Konflikten zwischen Geschäftsleitungen und Betriebsräten um die Eingruppierung der Beschäftigten an den neuen Arbeitsplätzen (vgl. WSI 1980: 162).

Probleme, die mit dem Ziel der Höherqualifizierung einher gingen, führten zu folgenden Forderungen: Die Qualifizierungsmodelle sollten sich nicht nur an spezifischen betrieblichen Interessen orientieren, sondern auch denen der Beschäftigten entgegenkommen, d. h. die Qualifizierungsmaßnahmen sollten allgemein anerkannt und auf dem Arbeitsmarkt verwertbar sein (vgl. Düll 1980: 352; WSI 1980: 162). Dazu hätten Maßnahmen der betrieblichen Weiterbildung mit solchen der beruflichen Bildung verkoppelt werden müssen (vgl. Pöhler 1979: 36). An die Adresse der Gewerkschaften richtete sich die Empfehlung, Lohnformen auszuhandeln, die die ArbeitnehmerInnen nicht überfordern und ihnen die Kontrolle über das Lohn-Leistungs-Verhältnis belassen (vgl. Düll 1980: 352).

Belastungsabbau: In den Arbeitsstrukturierungsexperimenten gelang es, bestimmte Belastungen zu verringern, beispielsweise durch die Festsetzung von Mindesttaktzeiten (vgl. Pöhler 1979: 30). Ebenso wurde versucht, Belastungen in den Maßnahmebereichen „Menschengerechte Gestaltung von Arbeitsplätzen, Arbeitsmitteln und Arbeitsplatzumgebung" und „Entwicklung und Erprobung menschengerechter Arbeitstechnologien" zu reduzieren bzw. zu beseitigen. Es handelte sich um die ansatzweise erfolgreiche Bekämpfung von Lärm und Erschütterungen, gefährlichen Stoffen und Stäuben, kombinierten Belastungen (vgl. Skarpelis 1979: 45 f.; Winkler, Peter 1979: 56 f.; WSI 1980: 102; Auer, Penth, Tergeist 1981: 106). Es ist nicht auszuschließen, dass ebenso wie bei der Höherqualifizierung diese positiven Wirkungen von negativen konterkariert wurden. Beispielsweise trugen die technischen Neuerungen verbunden mit Maßnahmen der Arbeitsorganisation zur Erhöhung der Leistungsintensität bei (vgl. WSI 1980: 201). Schwerpunkte im Belastungsabbau waren körperliche Schwerstarbeit, Arbeiten mit gefährlichen Arbeitsstoffen, neu auftretende, z. B. mentale und kognitive Belastungen, kombinierte Belastungen, entlastende Arbeitszeit und Erholungszeitregelungen (vgl. Pöhler 1980).

Beschäftigungssicherung: Zu den Beschäftigungs- und Arbeitsmarktwirkungen, nicht explizit in den Programmzielen verankert, lassen sich nur wenige Hinweise finden. Die evaluierende Studie der Gewerkschaften fördert, vor allem in quantitativer Hinsicht negative Beschäftigungsfolgen – Reduzierung der Beschäftigung, Vermeidung von Neueinstellungen – zutage. Diese traten auf bei Maßnahmen im Bereich der Arbeitsstrukturierung, der menschengerechten Arbeitstechnologien sowie bei solchen zur Gestaltung von Arbeitsmitteln, -plätzen und -umgebung (vgl. WSI 1980: 173). Auf die Problemgruppen des Arbeitsmarktes wurde kaum Bezug genommen, so wurde die Benachteiligung von Frauen in den Projekten „am Rande und weitgehend unkoordiniert berücksichtigt" (Forschungsinstitut der Friedrich-Ebert Stiftung u. a. 1982: 27). Die unzureichende Berücksichtigung der Folgen für den Arbeitsmarkt war der Tatsache geschuldet, dass der Wirtschaftseinbruch im Gefolge der Ölkrise von 1973 als ein kurzzeitiges Problem begriffen wurde. Die am Keynesianismus orientierte Wirtschaftspolitik könne, so die damalige Vorstellung, solche Einbrüche schnell überwinden. Diese Hoffnung, die auf einer überzogenen Planungs- und Steuerungseuphorie fußte, erwies sich als Illusion, zumal bereits in den siebziger Jahren es sich nicht nur um konjunkturelle Schwankungen handelte, sondern die Anfänge der Globalisierung und mithin ein tiefgreifender Strukturwandel sichtbar wurden. Im Zuge dessen wurden Industrien der Massenproduktion bzw. Teile davon ausgelagert, etwa die Textilindustrie in so genannte Niedriglohnländer wie zunächst nach Portugal, in die Türkei und seit den neunziger Jahren vermehrt in die Länder Asiens.

Als Ergebnis sind die ambivalenten Wirkungen des Humanisierungsprogramms festzuhalten. Die zumindest ansatzweise positiven Resultate in den Bereichen Höherqualifizierung und Belastungsabbau wurden überformt – schlimmstenfalls deformiert – von negativen Begleiterscheinungen wie Leistungsverdichtung und Arbeitsplatzvernichtung. Diese problematischen Folgen sind ein eindeutiges Indiz dafür, dass die intendierten Humanisierungsmaßnahmen von vorherrschenden betrieblichen Interessen und Strategien gebrochen und betriebswirtschaftlichen Rentabilitätskalkülen unterworfen wurden. Dabei verwandeln sich Humanisierungs- zumindest teilweise zu Rationalisierungsmaßnahmen, die mit den Interessen der ArbeitnehmerInnen, aber auch mit denen der Volkswirtschaft nicht ohne weiteres zu harmonisieren sind.

Im Rückblick stellt der damalige Forschungsminister Matthöfer nüchtern fest: „Von seiner ganzen Anlage her waren im Humanisierungsprogramm Konflikte geradezu vorprogrammiert" (Matthöfer, Herzog 2009: 108). Das zeigte sich in den Arbeitsstrukturierungsprojekten, vor allem bei der *Begleitforschung*. So geriet die sozialwissenschaftliche Begleitforschung ins Kreuzfeuer der Auseinandersetzung. Diese Wissenschaften wurden mit gänzlich neuen Anforderungen konfrontiert: SozialwissenschaftlerInnen haben im Rahmen der Interventionsforschung Position zu beziehen und können sich nicht wie die VertreterInnen natur- und ingenieurwissenschaftlicher Disziplinen dadurch aus der Affäre ziehen, dass sie ihre Forschungsergebnisse durch die unterschiedlichen betrieblichen Interessen interpretieren lassen (vgl. Düll 1980: 342). Mithin bringen sie den „meisten sozialpolitischen Sprengstoff" ans Licht (Pöhler 1981: 116). Obendrein haben gerade SozialwissenschaftlerInnen eine geringe Vertrautheit mit betrieblichen Gepflogenheiten. Dadurch ergeben sich Schwierigkeiten, mit dem „fein ausbalancierten Machtverteilungssystemen in den Betrieben" zurechtzukommen (Pöhler 1979: 35; vgl. Frieling 1980: 113). Das führte zu folgenden Veränderungen durch das Forschungsministerium: BegleitforscherInnen schlossen nicht mehr eigene Verträge mit dem Ministerium ab, sondern erhielten Unteraufträge von den Betrieben, die dann anteilig, zu 50 Prozent, von diesen mitfinanziert werden mussten (vgl. BM-FT-Mitteilungen 1981: 134 f.). Dadurch war ihre Unabhängigkeit gegenüber den betrieblichen Akteuren eingeschränkt.

Die Auseinandersetzungen um die Organisationsexperimente in Produktion und Verwaltung bewirkten Veränderungen in der Projektförderung, welche einen Ansatzpunkt boten, das Programm auf „ein neues Niveau" anzuheben (Naschold 1981: 29). Begonnen wurde mit der Ausweitung betrieblicher Projekte zur Arbeitsstrukturierung auf Branchenebene. Es wurden in den Branchen Bekleidungs-, Holz-, und Verpackungsindustrie, Tischlerhandwerk, Hotel- und Gaststättengewerbe sowie

4.1 Forschungsprogramm Humanisierung des Arbeitslebens

Gießereien und Schmieden Verbundprojekte durchgeführt. Mit dieser Entwicklung verbanden sich folgende Hoffnungen:

> „Dadurch wird nicht nur der Geltungsbereich staatlicher und gewerkschaftlicher Humanisierungspolitik erweitert, vielmehr werden die vorherrschenden Entscheidungsmechanismen und Umsetzungsstrategien verändert. Tarifvertragliche Aushandlungssysteme können Betriebsvereinbarungen ergänzen und ausweiten; Umsetzungsstrategien sind immer weniger auf den Marktmechanismus angewiesen, sondern vollziehen sich stärker über soziale Diffusionsprozesse in der Form branchenweiten Aushandelns und Verhandlungen" (Naschold 1981: 33).

Letztlich führte aber die „vielfältige Kritik dazu, daß der eigenständige Förderschwerpunkt ‚Arbeitsstrukturierung' im Jahre 1983 aufgegeben" wurde (BMFT, BMA 1987: 18).

Im Rückblick bilanzierte ein an der Humanisierungsforschung beteiligter Arbeitspsychologe die Erfahrungen positiv. Dieses Programm habe

> „wesentlich zur Förderung der Arbeits- und Sozialwissenschaften beigetragen (…). Der Zwang, unter betrieblichen Rahmenbedingungen Forschung zu betreiben, hat zur Weiterentwicklung angemessener Feldforschungsmethoden geführt. Das in den Sozialwissenschaften brachliegende Gestaltungswissen wurde durch die Notwendigkeit gefördert, Gestaltungsmaßnahmen mit betrieblichen Fachstellen abzuleiten und konkret umzusetzen" (Frieling 1990: 240 f.).

Ähnlich lautete sein Fazit 20 Jahre später: „Durch die Betriebsprojekte haben besonders die Arbeitspsychologen, Betriebswirtschaftler und Industriesoziologen profitiert; sie wurden befähigt, sich im betrieblichen Umfeld zu bewegen und eigene Standpunkte gegen die herrschende Betriebsmeinung zu vertreten" (Frieling 2009: 142). Ein weiterer Sozialwissenschaftler lenkte den Blick auf die Neuartigkeit des Programms: Es stelle „international eine Innovation" dar (Fricke 1990: 9). Die Bundesrepublik sei neben „Schweden der Spitzenreiter auf dem Feld staatlicher Förderung zur humanen Gestaltung von Arbeit und Technik" (ebd.: 9) Mit kritischer Akzentuierung heißt es weiter: „Zum Teil gilt das heute noch: die alten Erfolge wirken nach" (ebd.: 9). Aber die herausragende Stellung dieses Programms sei „in den letzten Jahren zunehmend gefährdet", so durch die „Abkehr von Pilotprojekten zur Arbeitsstrukturierung und Mitbestimmung/Beteiligung" (ebd.: 9).

Bei der *beteiligungsorientierten Programmdurchführung* handelte es sich um eine Neuheit in der staatlichen Forschungsförderung. Dazu äußerte sich der damalige Forschungsminister Jahrzehnte später so: Die „Öffnung des politischen Systems gegenüber der beratenden Wissenschaft", die es vorher so nicht gegeben hatte, und „durch die Beteiligung vor allem der Gewerkschaften und der Arbeitgeberverbände gelang es, die organisatorischen Bedingungen zu schaffen, um den Bemühungen zur Erreichung der Programmziele nachhaltige Erfolgschancen zu geben" (Matthöfer, Herzog 2009: 108, 111). Erst dadurch erhielt das HdA-Programm „jene Dynamik, die es in kurzer Zeit auch international zu einem Aufsehen erregenden Modell staatlicher Reform-Initiierung werden ließ" (ebd.: 109). Dabei war Beteiligung nicht nur ein Instrument zur Programmplanung und -abwicklung, sondern – wie die Erläuterungen zur ersten Aktionsrichtung zeigen – als ein Element in der Zielstruktur des Programms, wenn auch eher implizit, enthalten. Es wurde also davon ausgegangen, dass Beteiligung „Humanisierung wesentlich fördert und zugleich selbst Humanisierung ist" (Salfer, Furmaniak 1981: 244). Auf diesen Doppelaspekt von Beteiligung, also zugleich Verfahrens- wie Zielelement zu sein, ist die Aufmerksamkeit nun zu richten. Im Rahmen der Programmplanung und -steuerung wurden die Betriebsverfassungs- bzw. Tarifvertragsparteien gleichberechtigt einbezogen. Die getroffenen Vorkehrungen lassen sich in fünf Punkten zusammenfassen (vgl. Pöhler 1980):

- *Erstens:* Es wird kein betriebliches Vorhaben bewilligt, dem nicht der zuständige Betriebsrat schriftlich zugestimmt hat.
- *Zweitens:* Es wird bei komplexen betrieblichen Vorhaben vertraglich festgelegt, dass sich Unternehmensleitung und Betriebsrat auf ein Verfahren gegenseitiger Information und Beteiligung zu einigen haben. In der Praxis der Projekte, so weist eine die Partizipations- und Mitbestimmungsmöglichkeiten im Aktionsprogramm evaluierende Studie nach, war eine wenig intensive Beteiligung des Betriebsrats zu beobachten (vgl. Pirker, Lipowatz-Labonté 1979: 43). Er war oft nur formal und unvollständig informiert, zudem kapazitäts- und kompetenzmäßig überfordert, so dass mögliche negative Neben- und Folgewirkungen für die ArbeitnehmerInnen nicht voll erfasst wurden und eine Beschränkung auf die Wahrnehmung traditioneller Schutzmaßnahmen erfolgte. Sein Zustimmungs- und Vetorecht bezog sich nur auf die Phase der Antragsbewilligung und bedeutete nicht die kontinuierliche Kontrolle des Projekts.
- *Drittens:* Im Programm begleitenden Fachausschuss des BMFT, der neue Schwerpunkte erarbeitet, sind VertreterInnen der Gewerkschaften, der Arbeitgeber und der Wissenschaft zu gleichen Teilen vertreten.
- *Viertens:* Gleiches gilt für sämtliche Sachverständigenkreise des Projektträgers, in denen Neuanträge, Zwischen- und Abschlussergebnisse von Vorhaben begutachtet werden.
- *Fünftens:* VertreterInnen der Gewerkschaften und des Betriebsrats werden an Fachkonferenzen, die neue Förderbereiche erschließen, beteiligt. Die Beteiligungsverfahren erfüllen

„eine Reihe wichtiger latenter Funktionen für die Gewerkschaften: Mobilisierung des Interesses und von Lernprozessen in Bezug auf Humanisierungsfragen, Erfahrungen mit demokratischer Kontrolle von Wissenschaft und Forschung und deren Transparenz, Erfahrungen mit innergewerkschaftlicher Kooperation und Koordinierung sowie Erfahrungen über die Zusammenarbeit zwischen Wissenschaft, Unternehmen und Arbeitnehmern und dem instrumentellen Umgang mit Vertretern des Ministeriums" (Naschold 1979: 165).

Über den Verfahrensaspekt hinaus war die Förderung *von Beteiligung ein Zielelement im Aktionsprogramm.* Es gab nur wenige Vorhaben, in denen Beteiligungsmöglichkeiten selbst Gegenstand von Maßnahmen waren (vgl. Salfer, Furmaniak 1981: 244). Versuche mit so genannten teilautonomen Gruppen, die bereits in der Diskussion um die Mitbestimmung am Arbeitsplatz Ende der sechziger Jahre eine Rolle spielten, stießen insbesondere bei den Gewerkschaften auf Kritik, weil das Verhältnis der Rechte der Arbeitsgruppen zu denen des Betriebsrats sowie der gewerkschaftlichen Vertrauensleute tendenziell unklar war, und die Strategie von Unternehmensleitungen möglicherweise darin bestand, die Betriebsverfassungsorgane zumindest zu schwächen bzw. auszuschalten (vgl. WSI 1980: 150 ff.). Neben diesen Verselbständigungstendenzen sind weitere Gefahren nicht auszuschließen, so Entsolidarisierung innerhalb der Gruppe, Steigerung der Leistungsanforderungen, Zwang zur Flexibilität. Eberhard Ulich, ein der persönlichkeitsförderlichen Arbeitsgestaltung verpflichteter Arbeitspsychologe, berichtete jüngst über die damalige arbeitspolitische Auseinandersetzung in einem bei VW durchgeführten Vorhaben zur Gruppenarbeit in der Motorenmontage (vgl. Ulich 2009: 121): Es wurde nach zwei Jahren abgebrochen und „im Sinne eines Projekts der individuellen Aufgabenerweiterung weitergeführt" (ebd.: 121). Seine Enttäuschung über die ambivalente, ja ablehnende Haltung zur Gruppenarbeit, mit der auch heute noch zu rechnen ist, kommt in der folgenden Passage deutlich zur Sprache:

„Der vom Projektträger als ‚Projektbegleiter' eingesetzte Industriesoziologe veröffentlichte im ‚Gewerkschafter' einen Beitrag mit der Überschrift ‚Vom Unfug mit der autonomen Arbeitsgruppe', der Vertreter der IG Metall im Gesamtprojektausschuss publizierte – unter Hinweis auf das Betriebsverfassungsgesetz – sogar den Satz: ‚In der Bundesrepublik kann es keine teilautonomen Gruppen geben'" (ebd.: 121).

Dennoch gab es Stimmen, die für weitere Versuche plädierten, um herauszufinden, inwieweit sich „durch die Teilnahme an solchen Arbeitsgruppen allgemein das betriebspolitische Interesse der Betroffenen im Sinne aktiver Teilnahme an den betrieblichen Mitbestimmungsinstitutionen steigert" (Pirker, Lipowatz-Labonté 1979: 59). Empirische Arbeiten zeigen, dass direkte Partizipation am Arbeitsplatz und Mitbestimmung in höheren betrieblichen Instanzen sich nicht nur nicht ausschließen, sondern im Gegenteil bedingen (vgl. ebd.: 64; Forschungsinstitut der Friedrich-Ebert-Stiftung u. a. 1982: 21). Dabei richten sich die Interessen der Arbeitskräfte neben der Sicherung von Lohn, Beschäftigung, Qualifikation und Gesundheit auf die Verminderung der überkommenen hierarchischen Arbeitsteilung. Im Vergleich dazu sind ihnen Maßnahmen wie *job rotation* und *job enlargement* eher gleichgültig, zuweilen auch lästig oder sogar belastend (vgl. Forschungsinstitut der Friedrich-Ebert-Stiftung u. a. 1982: 23). Der gewerkschaftliche Widerstand gegen den Ausbau von Partizipation und mithin von qualifizierter Gruppenarbeit habe weit reichende Folgen:

> „Die mangelnde Bereitschaft der Gewerkschaften jener Zeit, die Erprobung demokratischer Beteiligungsformen und teilautonomer Gruppenarbeit (...) mit zu tragen und ihre Weigerung, ihre Organisation der Mitwirkung ihrer Mitglieder zu öffnen, erwies sich als folgenschwerer Fehler. Er trug zur Schwächung der Gewerkschaften in den vergangenen zwanzig Jahren nicht unwesentlich bei" (Fricke 2003: 53).

Das HdA-Programm war nach der ersten Aufbruchphase mit einem erheblichen Bedeutungsverlust konfrontiert (vgl. Raehlmann 2007: 68 ff.). Dieser Prozess war spätestens mit dem Ende der Arbeitstrukturierungsprojekte, in denen Gruppenarbeit einschließlich neuer Beteiligungsformen erprobt worden waren, unübersehbar. Er setzte sich später u. a. fort mit der Auflösung der beteiligungsorientierten Programmplanung und -steuerung, die ebenfalls als ein innovatives Organisationsentwicklungsprojekt des BMFT mit der Chance zur Ausweitung auf das ministerielle Beratungswesen allgemein gelten kann. Die Beteiligung der betrieblichen Interessenvertretung kam ebenfalls zum Erliegen. Schließlich wurden die vergleichsweise geringen Fördermittel erheblich zurückgefahren. Darüber hinaus bleibt festzuhalten: Die Organisationsvorhaben kamen über ein Experimentierstadium kaum hinaus, sie überlebten nur kurzfristig oder mit deutlich reduzierter Zielsetzung. So heißt es in einer Bilanz des HdA-Programms: „Keines der anspruchvollen Modelle (...) mit erweitertem Handlungs- und Qualifizierungsmöglichkeiten hat sich durchsetzen können" (Forschungsinstitut der Friedrich-Ebert-Stiftung u. a. 1982: 72).

Bei einem abschließenden Blick nach vorn erscheint das folgende Szenario als eine Möglichkeit: Nicht zuletzt auf Grund der Verschlechterung zahlreicher Arbeits- und Beschäftigungsbedingungen fordern die Gewerkschaften seit einigen Jahren, den programmatischen Schwerpunkt „gute Arbeit" auf die politische Agenda zu setzen. Ergänzend dazu engagieren sich Akteure aus der Wissenschaft, den Tarifvertragsparteien und der Politik für eine Renaissance des HdA-Programms. Dabei richtet sich das Interesse auch auf die Wiederbelebung von Arbeitsstrukturierungsprojekten. Meine diesbezügliche Skepsis habe ich bereits an anderer Stelle formuliert (vgl. Raehlmann 2014: 341 ff.): Die Chance, erneut ein nationales Programm zur menschengerechten Gestaltung von Arbeit zu etablieren, scheint mir auf Grund der sich ausweitenden und vertiefenden Europäischen Union mit einer bislang kaum entfalteten arbeits- und sozialpolitischen Agenda wenig wahrscheinlich, zumal schon derzeit in der Bundesrepublik von einem vergleichbaren reformpolitischen Aufbruch wie er in den siebziger Jahren des vergangenen Jahrhunderts vorherrschte nicht gesprochen werden kann. Vielmehr kann davon ausgegangen werden, dass bei der Dominanz neoklassischer bzw. neoliberaler Konzepte in der deutschen und erst Recht in der europäischen Politik zu Lasten sozialstaatlicher Reformen eine solche Wende blockiert oder zumindest nachhaltig erschwert würde. Trotz dieser Skepsis lassen sich einige Anforderungen mit Blick auf Organisationsentwicklungsvorhaben im Kontext eines möglicherweise doch revitalisierten Aktions- und Forschungsprogramms formulieren, denn immerhin hat die Große Koalition von CDU/CSU und SPD (2013) in ihrer Regierungserklärung eine solche Absicht bekundet: Vergleichsweise neuere Fragen sind auch in solchen Vorhaben zu thematisieren, etwa der demographische Wandel, der Wirkungszusammenhang zwischen beruflicher und privater Lebenswelt einschließlich der Entgrenzung von Arbeit – auch unter dem Aspekt der Geschlechterverhältnisse, die Tendenz zur Individualisierung und Subjektivierung von Arbeit bzw. der Arbeitskräfte. Die zunehmende Internationalisierung zahlreicher nationaler Unternehmen bedeutet, dass globale Dimensionen berücksichtigt werden müssten. Dadurch ergäben sich enorme Herausforderungen für die beteiligten Akteure wie für das Management, die – soweit vorhanden – Interessenvertretung der Beschäftigten und die WissenschafterlerInnen. Die Letzteren wären mit teilweise neuartigen Anforderungen an die Methodologie und Methoden der Forschung konfrontiert. Gleichwohl ist daran zu erinnern, dass in den beiden letzten Jahrzehnten mit international ausgerichteten Forschungen – häufig in vergleichender Absicht – diesbezügliche Erfahrungen gesammelt werden konnten. Andererseits gibt es jenseits der Industrie einen national, ja lokal verankerten Sektor ohne globale Ausstrahlung, in dem der Bedarf an solchen Vorhaben unstrittig sein dürfte und möglicherweise – wegen der nationalen Rahmung – auch leichter zu realisieren ist. Es handelt sich um den personenbezogenen Dienstleistungssektor, der ein wachsendes Arbeitsmarktsegment darstellt mit erheblichen Defiziten in der Arbeitsorganisation und -gestaltung, von den vielfach prekären Arbeits- und Beschäftigungsbedingungen erst gar nicht zu sprechen (vgl. Hacker 2009; Raehlmann 2013). Last not least ist dieser Bereich derzeit noch ein wichtiges Feld der Frauenerwerbsarbeit, was auf Dauer so nicht bleiben muss. In diesem Zusammenhang bleibt noch zu erwähnen, dass die Perspektive der Geschlechter in dem vormaligen Programm fehlte. Klassische Themen wie Beteiligung/Mitbestimmung im Kontext von Gruppenarbeit und darüber hinaus sind nach wie vor hoch aktuell und bedürfen der weiteren Erprobung und der begleitenden Erforschung, was methodologische Innovationen mit einschließt.

4.2 Staatlich geförderte Forschungsvorhaben

Im Folgenden werden betriebliche Vorhaben diskutiert, die öffentlich finanziert und durch Forschung begleitet wurden. Dadurch besteht am ehesten die Chance, die damit einhergehenden Probleme, Konflikte und Perspektiven realistisch und nicht beschönigend bzw. harmonisierend darzustellen. Dies ist, wie zuvor aufgezeigt, häufig dann der Fall, wenn Unternehmen ihre Entwicklungsaktivitäten in betrieblichen Selbstdarstellungen präsentieren. Ich beziehe mich auf solche betrieblichen Projekte (vgl. Kapitel 4.2.1, 4.2.2), die im Rahmen des HdA-Programms durchgeführt und durch Berichte ausführlich dokumentiert wurden. Die von den Unternehmen selbst initiierten Forschungen bekommen keine finanzielle Zuwendung. Diese werden aber in der Regel durch Steuererleichterungen indirekt gefördert, ohne dass jedoch der Staat Einfluss auf die Inhalte nimmt. Die Auswahl wurde nach folgenden Kriterien vorgenommen: Es wurden Vorhaben aus unterschiedlichen Branchen bzw. Sektoren berücksichtigt, d. h. aus der öffentlichen Verwaltung und der Industrie mit typischen Arbeitsplätzen für Männer und Frauen.

Es mag erstaunen, warum es sinnvoll sein kann, Forschungen aus den siebziger, achtziger Jahren des vergangenen Jahrhunderts zu Beginn des 21. Jahrhunderts noch zu rezipieren, zumal in Folge des rasanten Strukturwandels der Wirtschaftsgesellschaft die damaligen Fragestellungen und die Ergebnisse vermutlich veraltet sind. Das ist in der Tat der Fall mit Blick auf die Arbeitstätigkeiten und die überkommene organisatorische Gestaltung. Auch von den damaligen reformorientierten, relativ stabilen Rahmenbedingungen kann heute keine Rede mehr sein. Diese lassen sich charakterisieren durch eine gesteigerte Dynamik, ja Turbulenz und Komplexität sowie eine Orientierung, die stärker auf den Markt denn auf den Staat gerichtet ist. Zum Vorhaben in den obersten Bundesbehörden ist festzustellen: Auf Grund der Fortschritte in der Informations- und Kommunikationstechnologie haben sich Schreib- und Sekretariatstätigkeiten grundlegend verändert: Teilweise sind sie entfallen, teilweise sind sie zur Sachbearbeitung weiter entwickelt worden. Zum Vorhaben aus der Industrie ist anzumerken: Einfache, rein ausführende Tätigkeiten in der Produktion sind ebenfalls durch Automatisierung und Auslagerung in Niedriglohnländer zu großen Teilen entfallen, wiewohl sogar eine Re-Taylorisierung stattgefunden hat, oder sie sind zu qualitativ höherwertigen Arbeiten verändert worden. Andererseits sind die Vorhaben mit Blick auf Methodologie und Methoden,

Spannungen und Auseinandersetzungen sowie Engagement und Widerstände der beteiligten Akteure im Projektverlauf keineswegs veraltet. Vor allem der theoretische Ansatz und das methodische Vorgehen können – zumindest teilweise – bis heute als innovativ gelten. Sie verdienen mithin Aufmerksamkeit, weil sie – zusammen mit den retrospektiven Aussagen der Projektleiter in den Interviews – grundsätzliche, über den Tag hinaus relevante Sachverhalte und Probleme im Bereich von Forschung und Praxis thematisieren. Mit Blick auf das von Werner Fricke geleitete Projekt „Peiner Modell" (vgl. Kapitel 4.2.2) vermerkte etwa Schumann jüngst: „Er stellte die Selbstbeteiligung ins Zentrum (...). Das war aus heutiger Sicht konzeptionell richtig" (Schumann 2014: 4). Er begründet sein Statement so: „Die offizielle, von außen gesteuerte HdA-Politik konnte nicht erfolgreich umgesetzt werden. Es fehlte gesicherte Selbstbeteiligung und verantwortliche Prozessmitgestaltung der Betroffenen" (ebd.: 4 f.). Bei den weiteren Aspekten, die die Entwicklung von Arbeitsorganisationen im Kern betreffen, handelt es sich – natürlich mit Ausnahme von Engagement als unterstützendes Moment – um immer wiederkehrende Widrigkeiten. Widerstand gegen Veränderungen entfalten nicht nur Personen, sondern auch gesellschaftliche Institutionen mit ihren Akteuren errichten entsprechende Barrieren. Nicht zu übersehen sind aber auch Lernfortschritte bei den Akteuren, die den Gestaltungsvorschlägen aus der Wissenschaft, d. h. der Gruppenarbeit gewisse Realisierungschancen eröffnen.

4.2.1 Forschungsverbund um Theo Pirker: Schreibdienste in obersten Bundesbehörden

Ausgangssituation und Fragestellung: Private und öffentliche Verwaltungen sind im Vergleich zu Produktionsbetrieben bis heute weit weniger empirisch untersucht worden, obwohl sie von erheblicher beschäftigungspolitischer Relevanz sind. Diese Lücken haben die Übernahme von Organisationsmodellen aus der Fertigung begünstigt. So wurde in den letzten Jahrzehnten die Idee organisatorischer Verschlankung von Lean Production zu Lean Administration weiter entwickelt. In den sechziger und siebziger Jahren kam es mit der Einführung zentraler Schreibdienste zu einer Taylorisierung der Büroarbeit, indem die vormals vielseitige Tätigkeit von Sekretärinnen und Bürokräften auf reine Schreibarbeit häufig verbunden mit Leistungsvorgaben und Anreizsystemen reduziert wurde. Insofern nahm das Forschungsvorhaben unter der Leitung von *Theo Pirker* (1922-1995), Professor für Soziologie an der Freien Universität Berlin, eine Schlüsselstellung ein. Diese hing auch damit zusammen, dass das Projekt von einem interdisziplinären Forschungsverbund bearbeitet wurde, der aus VertreterInnen der Ergonomie, der

Wirtschaftswissenschaft und der Soziologie bestand. Erst der interdisziplinäre Zugriff ermöglicht, die Komplexität von Büroorganisation und Büroarbeit zu berücksichtigen, zu entsprechenden Ergebnissen zu gelangen und adäquate Gestaltungsvorschläge zu entwickeln.

Ausgangspunkt der Untersuchung, die im Dezember 1977 begann, war das Problem: „Wie sollen und müssen Schreibdienste der obersten Bundesbehörden zukünftig gestaltet werden, damit die Forderung nach menschengerechter Arbeit ebenso erfüllt ist wie die Gebote der Wirtschaftlichkeit und der organisatorischen Funktionsfähigkeit" (Pirker (Hrsg.) 1981: 17)? Die folgenden vorgängigen Entwicklungsschritte bestimmten die Ausgangslage des Vorhabens: Rationalisierungsbemühungen in den obersten Bundesbehörden führten bereits gegen Ende der fünfziger Jahre zu technisch-organisatorischen Vorschlägen, so wurde die Einrichtung von Kanzleien, der Einsatz elektronischer Schreibmaschinen und die verstärkte Verwendung von Vordrucken gefordert. Mitte der sechziger Jahre kritisierte der Bundesrechnungshof die hohen Personalkosten und konstatierte das zu geringe Arbeitskräfteangebot im Raum Köln/Bonn. Er entwickelte Einsparungsvorschläge, die u. a. darauf hinausliefen, die Schreibkräfte zur Erhöhung der Leistung organisatorisch zusammenzufassen und unter eine einheitliche Leitung zu stellen (vgl. ebd.: 21). Diese Empfehlungen wurden von der Bundesregierung positiv aufgenommen und darüber hinaus die Einführung von Prämienverfahren erwogen. Einige Ministerien setzten die Vorschläge praktisch um. Einen weiteren Bericht legte der Bundesrechnungshof 1975 mit folgenden Forderungen vor: Zentralisierung der Schreibdienste, Auslagerung und Zentralisierung der Nebentätigkeiten, Tagesleistungsvorgabe von 38 bis 40 Tausend bewerteter Anschläge pro Schreibkraft, Einführung von Prämienverfahren (vgl. ebd.: 25). Die Bundesregierung begegnete diesen Vorschlägen mit Skepsis, da sie negative Folgeprobleme befürchtete, etwa Spannungen zwischen jüngeren und älteren Schreibkräften, die den Leistungsanforderungen nicht mehr nachkommen können. Sie zögerte daher eine entsprechende Umsetzung hinaus, wobei sie auf die vom BMFT geplante Untersuchung und auf die Notwendigkeit verwies, wissenschaftliche Erkenntnisse zu berücksichtigen. Im Herbst 1977 waren sechs Ministerien – das für Forschung und Technologie, des Inneren, der Justiz, der Verteidigung, das für Wirtschaft und wirtschaftliche Zusammenarbeit – bereit, sich an dem Projekt „Vergleichende Untersuchung der Schreibdienste der obersten Bundesbehörden" zu beteiligen.

Untersuchungsansatz und Methoden: Das Forschungskonzept basiert auf dem Ansatz der Überwälzungseffekte, der schon die Rationalisierungsauseinandersetzung in den zwanziger Jahren prägte. Bei Bauer (1931) findet er seinen Ausdruck in der Polarisierung von „Rationalisierung – Fehlrationalisierung", Friedmann (1952) geht von einer auseinanderstrebenden Interessenlage zwischen Arbeitskraft, Betrieb und Volkswirtschaft aus (vgl. Kapitel 2.2). Der Forschungsverbund konkretisierte den Ansatz so: Ein Arbeitsplatz im Schreibdienst muss mindestens eine „zumutbare lebenslange Dauerleistung" ermöglichen (Pirker (Hrsg.) 1981: 77). Das ist nur dann der Fall, wenn die den betriebswirtschaftlichen Vorteilen gegenüberstehenden Nachteile für die Betroffenen ausgeschaltet werden können. Zu solchen Inhumanitätserscheinungen rechnen, etwa einseitige Belastungen, physische und psychische Beeinträchtigungen durch die Tätigkeit, Einengung der beruflichen Entwicklungsmöglichkeiten. Das Ziel von Rationalisierung, nämlich betriebswirtschaftliche Vorteile zu erzielen, wird durch Nachteile für die betroffenen Arbeitskräfte erreicht, wobei sich die negativen Folgen nicht unmittelbar und nicht unbedingt als betriebliche Kosten niederschlagen.

„Inhumanitätserscheinungen kommen also durch Überwälzungseffekte auf die Individualebene zustande, es handelt sich dabei um ‚soziale Kosten', die zwar durch den Arbeitsprozeß verursacht werden, aber außerhalb der jeweiligen Organisation anfallen. Andere Überwälzungseffekte machen sich negativ auf der gesellschaftlichen Ebene bemerkbar (z. B. Umweltbelastungen) und wirken von dort zurück auf den Menschen (…). Auf der Individualebene wirksame Inhumanitätserscheinungen werden teilweise auf das Netz der sozialen Sicherung auf die gesellschaftliche Ebene transmittiert (gesetzliche Krankenversicherung, Arbeitslosen- und Rentenversicherung etc.) und werden dort quantitativ als soziale Kosten sichtbar" (ebd.: 28).

Um Spannungen zwischen Rationalisierung und Humanisierung zu reduzieren, ist die wirtschaftliche Rationalität von bestimmten Maßnahmen nicht allein auf der betrieblichen Ebene zu bewerten, sondern diese muss sich gleichermaßen auch auf der gesellschaftlichen Ebene nachweisen lassen.

Aus dem Überwälzungskonzept als Untersuchungsansatz resultieren bestimmte Strategien für den Forschungsprozess. Die Arbeitsbedingungen der Schreibkräfte waren in einem doppelten Zugriff zu untersuchen. Es sind sowohl die objektive als auch die subjektive Dimension zu erfassen. Die Untersuchung muss ausgehend von der objektiven Seite der Arbeitsbedingungen wie Arbeitsmittel, -inhalte, -situationen zu der subjektiven Seite gelangen und diese ebenfalls analysieren, d. h. die Verarbeitung der Arbeitsverhältnisse durch die Arbeitskraft bzw. die Arbeitskräfte. Auf diese Weise lassen sich Überwälzungseffekte von der Betriebs- auf die Individualebene identifizieren.

Diesem komplexen Untersuchungsansatz bzw. der Komplexität des Untersuchungsgegenstandes ist der Einsatz unterschiedlicher Methoden der beteiligten Wissenschaften angemessen. Auf der Grundlage einer solchen „abgestimmten Methodenintegration" (ebd.: 34) lässt sich eine „intentionale Sozialforschung – Sozialforschung, die etwas bewirken will" betreiben (ebd.: 35). Sie versteht sich als ein Weg, „um die Meinungen, Einstellungen und Wünsche der Betroffenen ihnen selbst und anderen klarer und einsichtiger zu machen, damit die notwendigen Veränderungen in Zusammenarbeit mit den Betroffenen durchgeführt und verwirklicht werden können" (ebd.: 34). Im Mittelpunkt der Erhebungen standen schriftliche Befragungen der Schreibkräfte und der Angehörigen des mittleren Dienstes sowie der Diktierberechtigten, wodurch das organisatorische Umfeld ebenfalls erfasst wurde (vgl. ebd.: 34 f.). Ergänzend wurden bei den Schreibkräften auf der Basis von Selbstaufschreibung Tätigkeits- und Schriftgutanalysen durchgeführt. Ferner wurden die kurzfristigen Belastungen und längerfristigen Beanspruchungen untersucht, wobei arbeitspsychologische Tests und ergänzende Befragungen sowie Hör- und Sehtests eingesetzt wurden. Schließlich wurden ergonomische und physikalische Messungen der Arbeitsumwelt vorgenommen. Darüber hinaus wurden zu bestimmten Aspekten Experten innerhalb und außerhalb der Ressorts befragt, um dadurch auch die Ergebnisse der Erhebungen zu kontrollieren. Die Resultate der unterschiedlichen Erhebungsschritte wurden an die Schreibkräfte auf Informationsveranstaltungen und Gruppendiskussionen zurückgegeben und rückgekoppelt. Parallel zu den einzelnen Untersuchungsphasen wurden einschlägige Dokumente einer Inhaltsanalyse unterzogen.

In einigen Ministerien wurde eine Vollerhebung durchgeführt, in den anderen fand eine geschichtete Auswahl entlang der Kriterien Mischung/Entmischung (Anteil der Schreibarbeit), Dezentralisierung/Zentralisierung (Einzel-/Gruppenarbeitsplatz) und der Arbeitszeit (Voll-/Teilzeit) statt. Bei den Diktierberechtigten wurde analog verfahren, wobei sich die Zufallsauswahl nach den Merkmalen der hierarchischen Position und der Bedeutung von Schreibarbeit für die eigene Aufgabenerledigung richtete (vgl. ebd.: 34 f.). Die Verallgemeinerbarkeit und die Reichweite der Ergebnisse wären im Einzelfall durch weitere Forschungen aus dem Büro- und Verwaltungsbereich zu überprüfen gewesen.

Ergebnisse: Um die Auswirkungen der Arbeitssituation auf die Beschäftigten zu klären, ist diese zunächst zu analysieren. Dazu entwickelte die Gruppe um Pirker eine Typologie von vier Arbeitsplätzen, die zwar so in den Ministerien nicht existierte, „da die Übergänge zwischen den Ausprägungen der Rationalisierungsdimensionen fließend sind" (ebd.: 54).

Das folgende Schaubild zeigt die Arbeitsplatztypologie (ebd.: 52 f.):

4.2 Staatlich geförderte Forschungsvorhaben

	TÄTIGKEITSSPEKTRUM		
	"geringer entmischt" ———— "stärker entmischt"		empirische Ebene
	MISCHARBEITS-PLATZ (Typ A)	SCHREIBARBEITS-PLATZ (Typ B)	"dezentral"
Rationalisierungsdimension	117	41	ORGANISATIONS-STRUKTUR
	ZENTRALER MISCHARBEITSPLATZ (Typ D)	SCHREIBGRUPPEN-ARBEITSPLATZ (Typ C)	
"ZENTRALISIERUNG"	in den untersuchten Ressorts nicht vertreten	148	"zentral"
theoretische Ebene der Rationalisierung	Rationalisierungsdimension ———— ENTMISCHUNG		

☐ theoretische Verteilung aufgrund der Rationalisierungsdimensionen

⌐ ⌐ empirische Verteilung aufgrund der subjektiven Zuordnung der Schreibkräfte zu Arbeitsplatztypen (Anzahl der befragten Personen)

- Typ „A": dezentraler, referatsorientierter Einzelarbeitsplatz, der neben Schreibarbeiten auch andere Büroarbeiten umfaßt; im folgenden auch *Mischarbeitsplatz* genannt.
- Typ „B": dezentraler referatsorientierter Einzelarbeitsplatz, der fast ausschließlich Schreibarbeiten umfaßt, im folgenden auch *Schreibarbeitsplatz* genannt.
- Typ „C": Schreibarbeitsplatz in einer Schreibgruppe (18), die für eine größere Organisationseinheit zuständig ist; im folgenden auch *Schreibgruppenarbeitsplatz* oder *Gruppenarbeitsplatz* genannt.
- Typ „D": Der Mischarbeitsplatz in einer Schreibgruppe – zuständig für eine größere Organisationseinheit – war im untersuchten Feld nicht vertreten. Er

ist auch in der Literatur nicht beschrieben; ein Hinweis dafür, daß sich auch im Bürobereich die lineare Arbeitsteilung (Entmischung) vorrangig durchsetzt. Dieser Typ D müßte als eine ‚Reintegration' der ‚Schreibgruppe' und des ‚Verwaltungssekretariats' bezeichnet werden.

Bei den Folgen für die Arbeitskräfte standen die Aspekte *Beanspruchung, Kontrolle und Qualifikation* im Vordergrund, gleichwohl thematisierte die Untersuchung auch technische und physikalische Momente der Arbeitssituationen. Bei den *Beanspruchungen* ergab sich zwischen den Arbeitsplatztypen eine geringfügige, zwischen den Ministerien jedoch eine größere Differenz. Nur ein geringer Teil der Schreibkräfte erlebte ihre Tätigkeit als Überforderung, hingegen waren sie von Unterforderung als Folge von einseitiger und monotoner Arbeit „sehr stark" betroffen, was eine „allgemeine Unzufriedenheit mit der Arbeit" auslöste (ebd.: 101). Als besonders beanspruchend wurde die hohe Konzentration angesehen, die für fehlerfreies Schreiben und eilige Schreibaufträge notwendig ist. Die physische und psychische Angespanntheit war darüber hinaus auch ein Ergebnis des unregelmäßigen Arbeitsanfalls sowie der häufigen Arbeitsunterbrechungen. Diese psychischen Beanspruchungen begünstigen eine verkrampfte Körperhaltung, so „daß die meisten Schreibkräfte unter Rücken- und Nackenschmerzen leiden und aufgrund der schlechten Textvorlagen eine übermäßige Beanspruchung der Augen" beklagten (ebd.: 96). Hinsichtlich der Dimension *Kontrolle* ist festzuhalten, dass die Frauen nur geringe Gestaltungsspielräume und Entscheidungsmöglichkeiten hatten (vgl. ebd.: 105 ff.). Mit Blick auf die *Qualifikation* sind die gute Schulbildung und die gute Berufsqualifikation hervorzuheben, die zusätzlich durch die typischen Fähigkeiten einer „klassischen Sekretärin" wie Stenographie und Fremdsprachenkenntnisse ergänzt wurde (vgl. ebd.: 167). Im Widerspruch dazu standen die am Arbeitsplatz abgeforderten Qualifikationen, die bei reiner Schreibarbeit in den zentralen Schreibdiensten deutlich geringer sind. Dabei handelt es sich keineswegs, wie häufig unterstellt, um „geistlose und rein mechanische Arbeit", die leicht zu messen ist gemäß den Produktionsleistungen im Fertigungsbereich, sondern vielmehr um einen „komplexe(n) Zusammenhang von motorischen und geistigen Fähigkeiten" (ebd.: 168).

Aus dem Zusammenwirken von objektiven und subjektiven Merkmalen der Arbeitsbedingungen entwickelten die Schreibkräfte Gestaltungsvorstellungen, etwa den Wunsch nach referatsnahen Einzel- und Zweierarbeitsplätzen, Arbeitsbereicherung, Gestaltungsspielräumen, besserer Ausstattung, Weiterbildungsmöglichkeiten zur Sicherung der beruflichen Perspektive. Bei den Diktierberechtigten stand das Bedürfnis nach zeitlich angemessener Erledigung der Schreibaufträge in fehlerfreier und typographisch zufrieden stellender Ausführung im Vordergrund.

4.2 Staatlich geförderte Forschungsvorhaben

Zudem wünschten sie, um die eigenen Aufgaben optimal erledigen zu können, im großen Umfang Bürotätigkeiten zu delegieren. Diesen Vorstellungen kommt am ehesten ein dezentraler, referatsnaher Mischarbeitsplatz entgegen. Damit könnte auch die Überwälzung von laufenden und dringenden Schreibarbeiten auf die Diktierberechtigten, etwa (Ober)Regierungsräte und Regierungsdirektoren, vermieden werden (vgl. ebd.: 161). Die Vorstellungen bildeten eine Grundlage für die Gestaltungsvorschläge der ForscherInnen. Eine weitere Grundlage waren die Überlegungen zur Wirtschaftlichkeit von Schreibdienstorganisationen gemäß dem Untersuchungsansatz der Überwälzungseffekte, der die häufig verbreitete isolierte Betrachtung überwindet. Diese verkürzte Sichtweise hatte nämlich dazu geführt, dass bislang in Untersuchungen der zentrale Schreibdienst stets besser, da wirtschaftlicher, abschnitt als dezentrale Formen. In dieses Ergebnis ging die problematische Annahme ein, dass Schreiben nur motorische Umsetzung mechanischer Anschläge ist – eine Annahme, die sich auch der Bundesrechnungshof bei seinen Empfehlungen zu Eigen machte.

„Dieser Ansatz verkennt, welche Auswirkungen die organisatorische Eingliederung der Schreibdienste für die Aufgabenerfüllung einer Gesamtorganisation haben kann. Die gesamtorganisatorischen Effekte sowohl auf der Leistungsseite (...) als auch auf der Kostenseite (...) müssen bei der Beurteilung der Wirtschaftlichkeit von Schreibdiensten unbedingt einbezogen werden, will man ein realistisches ökonomisches Gesamtbild zeichnen" (ebd.: 119).

Gestaltungsempfehlungen richteten sich auf die Einführung von Gruppenarbeit, die auch zeitgleich von anderen Schreibdienstprojekten favorisiert wurde (vgl. Jacobi, Lullies, Weltz 1980). Darunter wird das Zielkonzept der „geschützten Gruppe" verstanden, demzufolge Arbeitsgruppen erst mit eigenen – z. B. in Betriebsvereinbarungen fixierten – Rechten ausgestattet ihre Autonomie entfalten können. Solche Regelungen sollten die in Humanisierungsexperimenten laut gewordene Kritik – insbesondere der Gewerkschaften – an den „autonomen Gruppen" beenden. Die Integration der „geschützten Gruppen" in die etablierten Formen von Mitbestimmung erschwert ihre Verselbständigung gegenüber Betriebs- bzw. Personalräten sowie gewerkschaftlichen Vertrauensleuten und auch Strategien der Arbeitgeber, die auf eine Schwächung dieser Institutionen hinauslaufen. Charakteristisch für die „geschützten Gruppen" ist die Abschirmung von Außendruck verbunden mit Spielraum für die Regelung interner Angelegenheiten.

Ausgehend von der Gruppenarbeit wurde eine duale Schreibdienstorganisation empfohlen, die die Vorteile des dezentralen mit denen des zentralen Konzepts verbindet (Pirker (Hrsg.) 1981: 164 ff.):

"Erstens: Aufteilung des gesamten Schreibdienstes in eine dezentrale Komponente (etwa 65-80 % der Schreibkräfte) und in eine Komponente mit zentraler(n) Schreibgruppe(n) (etwa 20-35 % der Schreibkräfte).

Zweitens: Zuordnung der dezentralen Schreibkraftstellen auf Referate in Gruppen von je 2 bis 4 Schreibkräften, je nach Größe des Referats (bei kleinen Referaten empfiehlt sich eine Zusammenlegung)
Aufgaben:
- Erledigung der laufenden Schreibarbeiten und Nebenarbeiten,
- Abwicklung von qualifizierten sowie helfenden Büroarbeiten,
- Anlaufstelle für schriftliche, mündliche und technische Bürokommunikation,

Merkmale:
- Mischarbeit,
- Arbeit für wenige Diktanten,
- direkte Auftragszuweisung durch die Diktanten des Referats,
- Prioritätenregelung und referatsinterner Arbeitsausgleich bei der Schriftguterstellung durch das Referat,
- bei Überlastung der Referatsschreibgruppe Einschaltung der Schreibdienstleitung durch die Schreibkräfte.

Begründung:
- Nur durch Einbeziehung in die kleinste organisatorische Einheit (Referat) ist die auch aus wirtschaftlichen Gründen erwünschte Mischarbeit zu verwirklichen,
- Erhaltung des unmittelbaren verwaltungs- und bürowirtschaftlichen Verbundes zwischen Diktierberechtigtem und Schreibkraft bei der Aufgabenerfüllung,
- bessere Nutzungsmöglichkeiten neuerer Systeme der Bürotechnik (Dezentralisierung, Reintegration),
- Erreichbarkeit der Diktierberechtigten im Referat,
- Verkürzung von Wegen und Durchlaufzeiten,
- Eröffnung von Aufstiegsmöglichkeiten, auch durch Weiterbildungsmaßnahmen.

Drittens: Bildung einer oder – bei großen Ressorts – mehreren zentralen Schreibgruppen, von jeweils etwa 6 bis 12 Schreibkräften
Aufgaben:
- Übernahme von Spitzenbelastungen aus den Referatsschreibdienstgruppen und Übernahme von Vertretungen bei Urlaub und Krankheit,
- Einarbeitungs-, Ausbildungs- und Qualifizierungsstation für neue Schreibkräfte, die später in Referatstätigkeit nachrücken,
- Zuständigkeit für Sonderdienste im Schreibbereich wie Erstellung von sehr langen Texten, Composertechnik, Sparschrifttexten und sonstigen Textverarbeitungsformen (evtl. Vervielfältigungen).

Merkmale:
- Räumliche und organisatorische Zentralisierung,
- unmittelbare Unterstellung unter Schreibdienstleitung,
- Spezialisierung auf besondere Formen der Schriftguterstellung (z. B. Langtexte, Composertechnik, Textbausteine, Vervielfältigungen).

Begründung:
- Flexibilitätsreserve (Überlaufbecken) zur Verminderung der Durchlaufzeiten,

4.2 Staatlich geförderte Forschungsvorhaben

- Zentralisierung von Sonderschreibdiensten,
- zentrale Eingangs- und Ausbildungsstelle (einheitliche Schulung) der Ressortschreibkräfte im Hinblick auf einheitliche und formgerechte Schriftguterstellung und Kennenlernen der Zusammenhänge im Gesamtressort.

Viertens: Schaffung einer hierarchisch und finanziell stärker herausgehobenen Schreibdienstleitungs-Stelle (z.B. Hilfs- bzw. Referentenstatus)
Aufgaben:
- Zuständigkeit für Einstellungs-, Schulungs-, Weiterbildungsfragen sowie für die laufende Betreuung des Schreibdienstes,
- unmittelbare Leitung der zentralen Schreibgruppe
- referatsübergreifende Koordination der Schreibarbeiten, wenn Referatsdienste überlastet sind,
- Zuständigkeit für technische Ausstattung,

Merkmale:
- Fachliche Qualifikation, die dem Zusammenwachsen von Schreib-, Büro-, Verwaltungs-, Kommunikations- und Datenbereich Rechnung trägt,
- Qualifikation zur Menschenführung und Koordination,
- Stärkung der hierarchischen Position für Koordinationskompetenz,
- Kompetenz zur Durchsetzung von technischen Innovationen und sinnvollen Ablauf- und Technikregeln (Vorlageart),
- keine Einschaltung in die laufenden Arbeiten der Schreibgruppen bei den Referaten, außer bei deren Überlastung.

Begründung:
- Koordinierte Personal- und Organisationsentwicklung im Schreib- und Bürobereich sowie koordinierter Einsatz neuer Bürotechnik zum Zwecke einer Verbesserung der Funktionstüchtigkeit des Gesamtressorts."

Diese Empfehlungen wurden in den obersten Bundesbehörden nicht umgesetzt. Das für Organisationsfragen federführende Innenministerium blieb seinem einmal eingeschlagenen Kurs treu. In einem Schreiben an alle beteiligten Ressorts schlug die Innenverwaltung vor, „den ‚Projektverlauf stärker zu steuern',„und den ‚„in den obersten Bundesbehörden vorhandene(n) Sachverstand stärker"' zu nutzen, da sonst „Beanstandungen des Bundesrechnungshofs und des Haushaltsausschusses"' zu befürchten seien (Der Spiegel 1979, Nr. 47). Der geplante Modellversuch, in dem der Forschungsverbund die alternativen Organisationsformen erproben wollte, kam nicht zustande. Der Bundesrechnungshof hielt weiter an den zentralen Schreibdiensten fest und empfahl ihre Einführung. Das stieß bei der Gewerkschaft Öffentliche Dienste, Transport und Verkehr (ÖTV) auf Widerstand, die sich die Vorschläge der Gruppe um Pirker zu Eigen gemacht hatte (vgl. ÖTV Magazin 1983, Nr. 5). Auch die WissenschaftlerInnen kritisierten in einem offenen Brief das Vorgehen des Bundesrechnungshofs „als einen ‚mutwilligen Mißbrauch' wissenschaftlicher Ergebnisse" (ÖTV Magazin 1983, Nr. 7). In dieser Auseinandersetzung erwies sich der Bundesrechnungshof letztlich als lernfähig. Die Organisationsgrundsätze für die Ausgestaltung der Schreibdienste in den obersten Bundesbehörden, die 1983 beschlossen wurden, berücksichtigten wesentliche Ergebnisse dieser Untersuchung (vgl. Weinert 1991: 11). Damit war eine wichtige Voraussetzung für die Umsetzung der Resultate geschaffen worden, wenn auch eher in einer mittelfristigen Perspektive.

Interview mit Theo Pirker

Frage: Erläutern Sie bitte den Stellenwert des von Ihnen geleiteten Projektverbundes im Rahmen der in den siebziger Jahren durchgeführten Vorhaben zur Arbeitsstrukturierung im Forschungs- und Aktionsprogramm Humanisierung des Arbeitslebens!

Theo Pirker: Es war eines der größten Projekte im Programm mit Blick auf den Forschungsverbund, die beteiligten Wissenschaftler und Wissenschaftlerinnen und das empirische Feld, es hatte einen herausragenden Stellenwert auch deshalb, weil die höchsten Institutionen der Verwaltung, die obersten Bundesbehörden, beteiligt waren. Die akademische Zunft der Soziologie hat das ganze Projekt wohl auch aus Neid, Konkurrenz, mit Nichtbeachtung, Nichtanerkennung bestraft.

Das Innenministerium, federführend für die innere Organisation der Ministerien und des öffentlichen Dienstes, wollte das Vorhaben unter allen Umständen verhindern. Als es mir dann gelang, nach dem Forschungsministerium – Minister Hans Matthöfer ist mir aus gemeinsamer Arbeit bekannt und hat mich damals angesprochen – zum Entsetzen des Innenministeriums und seiner Organisationsabteilung auch das Ministerium für Justiz zu gewinnen, beteiligte sich das Innenministerium, um das Vorhaben und seinen Verlauf wenigstens kontrollieren zu können. Schließlich konnte das Verteidigungsministerium nicht anders, als sich zu beteiligen, denn die hatten ja bereits einen zentralen Schreibdienst. Nach der Bewilligung marschierten wir durch das Projekt mit schweren Kämpfen, die ich als Leiter des Projektverbundes auszufechten hatte.

Frage: Worin besteht die (aktuelle) arbeitspolitische Bedeutung dieses Vorhabens?

Theo Pirker: Sie müssen wissen, daß ich vor dem Krieg, vor meinem Militärdienst, als Angestellter in der Stadtverwaltung und in den Gaswerken München praktische Erfahrungen mit Büroarbeit, Büroorganisation und Büromaschinen gesammelt habe. Wir waren mit modernsten Büromaschinen ausgestattet. Damals machte ich bei der maschinellen Datenverarbeitung die Erfahrung, daß die Frauen, die diese Tätigkeit ausführten, in kürzester Frist verschlissen waren. In Teilen der Industriesoziologie herrschte nach dem Krieg die Vorstellung vor, daß sich die Teilung der Arbeit, wie

4.2 Staatlich geförderte Forschungsvorhaben

sie in der industriellen Fertigung ein bestimmtes Niveau erreicht hatte, zeitlich verschoben auch auf die administrative Arbeit, auf die Verwaltung übertragen würde. Das führte bei den Gewerkschaften zu der Vorstellung, daß das Bewußtsein der Angestellten sich dem der Arbeiter anpassen würde. Mein Freund Siegfried Braun, der ja über Angestellte geforscht hatte, war einer der ersten, der gesagt hat: „Das ändert sich alles, also bei den Arbeitern wie bei den Angestellten." Ich stand dieser Auffassung aus der Industriesoziologie kritisch gegenüber – auch aufgrund meiner praktischen Erfahrungen, was auch zur Ablehnung zentraler Schreibdienste führte. Das war von Beginn an allen Beteiligten bekannt. Es war meine Intention, daß unter keinen Umständen der zentrale Schreibdienst allgemeine Regel in der Verwaltung werden sollte. Das war unser erklärtes Ziel! Das heißt nicht, daß wir wußten, wie das funktioniert oder nicht funktioniert, denn dann würde man keine Empirie benötigen – das muß man wissen, nachweisen. Das meint intentionale Sozialforschung: ich muß wissen, wohin ich will! Ich gebe Ihnen ein Beispiel für die Dysfunktionalität, Unwirtschaftlichkeit zentraler Schreibdienste: Wir hatten eines Tages folgendes Erlebnis im Verteidigungsministerium – wir konnten ganz gut mit den Leuten dort: Ich komme mit meinen Mitarbeitern und Mitarbeiterinnen ins Ministerium, und wir treffen auf eine Gruppe von ungefähr 20 Obristen und Dienstgrade aufwärts mit Mappen unter dem Arm. Wir dachten, was ist denn hier los, vielleicht kommt hoher Besuch, der Minister. Der Major, Leiter des inneren Dienstes, kam uns entgegen und klärte uns auf: „Professor Pirker, da kommt kein Minister, die warten darauf, daß sie beim zentralen Schreibdienst vorgelassen werden." Stellen Sie sich das vor, das waren gehobene und höhere Sachbearbeiter!

Frage Können Sie einige Gründe nennen, die die Weiterführung des Vorhabens in einen Modellversuch verhindert haben?

Theo Pirker: Da gab es eine ganze Reihe von. Es gab den Ministerwechsel im BMFT zu Volker Hauff, mit dem ich nicht konnte. Dann gab es eine Begebenheit, die Anlaß für den Abbruch, aber nicht der eigentliche Grund war, wiewohl ein wichtiger Grund dabei sichtbar wird. Wir luden sämtliche Büromaschinenhersteller und Büromöbelhersteller aus der Bundesrepublik nach Bonn ein und machten eine Show mit ihren Produkten. Die Schreibkräfte, mit denen wir in der Majorität gut konnten, sollten die Möbel und Maschinen ausprobieren. Das brachte uns von Seiten der zuständigen Abteilung im Innenministerium, die über Anschaffungen bis zum Aschenbecher entscheidet, den Vorwurf ein, „wir wollten die Befugnis verschieben". Wir griffen damit sozusagen in die Hierarchie ein. Noch eine andere Geschichte: Eines Tages erhielt ich einen Anruf aus dem Hauptvorstand der IG Metall, die gerade in einem Haustarifvertrag mit VW vereinbart hatte, daß der zentrale Schreibdienst zukünftig als einzige Organisationsform praktiziert werden sollte. Die konnten sich mit unseren Vorstellungen gar nicht anfreunden. Später haben sie dann den Vertrag revidiert. Auch die ÖTV teilte unsere Konzepte zunächst nicht, zumal es sich für sie nur um 2,5 Millionen Beschäftigte weiblichen Geschlechts handelte. Als es im Justizministerium zur Aufstellung von Schreibautomaten kam und wir den Vorschlag machten, diese Tätigkeit rotierend auszuüben, um die Belastungen geringer zu halten, wurde dieser Vorschlag dort zwar akzeptiert, aber nicht im BMFT. Schließlich machte uns das BMFT massive Auflagen, die darauf hinausliefen, daß wir Kommunikation und Kontakte zu möglichen Kooperationspartnern grundsätzlich über das BMFT herzustellen hatten. Diese Kontrolle durch die Bürokratie konnten wir nicht akzeptieren. Mit diesen Auflagen kapitulierte das BMFT vor dem Innenministerium, unserem Hauptgegner. Es gab darüber hinaus einen sachlichen Grund, nämlich die umfassende Einführung von PCs in den achtziger Jahren, die wir in der zweiten Hälfte der siebziger Jahre noch nicht antizipieren und bei unseren Gestaltungsvorstellungen nicht berücksichtigen konnten und die zu einer neuen Arbeitsteilung in den Büros und Verwaltungen führte. Wir hatten ja schon vor, einen neuen Beruf zu kreieren, die Bürokraft, also eine enge Zusammenarbeit zwischen Sachbearbeitung und Schreibarbeit.

Frage: Sehen Sie derzeit bei den anstehenden und begonnenen Umstrukturierungsprozessen (Stichwort: Lean Production, Lean Administration) größere Chancen zur Durchsetzung solcher anspruchsvollen Gestaltungsvorstellungen?

Theo Pirker: Die Zuständigkeitsverhältnisse in den Ministerien haben sich nicht geändert. Deshalb bin ich skeptisch, wiewohl solche Projekte nach wie vor sehr wichtig sind bei dem Wandel der Arbeitsteilung in Büro und Verwaltung, bei einem solchen Tempo der politischen, der organisatorischen, der funktionalen Veränderung. Am ehesten sehe ich Chancen in einem der klassischen Ressorts, wie dem Wirtschaftsministerium mit starken Außenkontakten. Die Abteilungsleiter dort haben regelmäßige und vielfältige Kontakte zur Industrie, die wissen einfach worum es geht. Auch wir hatten damals eine gute Zusammenarbeit.

4.2.2 Forschungsgruppe um Werner Fricke: Das „Peiner Modell"

Ausgangssituation und Fragestellung: Das 1974/75 begonnene und von *Werner Fricke,* seinerzeit Leiter der Abteilung Technik und Gesellschaft im Forschungsinstitut der Friedrich Ebert Stiftung, Bonn, geführte Vorhaben mit einer Laufzeit von dreieinhalb Jahren wurde mit Zustimmung der Unternehmensleitung und des Betriebsrats in dem Metallunternehmen Peiner AG durchgeführt. Mit dem Projekt wurden folgende Ziele verfolgt: Die ForscherInnen wollten

- *erstens:* „die sozialen Bedingungen und Voraussetzungen ermitteln, die zur Vermittlung, Anwendung und Entfaltung innovatorischer Qualifikationen erforderlich sind; zugleich sollte der Prozeß der Vermittlung und Anwendung innovatorischer Qualifikationen Aufschluß darüber geben, worin diese Qualifikationen bestehen und was sie zu leisten vermögen;"
- *zweitens:* „Ansätze für die Organisation von Beteiligungsprozessen entwickeln und erproben, die übertragbar sind und den Arbeitenden in jeder beliebigen Arbeitssituation den Handlungsrahmen schaffen, gemeinsam mit ihren betrieblichen Interessenvertretern an der Gestaltung der Arbeitsbedingungen nach ihren Interessen mitzuwirken (Beteiligungsverfahren);"
- *drittens:* „in Zusammenarbeit mit den Arbeitern der Aufschneiderei und nach ihren Interessen Vorschläge zur Verbesserung der Arbeitsbedingungen in ihrer Abteilung ausarbeiten und – nach erfolgter Zustimmung durch Betriebsrat und Unternehmensleitung – durchsetzen" (Fricke u. a. 1981:17).

Unter innovatorischen Qualifikationen bzw. innovatorischem Handlungspotential werden jene Vorstellungen der Beschäftigten verstanden, die auf eine Verbesserung der Arbeitsbedingungen zielen, wobei die Verwirklichung dieser Ideen an der Starrheit überkommener Strukturen in der Regel scheitert. Infolgedessen resignieren die Betroffenen häufig, und sie werden apathisch. Diese Situation war zu verändern. Insofern war der Erfolg des Modellversuchs ein Beleg für das Überleben und die Resistenz innovatorischer Qualifikationen, zumal die TeilnehmerInnen als ungelernte ArbeiterInnen seit 20 und mehr Jahren unter solchen veränderungsbedürftigen Arbeitsbedingungen gearbeitet hatten.

Untersuchungsansatz und Methoden: Das Vorhaben verstand sich als Handlungsforschung im Sinne einer Weiterentwicklung der Aktionsforschung. Hier ist die Trennung von Forschung und Praxis tendenziell aufgehoben, denn „sozialwissenschaftliche Forschungsarbeit wird in diesem Modell als Handeln in der Wirklichkeit, als gesellschaftliche Praxis definiert" (ebd.: 30). Dabei ging es um die Erweiterung und Vertiefung industriesoziologischer Erkenntnisse, die Entwicklung übertragbarer Strategien zur Beteiligung der Arbeitenden an der Gestaltung und Verbesserung ihrer Arbeitsbedingungen (vgl. ebd.: 28 f.). Zentraler Streitpunkt dieses Ansatzes in den Sozialwissenschaften ist die Verschränkung von Erkennen und Verändern. So war im Selbstverständnis der Forschungsgruppe die in den klassischen Sozialwissenschaften übliche Trennung von Subjekt und Objekt beseitigt, denn die Beschäftigten sind keine Untersuchungsobjekte, sondern Beteiligte, die daran interessiert sind, ihre alltäglichen Arbeitsbedingungen zu verbessern, und die ForscherInnen wollen gemeinsam mit ihnen diesen Prozess einleiten, steuern und zum Erfolg führen und gleichzeitig dieses Geschehen untersuchen (vgl. ebd.: 31). Die Resistenz des innovatorischen Handlungspotentials verweist auf elementare Interessen der Arbeitenden sowie auf die Verletzung derselben durch die Arbeitsbedingungen. Diese Interessen sind empirisch nachweisbar und können darüber hinaus generelle Gültigkeit beanspruchen. Sie richten sich auf einen sicheren Arbeitsplatz, einen angemessenen und stetigen Lohn, die langfristige Erhaltung der Arbeitskraft, die Erhaltung, Anwendung und Verwertung von Qualifikationen, die Mitwirkung bei betrieblichen Entscheidungen, bei der Gestaltung der Arbeitsbedingungen und des technisch-organisatorischen Wandels, die Verringerung der Trennung von ausführenden und dispositiven Tätigkeiten sowie angemessene soziale Beziehungen (vgl. ebd.: 26 f.). Bei den innovatorischen Qualifikationen handelt es sich um ein Potential, das „nicht naturwüchsig schon Wirklichkeit" wird, sondern „geplanter Anstrengungen zur Entfaltung" bedarf, wie sie der Modellversuch bot und darüber hinaus im Rahmen betrieblicher Interessenvertretung und gewerkschaftlicher Unterstützung einschließlich geeigneter Weiterbildungsmaßnahmen herstellbar waren (ebd.). Die ForscherInnen entwickelten ein Verfahren zur Organisation des Modellversuchs und mithin zur Förderung der innovatorischen Qualifikationen. Es baute auf vier Grundregeln auf:

- *Erstens:* „Die Interessen der Arbeiter haben in allen Phasen des Prozesses Vorrang. Sie leiten die Bestandsaufnahme (…), die Definition von Defiziten, die Formulierung und Auswahl von Veränderungszielen, die Ausarbeitung von Problemlösungen, die Zusammenarbeit mit Experten."
- *Zweitens:* „Entscheidungen über die Realisierung der vorgeschlagenen Veränderungen werden nicht von den Arbeitern, sondern nach den geltenden Gesetzen, Verordnungen, Tarifverträgen und Betriebsvereinbarungen von Betriebsrat und Unternehmensleitung in den dafür vorgesehenen Gremien (…) getroffen."
- *Drittens:* „Die Vermittlung, Entfaltung und Anwendung innovatorischer Qualifikationen kann nur in einem Prozeß gelingen, der die Einheit von Lernen und Handeln herstellt oder – anders formuliert – das Problem des Transfers von Gelerntem aus der Lern- in die Handlungssituation löst."

4.2 Staatlich geförderte Forschungsvorhaben

- *Viertens:* „Um das Potential innovatorischer Qualifikationen der Arbeitenden bei der Gestaltung ihrer Arbeitsbedingungen nach ihren Interessen zu aktualisieren, ist ein Verfahren handlungsorientierter, beteiligungsorientierter und interessegeleiteter betriebsnaher Weiterbildung erforderlich" (ebd.: 27).

Vor dem Hintergrund der Erfahrung, dass solche Veränderungen auch ein Rationalisierungspotential mit negativen Wirkungen für die Arbeitskräfte beinhalten können, versicherten die ForscherInnen: Die Mitarbeit der Beschäftigten darf nicht dazu führen, dass sie in noch größere Zwänge geraten und ihre Abhängigkeit verstärkt wird.

Ein Merkmal der Handlungsforschung ist die schrittweise, jeweils nach Situationsanalyse vorgenommene Planung des Forschungsprozesses zusammen mit den am Prozess Beteiligten. Deshalb lassen sich die einzusetzenden Methoden und Instrumente von vornherein nur grob bestimmen. Um die Projektziele zu erreichen, ergaben sich für die ForscherInnen folgende Aufgaben:

„Sie müssen
- den Prozeß der Beteiligung und Qualifizierung organisieren, analysieren und dokumentieren,
- die Bedingungen für diesen Prozeß aufrechterhalten,
- die Ergebnisse sichern und
- die Rahmenbedingungen, in denen der Prozeß stattfindet, erheben und dokumentieren" (vgl. ebd.: 37).

Bei allen Untersuchungsschritten kamen auch die traditionellen Methoden empirischer Sozialforschung zur Anwendung, dabei wurden neue Wege des methodischen Vorgehens eingeschlagen. So wurden bei der Dokumentation der außerbetrieblichen und betrieblichen Rahmenbedingungen Expertengespräche geführt, einschlägige schriftliche Materialien ausgewertet und betriebliche Beobachtungen vorgenommen. Der Prozess der Beteiligung und Qualifizierung wurde als offenes Lernen organisiert, wobei Planung, Durchführung und Auswertung nach didaktischen Prinzipien der Erwachsenenbildung erfolgte. Die Lernprozesse wurden dokumentiert und abschließend inhaltsanalytisch ausgewertet. Arbeitsgruppensitzungen und Seminare sind die Organisationsformen, in denen jene Qualifizierungsprozesse stattfinden, die es den Arbeitenden erlauben, sich aktiv an den Veränderungen ihrer Arbeitsbedingungen zu beteiligen und ihr innovatorisches Handlungspotential anzuwenden und zu entwickeln. Mit Hilfe dieser Organisationsformen wird zudem der weitere Prozessverlauf gesteuert.

Ergebnisse: Im Mittelpunkt des Interesses standen die Erfahrungen mit dem Beteiligungsverfahren. Als ein wichtiges Ergebnis ist zunächst festzuhalten, dass es im

Projektverlauf zwar gelang, die extremen Arbeitsbelastungen in der Anschneiderei zu reduzieren, jedoch konnten die inhaltsarmen Tätigkeiten, vor allem wegen der analytischen Arbeitsbewertung, nicht abgebaut werden (vgl. ebd.: 50 f.). Unter Beteiligung wird kein abstrakter individueller Anspruch auf Autonomie als Selbstbestimmung verstanden, sondern „Beteiligung ist ein gesellschaftspolitischer Begriff, er gehört in den Bereich der Regelungen und Verfahren zur Mitbestimmung der Arbeitnehmer und hat wie diese zum Ziel, die Gestaltung der Arbeits- und Lebensbedingungen durch die Arbeitenden in Übereinstimmung mit ihren Interessen zu fördern" (ebd.: 367). Beteiligung ist mit den vorhandenen repräsentativen Formen der betrieblichen und überbetrieblichen Mitbestimmung zu verknüpfen, und sie ist auf aktive gewerkschaftliche Vertrauensleute und auf einen handlungs- und durchsetzungsfähigen Betriebsrat angewiesen. Dabei zeigten die gewonnenen Erfahrungen, dass Beteiligung der Belegschaft die Arbeit des Betriebsrats auf mannigfache Weise unterstützen und in ihrer Wirksamkeit steigern kann. Das gilt besonders für jene Beschäftigtengruppen wie Frauen, Ausländer, Jugendliche und Ältere, die bekanntlich ihre Bedürfnisse und Interessen häufig unzureichend oder gar nicht berücksichtigt finden. Diesen Möglichkeiten stehen Barrieren gegenüber, die eine interessenorientierte Beteiligung der Beschäftigten beschränken. Es handelt sich um die betrieblichen Entscheidungs- und Produktionsprozesse, die nach strikter Trennung von leitenden, also planenden sowie kontrollierenden, und ausführenden Tätigkeiten organisiert sind. Diese Struktur spiegelt sich in der Entlohnung wider, die an eine bestimmte Leistung gebunden ist und Qualifikation, Kreativität und Engagement nicht berücksichtigt. Ein weiteres Hindernis sind ökonomische Zwänge, denn obwohl Beteiligung produktivitätssteigernde Effekte hat, erzeugt sie auch Kosten in Form von Arbeitszeit und notwendigen finanziellen Mitteln für die Evaluierung der Gestaltungsvorschläge der Beschäftigten. Insgesamt erweist sich das Erfordernis nach einzelwirtschaftlicher Rentabilität als Schranke für eine Gestaltung von Arbeitsorganisation und Technik im Interesse der Beschäftigten. Außer diesen objektiven Barrieren sind noch eine Anzahl subjektiver Faktoren zu nennen, die die Veränderungen der Arbeitsbedingungen erschweren und sogar verhindern. Die häufig jahrelange Erfahrung der Arbeitskräfte, dass sie ihre Bedürfnisse und Interessen, ihre innovatorischen Qualifikationen kaum bei der Gestaltung ihrer Arbeitsbedingungen einbringen können, führt zur Resignation und Misserfolgsorientierung, die ohne begleitende betriebsnahe Weiterbildung nicht zu überwinden sind. Zu den subjektiven Barrieren rechnen auch die Erwartungen und Einstellungen von betrieblichen Vorgesetzten aus dem mittleren Management, vor allem von Meistern und Betriebsleitern. Sie erblicken in den Beteiligungsverfahren eine Gefahr für ihre Kompetenzen und Aufgabenbereiche und verteidigen daher

4.2 Staatlich geförderte Forschungsvorhaben

die tradierten betrieblichen Strukturen. Ihre Veränderungsbarrieren lassen sich aufbrechen, wenn sie erfahren, dass die Beteiligungsverfahren und die Einräumung von Gestaltungsspielräumen auch zur Lösung ihrer Probleme beitragen können. Diese wurden in einem anschließenden Vorhaben aufgegriffen (vgl. Fricke, Wiedenhofer 1985).

Gestaltungsempfehlungen: Diese beziehen sich auf die generelle Anwendung in Betrieben und Verwaltungen. Es handelt sich um übertragbare Elemente der erprobten Beteiligungsverfahren. Dazu zählen: *Das Modell handlungsorientierter, beteiligungsorientierter und interessengeleiteter Weiterbildung* beugt von Beginn an unter Einbeziehung aller Statusgruppen im Betrieb einer nachträglichen Verbesserung der Arbeitsbedingungen vor. Abteilungsbezogene *Projektgruppen* bilden in Zusammenarbeit mit der betrieblichen Interessenvertretung kleine, flexible Zentren betrieblicher Innovation. Die möglichst wöchentlich stattfindenden *Arbeitsbesprechungen* in den Abteilungen während der Arbeitszeit haben die Funktion, die Belegschaft über geplante Vorhaben zu informieren, mit ihnen darüber zu diskutieren und sie Stellung nehmen zu lassen. Zudem können Beschäftigte in paritätisch besetzten *betrieblichen Ausschüssen* als Sachverständige tätig werden. Um Abteilungsegoismen und Missbrauch durch die Leitungsinstanzen zu vermeiden, werden die Vorschläge aus den Abteilungen von den gewerkschaftlichen Vertrauensleuten übernommen, zusammengeführt und an den Betriebsrat zur Verhandlung mit der Unternehmensleitung übergeben. Diese Sitzungen der Vertrauensleute finden mindestens einmal im Monat in der Arbeitszeit statt.

Einige Gestaltungsempfehlungen sind Bestandteil einer Betriebsvereinbarung über die Beteiligung von ArbeitnehmerInnen an der Gestaltung von Arbeitsplatz, Arbeitsablauf und Arbeitsumgebung, die am 1. Juli 1979 für den gesamten Bereich der Peiner AG in Kraft trat und als wesentliches Element die Einrichtung von Projektgruppen enthält (Fricke u. a. 1981: 417 ff.):

Betriebsvereinbarung

zwischen dem Vorstand der PEINER Maschinen- und Schraubenwerke AG,

Gerhardstraße 10,

3150 Peine

- einerseits -

und dem Betriebsrat der oben genannten Gesellschaft

- andererseits -

wird folgende Betriebsvereinbarung über die Beteiligung von Arbeitnehmern bei der Gestaltung von Arbeitsplatz, Arbeitsablauf und Arbeitsumgebung abgeschlossen:

§ 1

Geltungsbereich

Diese Betriebsvereinbarung gilt:

räumlich: für alle Werke, sämtliche Verwaltungsstellen und Niederlassungen der PEINER AG

persönlich: für alle Arbeitnehmer einschließlich Auszubildende, ausgenommen sind Aushilfskräfte und Praktikanten.

§ 2

Grundsätze

(1) Die Arbeitnehmer einer Abteilung haben das Recht,

(1.1) zu geplanten Maßnahmen des Arbeitgebers, die unter §§ 90, 91 BetrVG[5] fallen und

---

5   § 90: Unterrichtungs- und Beratungsrechte
    Der Arbeitgeber hat den Betriebsrat über die Planung
    1. von Neu-, Um-, und Erweiterungsbauten von Fabrikations-, Verwaltungs- und sonstigen betrieblichen Räumen,
    2. von technischen Anlagen,
    3. von Arbeitsverfahren und Arbeitsabläufen oder
    4. der Arbeitsplätze

4.2 Staatlich geförderte Forschungsvorhaben

ihre Abteilung betreffen, Stellung zu nehmen sowie ergänzende, korrigierende und alternative Maßnahmen vorzuschlagen.

(1.2) Maßnahmen zur Verbesserung der Arbeitsbedingungen auszuarbeiten und vorzuschlagen.

(2) Die dem Betriebsrat im Rahmen des Betriebsverfassungsgesetzes zustehenden Rechte werden durch diese Regelungen nicht berührt.

§ 3
Beteiligung der Arbeitnehmer

(1) Der Arbeitgeber informiert den Betriebsrat rechtzeitig über geplante Maßnahmen gemäß § 90 BetrVG. Die betroffenen Arbeitnehmer werden vom Betriebsrat rechtzeitig und umfassend über diese Maßnahmen und ihre möglichen Auswirkungen auf den Arbeitsablauf, die Art der Tätigkeit, die Umgebungseinflüsse, den Arbeitsplatz und den Lohn unterrichtet.

(2) Den Arbeitnehmern wird in Projektgruppen die Möglichkeit gegeben,

- Maßnahmen nach § 2, Ziffer 1.1 in ihren Auswirkungen zu überprüfen,

- Ergänzungen, Korrekturen oder alternative Maßnahmen vorzuschlagen,

- Maßnahmen nach § 2, Ziffer 1.2 auszuarbeiten und vorzuschlagen.

(3) Die Vorschläge werden, soweit sie der Betriebsrat unterstützt, im Paritätischen Ausschuß nach den Regeln der Betriebsvereinbarung gemäß §§ 90, 91 BetrVG vom 01.04.1976 mit dem Ziel beraten, für den Vorstand und den Betriebsrat entscheidungsreife Vorschläge

---

rechtzeitig zu unterrichten und die vorgesehenen Maßnahmen insbesondere im Hinblick auf ihre Auswirkungen auf die Art der Arbeit und die Anforderungen an die Arbeitnehmer mit ihm zu beraten. Arbeitgeber und Betriebsrat sollen dabei die gesicherten arbeitswissenschaftlichen Erkenntnisse über die menschengerechte Gestaltung der Arbeit berücksichtigen.
§ 91: Mitbestimmungsrecht
Werden die Arbeitnehmer durch Änderungen der Arbeitsplätze, des Arbeitsablaufs oder der Arbeitsumgebung, die den gesicherten arbeitswissenschaftlichen Erkenntnissen über die menschengerechte Gestaltung der Arbeit offensichtlich widersprechen, in besonderer Weise belastet, so kann der Betriebsrat angemessene Maßnahmen zur Abwendung, Milderung oder zum Ausgleich der Belastung verlangen. Kommt eine Einigung nicht zustande, so entscheidet die Einigungsstelle. Der Spruch der Einigungsstelle ersetzt die Einigung zwischen Arbeitgeber und Betriebsrat.

auszuarbeiten, die den Forderungen der Beschäftigten nach einer menschengerechten Gestaltung der Arbeit Rechnung tragen.

Ein Mitglied der Projektgruppe kann als Sachverständiger zu den Beratungen des Paritätischen Ausschusses nach den §§ 90, 91 BetrVG hinzugezogen werden.

(4) Die Zahl der Mitglieder einer Projektgruppe darf die Zahl 6 nicht überschreiten. Die Mitglieder werden auf Vorschlag der Vertrauensleute und nach Abstimmung zwischen den jeweiligen betrieblichen Vorgesetzten und dem Betriebsrat auf Abteilungsversammlungen benannt. Der jeweiligen Projektgruppe soll mindestens ein Vertrauensmann/eine Vertrauensfrau angehören. Zu den Sitzungen ist der Betriebsrat einzuladen. Der Betriebsrat legt fest, ob und welches Mitglied an den Sitzungen teilnimmt.

(5) Projektgruppensitzungen finden grundsätzlich eine Stunde vor Ablauf der regelmäßigen täglichen Arbeitszeit statt. Ausnahmen von dieser Regelung sind mit dem jeweiligen betrieblichen Vorgesetzten und dem Betriebsrat abzustimmen. Die Mitglieder der Projektgruppen werden für die Sitzungen von der Arbeit freigestellt. Für jede Gruppensitzung erhalten sie – unabhängig von der Dauer der Sitzung – eine Stunde wie Arbeitszeit bezahlt.

(6) Projektgruppensitzungen finden nach Bedarf, jedoch nicht häufiger als einmal wöchentlich statt. Sie werden nach Abstimmung mit dem zuständigen Vorgesetzten vom Betriebsrat oder auf Antrag eines Vertrauensmannes/einer Vertrauensfrau vom Betriebsrat einberufen. Bei Vorliegen dringender betrieblicher Erfordernisse kann der Vorgesetzte den vorgeschlagenen Sitzungstermin verschieben.

(7) Soweit es im Einzelfall möglich und erforderlich ist, können inner- und außerbetriebliche Experten zur Beratung der Arbeitnehmer in den Projektgruppen herangezogen werden. Bei außerbetrieblichen Experten ist die Zustimmung des Vorstandes einzuholen.

§ 4
Sicherung von Ergebnissen aus öffentlich geförderten Betriebsprojekten

(1) Mit der Durchführung von Betriebsprojekten, die mit öffentlichen Mitteln gefördert werden, werden die Rechte des Betriebsrates aus bestehenden Gesetzten und Vereinbarungen nicht berührt.

(2) Jede Veränderung der im Projekt geschaffenen Arbeitsbedingungen während der Laufzeit des Projektes und nach Projektende ist nur unter Beteiligung des Betriebsrates möglich.

4.2 Staatlich geförderte Forschungsvorhaben

§ 5
Förderung und Durchführung betrieblicher Bildungsmaßnahmen

Auf Antrag des Betriebsrates werden nach Abstimmung mit und Genehmigung durch den Vorstand betriebliche Bildungsmaßnahmen durchgeführt, mit denen Kenntnisse und Fähigkeiten vermittelt werden, die die Arbeitnehmer zur Arbeit in den Projektgruppen nach § 3 Ziffer 2 zur Erhaltung und Erweiterung vorhandener Kenntnisse und Fähigkeiten am Arbeitsplatz oder zur Umschulung im Rahmen von Vereinbarungen zur Sicherung des Arbeitsplatzes bei Rationalisierungsmaßnahmen benötigen.

§ 6
Verfahren bei Streitigkeiten

Kommt es in der Projektgruppe zu Streitigkeiten, verhandeln Vorstand und Betriebsrat mit dem Willen zur Einigung.

§ 7
Schlussbestimmungen

Diese Betriebsvereinbarung tritt am 01.07.1979 in Kraft und ist zunächst auf die Dauer von 3 Jahren befristet. Sie endet, ohne daß es einer Kündigung bedarf, nach Ablauf von 3 Jahren. Vorstand und Betriebsrat verpflichten sich, 1 Jahr vor Ablauf dieser Vereinbarung über die weitere Geltungsdauer zu verhandeln, wobei die während der Laufzeit dieser Vereinbarung gewonnenen Ergebnisse und Erfahrungen zu berücksichtigen sind.

Peine, den 25. Juni 1979
Betriebsrat
Franz, Glanz
PEINER Maschinen- und Schraubenwerke AG Dr. Drückler, Gudladt, Weber

Interview mit Else und Werner Fricke

Frage: Erläutern Sie bitte den Stellenwert des von Ihnen geleiteten Projekts im Rahmen der in den siebziger Jahren durchgeführten Vorhaben zur Arbeitsstrukturierung im Forschungs- und Aktionsprogramm Humanisierung des Arbeitslebens!

Werner Fricke: Es war eines der ersten Projekte, in dem neue Formen der Mitbestimmung, von Arbeitsorganisation und Lohn, von Handeln und Lernen entschieden ausprobiert wurden. Als Beteiligungsprojekt war es ergebnisoffen, was ganz zentral ist. Die Projektidee kommt aus der skandinavischen Tradition industrieller Demokratie. In dieser Konsequenz und Dichte ist Beteiligung in späteren Phasen des Programms nicht mehr realisiert worden. Gegen Ende der siebziger Jahre stieß der Beteiligungsgedanke bei Arbeitgebern und Gewerkschaftern, aber auch in den Sozialwissenschaften teils auf Desinteresse, teils auf Ablehnung. Seit Mitte der achtziger Jahre schien sich dies zu ändern. Das Management begann, eine Quasi-Beteiligung in Qualitätszirkeln, in einem kontinuierlichen Verbesserungsprozeß (KVP) zu organisieren. Die Gewerkschaften entdeckten etwas später ihr Interesse an Beteiligung, d. h. an Formen von dezentraler, prozeßbezogener Partizipation und Mitbestimmung. Insofern verbreitet sich dieser Gedanke allmählich, wenn er auch weniger konsequent umgesetzt wird.

In der Anfangsphase des Programms unter Hans Matthöfer als Minister gab es eine innovative Phase, und wir haben die damit gegebenen Experimentiermöglichkeiten genutzt. Das war eine Sternstunde! Dazu gehörten auch die Reformansätze in der Betriebs- und Unternehmensverfassung und Arbeitsgesetzgebung – Anstöße der Sozial-liberalen Koalition, die, wie es Bundeskanzler Willy Brandt verkündete, „Mehr Demokratie wagen!" wollte. Mit dem Amtsantritt von Volker Hauff als Minister war diese Phase beendet; er hatte auf seiner ersten Pressekonferenz erklärt, daß sich das Humanisierungsprogramm zukünftig an die gesetzlich definierten Formen der Mitbestimmung halten würde. Der Ministerwechsel war natürlich nicht der Grund, sondern nur der Anlaß für diese Wende. Der Grund waren Auseinandersetzungen zwischen den Tarifvertragsparteien sowie der so genannte Tabu-Katalog (1978) der Arbeitgeberverbände, in dem Projekte zur Erweiterung der Mitbestimmung, zu Lohn abgelehnt wurden. Zudem einigten sich die Arbeitgeber mit den Gewerkschaften, daß Lohnfragen Angelegenheit der Tarifvertragsparteien sind. Damit waren die Experimentiermöglichkeiten des Programms auf diesen Feldern abgeschnitten.

Else Fricke: Die Sozialwissenschaften standen unserem Projekt, dem Ansatz der Aktionsforschung, von Beginn an ablehnend gegenüber. Während wir es als sozi-

4.2 Staatlich geförderte Forschungsvorhaben

alwissenschaftliche Grundlagenforschung ansahen, wurde es von der Wissenschaft sozialpolitischen und betriebspädagogischen Bemühungen zugeordnet, also insgesamt nicht ernst genommen und nicht als Wissenschaft anerkannt. Das Interesse bei jüngeren Wissenschaftlern und Wissenschaftlerinnen am Beteiligungsansatz war groß, jedoch häufig nur von kurzer Dauer, die vorhandenen Spielräume wurden von ihnen nicht konsequent genutzt, sie waren zu passiv, zu ungeduldig, an kurzfristigen Erfolgen interessiert, es fehlte ihnen der lange Atem. Sie haben nicht gemerkt, wie sehr sie als Personen gefordert waren und sind häufig an ihren eigenen Defiziten gescheitert.

Werner Fricke: Die Aktionsforschung ist der akademischen Karriere nicht förderlich, es gibt Schwierigkeiten mit der akademischen Welt. Die Aktionsforschung wird nicht akzeptiert, da sie die überkommene Trennung von Subjekt und Objekt zu überwinden versucht und davon ausgeht, daß der Wissenschaftler, die Wissenschaftlerin Teil der Gesellschaft ist und einen Beitrag zu ihrer Veränderung leistet – egal, ob sie das bewußt tut oder nicht. Unser Anspruch war: Wir machen das bewußt, entwickeln geeignete Methoden und arbeiten zusammen mit Subjekten aus dem Feld an betrieblichen und gesellschaftlichen Veränderungen – als Wissenschaftler.

Frage: Worin besteht die (aktuelle) arbeitspolitische Bedeutung dieses Vorhabens?

Werner Fricke: Das Beteiligungskonzept hat an Bedeutung gewonnen; wir sind in der Bundesrepublik Deutschland zu früh gewesen. Das Management hat in den folgenden Jahren zunehmend gesehen, daß Beteiligung zu organisieren ihnen bei der Erhöhung der Produktivität, bei effizienter Organisation der Betriebe, selbst bei der Verbesserung der Rentabilität nutzen kann. Das Management garantiert aber nicht die Anwendung der Ergebnisse, und sie lassen Beteiligungsprozesse meist nur für begrenzte Zeit zu. Auch der KVP-Ansatz, der zwar auf Dauer angelegt ist, erlaubt keine wirkliche Mitbestimmung bei der Zielsetzung, keine freie Wahl der Themen, so daß die Arbeitnehmer und Arbeitnehmerinnen mit der Zeit das Interesse verlieren. Die Gewerkschaften haben in diesem Prozeß Zeit verloren und damit auch Teile der Belegschaft wie qualifizierte Angestellte an das Management. Sie haben aber zunehmend die Bedeutung von Beteiligung für die Betriebspolitik erkannt, was sich in einigen Betriebsvereinbarungen zeigt. Obwohl der Beteiligungsansatz heute von größerer Aktualität als vor 15 Jahren ist, gibt es natürlich nach wie vor auch Zurückhaltung, d.h. Angst vor Kontroll- und Machtverlust: „Das geht zu weit, ich bin nicht mehr Herr im Hause, die Belegschaft wird zu aktiv, zu selbstbewußt!" Das mittlere Management verliert seine zentrale Stellung im Produktionsprozeß, die Anbindung von Beteiligung an die betriebliche Interessenvertretung, an den Betriebsrat und die gewerkschaftlichen Vertrauensleute erzeugt Mißtrauen.

Else Fricke: Eine Anmerkung zum letzten Vorbehalt: Inzwischen gibt es einige Manager, die, ausgehend von dem Ansatz, daß der Betriebsrat Produktionsfaktor ist, durch Beteiligungsprozesse den Betriebsrat stärken wollen. So wird ganz bewußt die Vermittlungsfunktion des Betriebsrats gegenüber dem Management und der Belegschaft gefördert.

Frage: Sie haben in einer Bilanz des HdA-Programms davon gesprochen, daß sich auf Dauer keines der anspruchsvollen Modelle mit erweiterten Handlungs- und Qualifizierungsmöglichkeiten hat durchsetzen können. Wie erklären Sie sich diesen Tatbestand?

Werner Fricke: Dafür gibt es mehrere Gründe:
- Es mangelte an Problembewußtsein und Innovationsfähigkeit bei den Gewerkschaften, beim Management, bei den Arbeitgebern und auch bei der Wissenschaft – bei allen drei Trägern des Humanisierungsprogramms. Um ein Beispiel zu geben für die Fantasielosigkeit bei den Gewerkschaften: Die Arbeitszeitverkürzung wurde bislang nicht genutzt, um etwa betriebliche Mitbestimmungszeit oder ein sabbatical für Weiterbildung zu vereinbaren. Darüber ließen sich auch neue Mitglieder gewinnen!
- Es gab keine allgemeine politische Bewegung zur Unterstützung von industrieller Demokratie, insofern war das Programm isoliert.

Else Fricke:
- Man ging davon aus, daß Beteiligung etwas für „Schön-Wetter-Zeiten" ist und sieht erst jetzt, daß Beteiligung in „schlechten Zeiten" zur Krisenbewältigung genutzt werden kann.
- Das Menschenbild des Taylorismus, das als vorherrschendes Motiv materielle Interessiertheit bei den Arbeitenden unterstellt und andere Motive wie Freude, Spaß an der Arbeit übersieht, überlebt bis heute in Tradition und Gewöhnung.

Frage : Haben die Ergebnisse Ihres Modellversuchs, vor allem die Betriebsvereinbarung, heute noch praktische Bedeutung im Betriebsalltag?

Werner Fricke: Die Peiner AG geriet Anfang der achtziger Jahre in wirtschaftliche Schwierigkeiten. Auslöser war nicht die Schraubenfertigung, aber die wurde dann in den wirtschaftlichen Niedergang mitgerissen. Das Unternehmen – so wie wir

4.2 Staatlich geförderte Forschungsvorhaben

es vorgefunden haben – existiert heute nicht mehr. Die Beteiligungsverfahren wurden gemäß Betriebsvereinbarung drei Jahre praktiziert und erst durch die Umstrukturierung abgebrochen. Das bedeutet, daß die Beteiligungsprozesse ohne wissenschaftliche Begleitung, ohne Projektmittel – das Management stellte ein Budget von 50 Tausend DM pro Jahr zur Verfügung – im normalen betrieblichen Alltag, d. h. in einigen Abteilungen stattgefunden haben. Das Verfahren ist also in der betrieblichen Wirklichkeit tauglich.

Frage: Sehen Sie derzeit bei den anstehenden und begonnenen Umstrukturierungsprozessen (Stichwort: Lean Production, Lean Administration) größere Chancen zur Durchsetzung solcher anspruchsvollen Gestaltungsvorstellungen?

Else Fricke: Wir haben einen Modellversuch bei der Klöckner Stahl GmbH, Hütte Bremen in der beruflichen Erstausbildung durchgeführt (vgl. Benteler, Fricke 1989a: 702 ff.; Dies. 1989b: 219 ff.). Nach unserer Erfahrung nehmen die jungen Leute, zukünftige Facharbeiter und Angestellte, den Anspruch auf Beteiligung sehr ernst und werden ungeduldig, wenn er nicht eingelöst wird. Der Vorteil der Unternehmen besteht darin, daß die Notwendigkeit, den Betrieb kontinuierlich umzustellen, von der Belegschaft mitgetragen wird. Über die Erstausbildung hinaus hat sich das Beteiligungskonzept verbreitet, so in die betriebliche Weiterbildung und Rehabilitation. Zudem fand eine Verbreitung und Umsetzung in der Region statt mit interessierten Unternehmen, in der Kooperation mit der Industrie- und Handelskammer bezüglich der Aus- und Weiterbildung, mit den Gewerkschaften hinsichtlich ihrer Bildungspolitik. Ein weiterer Ansatzpunkt ist die Tarifpolitik, etwa die Vorstellungen der IG Metall zur Tarifreform 2000. Schließlich gibt es Bemühungen, so an der Universität Cottbus, sozialwissenschaftliche Anteile in das ingenieurwissenschaftliche Studium einzubringen. Die nähere Zukunft dieser Konzepte liegt aber wohl in der Erstausbildung.

Werner Fricke: Es sind zwei aktuelle Tendenzen auszumachen, die die Realisierungschancen von Beteiligung fördern, aber auch behindern. Festzuhalten ist, daß – wie wir bereits erwähnt haben – vieles auf Beteiligung drängt: neue Managementkonzepte, die über Beteiligung sich die Ressourcen der Arbeitskräfte aneignen wollen, so ihre bessere Ausbildung, ihre Kreativität und Innovationsfähigkeit. Andererseits gibt es Tendenzen struktureller Art, die betrieblicher Beteiligung entgegenstehen, sie erschweren, so die Massenarbeitslosigkeit, die Globalisierung des Wettbewerbs, die forcierte Automatisierung und die Dezentralisierung der Produktion, neue Formen der Abhängigkeit zwischen Produzenten und Zulieferern. Das führt dazu, daß die Realisierung von Beteiligung in einem Betrieb zwar leichter, aber gleichzeitig die

Reichweite von Beteiligung geringer geworden ist. Es wird die Entwicklung neuer, betriebsübergreifender Formen von Beteiligung notwendig.

Fazit 5

Arbeitsorganisationen sind Teil einer bestimmten Gesellschaft mit einer spezifisch historischen, kulturellen und wirtschaftlichen Entwicklungsdynamik. Diese soziale Tatsache hat für das Thema Organisationsentwicklung weit reichende Folgen, denn sie ist beispielsweise grundlegend für das hier zentrale Theorem der Pfadabhängigkeit. Es besagt, dass organisatorische Modelle, in einem bestimmten sozio-kulturellen Kontext entwickelt und häufig mit dem Etikett eines „one best way" versehen, nicht umstandslos, d. h. universell umgesetzt werden können, sondern nur unter Berücksichtigung der vor genannten sozialen Rahmenbedingungen. Grundsätzlich können Akteure von solchen Leitbildern aber für die eigene Praxis lernen. Ferner sind Arbeitsorganisationen komplex strukturiert, da sie ein Ort gesellschaftlicher Arbeitsprozesse und *zugleich* ein Ort gesellschaftlicher Macht- und Herrschaftsausübung sind. Darüber hinaus sind die Mitglieder soziale Akteure, denn sie verfolgen als Handelnde eigene Ziele und Interessen und passen sich an vorgegebene Bedingungen nicht einfach an. Diese theoretischen Annahmen sind bei der Analyse und Gestaltung von Arbeitsorganisationen zu berücksichtigen.

Organisationsentwicklung bildet zusammen mit technischen Neuerungen das Zentrum betrieblicher und überbetrieblicher Rationalisierung, die Unternehmen initiieren, um ihre Produktivität und mithin ihre Wettbewerbsfähigkeit zu steigern. Zusammen mit der Produktion attraktiver, da nachgefragter Güter versuchen sie, sich so in der Marktwirtschaft dauerhaft zu behaupten. Prinzipien organisatorischer Gestaltung, zunächst in Produktionsunternehmen praktiziert, werden verallgemeinert und zum Vorbild für andere Organisationen, etwa für die öffentliche Verwaltung und die Dienstleistungsbranchen. Mit der Entwicklung der Wirtschaftsgesellschaft haben Rationalisierungsmaßnahmen sich grundlegend verändert: Früher typische einzelne, isolierte Interventionen, die auch im Verbund vorgenommen wurden, werden heute auf Grund der Möglichkeiten der Informations- und Kommunikationstechnologien verdrängt durch einen ganzheitlichen, systemischen Zugriff, der die Organisation insgesamt sowie vor und nach gelagerte

Bereiche erfasst. Mit der weltweiten Verdichtung der Wirtschaftsaktivitäten geraten auch internationale Kooperationspartner in den Blick. Aus diesen Verbindungen können sich Unternehmensnetzwerke entwickeln. Maßnahmen wie out sourcing haben sich deutlich verändert: Zwar werden nach wie vor einfache, d. h. un- und angelernte Tätigkeiten ausgelagert, jedoch werden qualifizierte Arbeiten dabei immer wichtiger, zumal der Arbeitsmarkt der Schwellenländer bzw. der süd- und osteuropäischen EU-Länder akademisch Ausgebildete in ausreichender Zahl und äußerst kostengünstig zur Verfügung stellt. Internationale Kooperationen, die sich überdies zu Fusionen bzw. Übernahmen entwickeln, sind, wie die Erfahrungen der letzten Jahrzehnte zeigen, in der Mehrzahl gescheitert, da es nicht gelang, ihre unterschiedlichen (Unternehmens)Kulturen zusammen zu führen.

Vielfach wird davon ausgegangen, dass Konzepte, die die organisatorischen Veränderungen anleiten, derzeit einer rasanten Entwicklung unterliegen, die im Wesentlichen der Beschleunigung des sozialen Wandels geschuldet ist. Sie werden, da vermeintlich nur kurzzeitig als Modell attraktiv, als Moden bezeichnet. Ersetzt werden sie alsbald durch angeblich neue konzeptionelle Leitbilder, die mit dem Versprechen der ultimativen Problemlösung auf den Markt drängen. Diese Schnelllebigkeit hat der Branche der Unternehmensberatung in den vergangenen Jahren ein enormes Wachstum beschert, wobei deren Erfolge mittlerweile hinterfragt werden und Ernüchterung eingetreten ist. Die Einführung der Kategorie Mode in die Debatte über Organisationsentwicklung wirft jedoch Fragen auf: Die Metapher tauchte in der Hochzeit der auch propagandistisch befeuerten Diskussion über die Umsetzung von Lean Production bzw. Lean Administration in den neunziger Jahren auf. Der Ansatz gilt bis heute als Modell für die Gestaltung privater und staatlicher Arbeitsorganisationen. Er verband sich, was die allgemeine Verbreitung vermutlich forcierte, mit einer wirtschaftspolitischen Leitidee, die dem Markt Vorrang vor jeglicher politischen Intervention einräumte. Im Rückblick auf eine zwanzigjährige praktizierte Allianz wäre es jedoch aus wissenschaftlicher Sicht verfehlt, ja unseriös hier von Mode zu sprechen. Gleichwohl mögen die Konzepte der Beratungsbranche damit weiterhin angemessen charakterisiert werden. Festzuhalten gilt gleichwohl folgende Ironie: Die wissenschaftliche Entzauberung organisatorischer Ansätze bedeutet mitnichten auch deren praktisches Ende. Das Beispiel der Wissenschaftlichen Betriebsführung zeigt, wie sich Modelle zäh behaupten, zeitweilige Einbrüche überleben, nicht nur revitalisiert werden, sondern sich in weiteren Sektoren und Branchen etablieren, was aktuell bei den personenbezogenen Dienstleistungen besonders auffällt.

Nicht erst durch eine explizite Reformorientierung, wie sie Programme einer Humanisierung der Arbeit, einer menschengerechten Arbeitsgestaltung und einer guten Arbeit verfolgen, gilt Organisationsentwicklung als ein normatives

5 Fazit

Zielkonzept. Als Teil von Rationalisierung unterliegen diese Prozesse von jeher einer normativen Ausrichtung, die jedoch zuvörderst, dabei häufig implizit, unternehmerische Interessen berücksichtigt.

Das wachsende Bewusstsein über die vielfältigen Herausforderungen hat die Zahl der tangierten Interessen und mithin mögliche Interessenkonflikte erhöht. Gegenüber dem von Friedmann favorisierten Ansatz, der – bei durchaus auch vorhandenem Konsens – drei potentiell konfligierende Interessen identifizierte, nämlich die der Arbeitskräfte, der Unternehmen und der Volkswirtschaft, ist heute von weit komplexeren Konstellationen auszugehen. Im Prinzip ist der nationale Rahmen zugunsten einer globalen Sicht zu überschreiten. Zu berücksichtigen sind zusätzlich das Interesse an einer intakten Umwelt, ferner die Interessen und Auswirkungen, etwa auf die EU-Länder, auf die Entwicklungs- und Schwellenländer sowie schließlich eine alle genannten Interessen übergreifende, durchgängig dynamische Perspektive, die mit dem Schlüsselbegriff Nachhaltigkeit erfasst wird. Grundsätzlich wird damit eine adäquatere, ganzheitlichere Problemanalyse möglich.

Für Weber gilt die Bürokratie als hoch effizient und generell als Modell für organisatorische Strukturierung. Auch die in seiner Zeit sich entwickelnden Organisationen wie Unternehmensverwaltungen, Parteien und Verbände können sich diesem Prinzip nicht entziehen. Das gelte ebenfalls, so Weber weiter, für die Gewerkschaften und die sozialdemokratische Partei, die ihrem Anspruch nach innerorganisatorischer Demokratie verpflichtet sind. Überdies konstatiert er hellsichtig, dass eine mögliche zukünftige sozialistische Wirtschaftsgesellschaft nur als bürokratisch verfasste vorstellbar sei. Ein gegenbürokratisches Konzept werde in der praktischen Umsetzung in Dilletantismus enden. Eine zentrale Annahme der Bürokratietheorie – die Aussicht auf Effizienz – wurde in den fünfziger und sechziger Jahren des vergangenen Jahrhunderts in der angloamerikanischen Forschung empirisch überprüft. Dabei wurde das Janusgesicht von Arbeitorganisationen ausgespart, d. h. die Effizienz wurde nur eindimensional, hinsichtlich der Aufgabenerfüllung überprüft. Ergebnis war, dass eine bürokratische Organisation nur unter bestimmten Bedingungen effizient ist, nämlich bei Routineaufgaben, bei einer stabilen Umwelt und Technik. Macht, Herrschaft und Kontrolle blieben als Struktur prägende Momente in diesen Analysen also tabuisiert. Der dadurch zementierte Status quo trage zur Effizienz bei – so lautet das häufig unausgesprochene, latente, aber keineswegs vorurteilsfreie Argument. Das überkommene Profil hat bestenfalls noch eine randständige Bedeutung, es hat sich heute grundlegend verändert: Für die entwickelten kapitalistischen Wirtschaftsgesellschaften und zunehmend darüber hinaus gilt: Die Aufgaben sind komplex und verändern sich oft, ihre Erledigung erfordert initiative, kreative, bewegliche, ja professionelle Arbeitskräfte, die Umweltbedingungen sind dynamisch bis turbulent und die sich rasant entwickelnden, vielfältigen technischen Neuerungen ermöglichen einen flexiblen Einsatz. Diese Merkmale begünstigen einen sozialen Wandel, der auf ein gegenbürokratisches Modell hinausläuft. Es ist gekennzeichnet u. a. durch Teamarbeit, einen partnerschaftlichen Führungsstil und einen Abbau von Hierarchie. Auf diese Weise wird es zu einer zeitgemäßen, modernen Organisation stilisiert. Häufig handelt es sich nur um eine als attraktiv wahrgenommene Fassade, die mit dem Arbeitsalltag in Organisationen wenig gemein hat. Mayntz verweist zudem darauf, dass sich selbst bei gelungener Reform Macht, Herrschaft und Kontrolle keineswegs auflösen und verschwinden. Sie verändern sich, ihr Erscheinungsbild ist nicht mehr unmittelbar sichtbar und manifest, es verflüchtet sich, es wird hintergründig und latent. Zu dieser Entwicklung kommt es aber höchst selten, da bereits im Vorfeld die maßgeblichen, einflussreichen individuellen und kollektiven Träger von Macht, Herrscht und Kontrolle solche Veränderungen blockieren und Widerstand organisieren. Dafür liefert der vorliegende Text zahlreiche Beispiele. Darauf ist noch einzugehen!

In diesem Zusammenhang lenken Crozier und Friedberg die Aufmerksamkeit auf einen zentralen Punkt: Der rapide Wandel von Umwelt und Aufgaben sollte nicht zu der Illusion verleiten, dass Veränderungen in Arbeitsorganisationen sich mechanisch, quasi automatisch vollziehen. Sozialer Wandel ist kein Selbstläufer, sondern das Ergebnis von Verhandlungen individueller und kollektiver Akteure, die diese Prozesse durch ihre Ressourcen an Macht und Einfluss wesentlich mitbestimmen. Mit Blick auf die sozialstaatliche Entwicklung Deutschlands, ja Europas wird deutlich, dass die Verhandlungen in einem durch Jahrzehnte – nicht frei von Niederlagen – erkämpften rechtlich gesicherten Feld stattfinden. Die Verrechtlichung gilt für die zentralen Arenen der industriellen bzw. der Arbeitsbeziehungen, so für die staatliche, tarifvertragliche und die betriebliche Ebene. Der Ansatz von Crozier und Friedberg enthält meines Erachtens ein theoretisch-analytisches Potential für alle drei Arenen und möglicherweise sogar darüber hinaus. Meine diesbezügliche Kritik liefert erste Ansatzpunkte für eine Weiterentwicklung. Das Ansinnen, dieses Konzept aber nur als brauchbar für die Analyse von Mikropolitik (Küpper, Ortmann) und als zwar „geistreich(en), aber essayistisch unstrukturiert(en)" (Neuberger) zu qualifizieren, verkennt seine prinzipiellen Möglichkeiten. Das auf Macht, Herrschaft und Kontrolle basierte Konstrukt der Verhandlung, das auf dem Wirkungszusammenhang von Akteur und System, d. h. auf einem Handlungssystem basiert, ist meines Erachtens außerordentlich tragfähig, um Prozesse der Organisationsentwicklung zu untersuchen. Das gilt umso mehr, als heutzutage von einer gestiegenen Komplexität auszugehen ist, etwa durch den mittlerweile vorherrschenden Typ systemischer Rationalisierung unter globalem Vorzeichen. Die Vorgänge lassen sich mikropolitisch nicht mehr einhegen. Sie können ferner

5 Fazit

weder durch eine top down noch durch eine bottom up Strategie angemessen initiiert werden. Es herrscht weitgehend Konsens darüber, dass sie auf Partizipation aller Beteiligten angewiesen sind. Dabei kann Partizipation bzw. Verhandlung nur zum Schein praktiziert werden, sie erweist sich dann als Tarnung, um so letztlich den „eigenen Willen" doch durchsetzen zu können. Die Ambivalenz gilt es bewusst zu halten. Außerdem ist den partizipativen Verfahren eine gewisse Brisanz inhärent. Als Mittel im Prozess der Organisationsentwicklung sind sie zwar unverzichtbar, werden sie aber von den Arbeitskräften darüber hinaus eingefordert, etwa mit dem Ziel, durchgängig und dauerhaft eine beteiligungsorientierte Struktur durchzusetzen, wird die Leitung vermutlich mit Ablehnung reagieren.

Ein überaus auffälliges Phänomen im Kontext von Organisationsentwicklung ist Widerstand. Dieser soziale Sachverhalt ist auf der individuellen und kollektiven bzw. institutionellen Ebene anzutreffen. Sowohl Lewin als auch Crozier und Friedberg gehen davon aus, dass der Widerstand vergleichsweise leicht und schnell zu beheben sei. Das entspricht jedoch nicht der Realität, denn der Widerstand erweist sich durchgängig als hartnäckig: Individuell ist er ein integraler Teil von Belastungsbewältigung (Volmerg, Senghass-Knobloch, Leithäuser): Einigermaßen Erfolg versprechende Strategien, um mit den alltäglichen Arbeits- und möglicherweise auch außerbetrieblichen Belastungen umgehen zu können, sollen nicht durch neue Herausforderungen, die die gewonnene Balance gefährden, untergraben werden. Die Veränderungsbarrieren sind außerdem abhängig von situativen Faktoren wie dem Lebensalter, das individuell den zeitlichen Horizont für Erwerbsarbeit markiert. Die bisweilen vollmundigen Versprechen der Akteure von Organisationsentwicklung erleben die betroffenen ArbeitnehmerInnen in der Realisierung häufig nicht als Belastung mindernd, sondern als verstärkend. Dabei spielen die historischen Erfahrungen der Arbeitskräfte, die an die jüngeren Belegschaftsmitglieder weiter gegeben werden, eine wichtige Rolle. Hierbei handelt es sich keineswegs um durchsichtige Täuschungen. Der Rationalisierungsprozess der Moderne hat zwar mit Hilfe technischer, organisatorischer und sozialer Maßnahmen einerseits die Belastungen reduziert, vor allem im körperlichen Bereich, andererseits sie aber in psycho-sozialer Hinsicht ansteigen lassen. Über die gesamte Zeitspanne seit der Industrialisierung findet bis heute eine Arbeitsintensivierung statt, die auch durch neuere Tendenzen wie der Subjektivierung und Entgrenzung von Arbeit verstärkt wird. Hinzu tritt die durch strukturelle und konjunkturelle wirtschaftliche Krisen erzeugte Angst vor Erwerbslosigkeit sowie vor einem frühzeitigen Verschleiß der Arbeitskraft. Das skizzierte Problemspektrum trägt – ohne Anspruch auf Vollständigkeit – zur Erklärung des anhaltenden Widerstands der Arbeitskräfte gegen Neuerungen wesentlich bei.

Als eine, sich beharrlich gegen Veränderungen stemmende Gruppe gilt das mittlere Management. Das erkennt auch Friedberg in seinen neueren Texten an. Diesbezügliche Barrieren werden sichtbar, sofern der Handlungsspielraum der ihnen unterstellten MitarbeiterInnen hinsichtlich Arbeitsanforderungen einschließlich Entscheidungsmöglichkeiten qualitativ erweitert wird, etwa im Sinne einer persönlichkeitsförderlichen Arbeitsgestaltung (Ulich, Volpert). Der betriebliche Status wird aufgewertet. Als Reaktion darauf entwickelt das mittlere Management Angst vor Statusverlust und sozialem Abstieg. Ergebnisse empirischer Forschung zeigen, dass sich die Rolle bzw. die Aufgaben der unmittelbar Vorgesetzten zwar verändern, diese aber nicht überflüssig werden. Insofern sind Konzepte der Personalentwicklung gefordert und mithin betriebliche Weiterbildung unumgänglich.

Kollektiver bzw. institutioneller Widerstand zeigt darüber hinaus die betriebliche Interessenvertretung, also der Betriebsrat. Dabei erhält er von der zuständigen Gewerkschaft Rückendeckung. Die Veränderungsbarrieren sind besonders auffällig bei jenen arbeitspolitischen Reformen wie die Einführung der Gruppenarbeit. Der Zugewinn an Autonomie im Sinne von (Ver)Handlungsmacht fordert die betriebliche Interessenvertretung in mehrfacher Hinsicht heraus: Sie befürchtet, einerseits Einfluss gegenüber dem Management zu verlieren, da die Gruppenmitglieder – etwa über einen gewählten Sprecher – ihre Interessen selbstständig vertreten; andererseits könnte das Management versucht sein, seinen Einfluss zu stärken, indem etwa „starke" und „schwache" Beschäftigte gegeneinander ausgespielt werden und so die schützende Funktion des Betriebsrats untergraben wird. Der Widerstand von Betriebsräten und Gewerkschaften konnte, so die Erfahrung, auch dann nicht überwunden werden, als das Team mit dem Konzept der so genannten „geschützten Gruppe" in die überkommene Betriebsverfassung integriert werden sollte. Bislang sind die Erfahrungen mit Gruppenarbeit ernüchternd: Nach Beendigung der Experimente und nach Auslaufen der finanziellen Unterstützung sowie der Begleitforschung kehrten die Unternehmen zum Status quo ante wieder zurück. Dieser Rückschritt ist zu einem Gutteil einvernehmlich zwischen Betriebsräten und Management in Gang gesetzt worden. Die seinerzeit in diesem Feld engagiert tätigen und in der scientific community anerkannten WissenschaftlerInnen erinnern sich bis heute an diese Erfahrungen nicht ohne Bitternis. Einige ihrer Argumente lauten: Der Widerstand von Betriebsräten und Gewerkschaften habe zur Schwächung ihrer Organisation in den nachfolgenden Jahren beigetragen. Er reiht sich ein in jene Ablehnung, die das Konzept der Mitbestimmung am Arbeitsplatz in den sechziger und siebziger Jahren erfuhr. Die in dieser Tradition mittlerweile geforderten Bürgerrechte im Betrieb sollen die überkommenen Institutionen der Mitbestimmung keineswegs schwächen, sondern stärken. Überdies bietet die basisnahe Partizipation die Chance, die bürokratisch

5 Fazit

erstarrten Strukturen in den Gewerkschaften im Sinne einer Belebung innerorganisatorischer Demokratie aufzubrechen. Experimente mit der Gruppenarbeit und die Umsetzung auf breiter Front haben daher nichts an Aktualität eingebüsst: Bei der Mehrzahl der Arbeitskräfte ist auf Grund der verbesserten Schul- und Berufsausbildung von einem Qualifikationszuwachs auszugehen. Das dadurch gestiegene Selbstbewusstsein führt dazu, persönliche Anliegen gegenüber dem Vorgesetzten auch selbstständig zu vertreten. Dieser Gewinn an Autonomie fordert die betriebliche Interessenvertretung zu einem anderen Umgang mit den Beschäftigten heraus und insofern verändert sich ihre Rolle. Es ist nicht zu übersehen, dass das Konzept der Gruppenarbeit von Seiten des Managements auch instrumentalisiert wird. Es wird qualitativ entkernt, indem die persönlichkeitsförderlichen Elemente eliminiert werden. Gemeinsame Pausenräume und Gruppenbesprechungen sollen dem Betrieb/Unternehmen ein modernes, akzeptables Image verpassen, ohne jedoch die Handlungs- und die zeitlichen Spielräume der Arbeitskräfte qualitativ zu verändern. Unterstützt werden die arbeitsorganisatorischen Reformen durch eine sich vermehrt abzeichnende Tendenz in der Zivilgesellschaft, in den Parteien und in manchen Verbänden, den BürgerInnen und Mitgliedern bei wichtigen Fragen ein Recht auf Beteiligung zuzusprechen. Solche Perspektiven werden auch durch den fortschreitenden Wertewandel gefördert.

Die diskutierten arbeitsorganisatorischen Ansätze zeigen, dass diesbezügliche Programme und deren Realisierung in der Regel vom Management häufig unter Beteiligung der Beschäftigten bzw. des Betriebs- und Personalrats ausgehen, dass aber ohne eine weitere kollektive bzw. institutionelle Unterstützung, etwa durch den Staat bzw. die Wirtschafts-, Sozial- und Forschungspolitik, durch die Gewerkschaften, die Arbeitgeberverbände und weitere Verbände wie das RKW und der Refa-Verband sowie nicht zuletzt durch VertreterInnen der Arbeitswissenschaft bzw. arbeitsorientierter Disziplinen, eine Umsetzung kaum erfolgt bzw. schwierig ist. Die Initiativen sind also auf eine weitere Unterstützung aus dem gesellschaftlichen Umfeld angewiesen. Damit ist noch nichts über den diesbezüglichen Erfolg gesagt. Dabei wird die so genannte Pfadabhängigkeit der Umsetzung offensichtlich und die Idee eines „one best way" erweist sich als hinfällig: Die Einführung der Konzepte in den arbeitsorganisatorischen Alltag zeigt eindrucksvoll, wie sehr dieser Prozesse in die facettenreiche gesellschaftliche Entwicklungsdynamik eingebettet sind und von den so sozialisierten Akteuren gesteuert werden. Wichtige Aktionsparameter der Steuerung sind der Raum, etwa die Branche, und die Zeit bzw. die zeitliche Situation, z. B. die sozio-politische Konstellation, ferner die Reichweite (quantitativ) und die Tiefe (qualitativ) der Umsetzung. Die arbeitsorganisatorischen Konzepte folgen nicht aufeinander, sie können parallel bzw. zeitlich versetzt zum Zuge kommen, bereits als veraltet, überholt geltende Modelle werden wiederbelebt, was gewisse Korrekturen keineswegs ausschließt und möglich ist schließlich auch, dass Ansätze, die sich früher nicht durchsetzen konnten – schon gar nicht auf breiter Front – unter veränderten Bedingungen wieder entdeckt werden und nun eine Chance erhalten. Insgesamt ist die augenblickliche Situation durch einen Pluralismus arbeitsorganisatorischer Ansätze geprägt.

Literaturverzeichnis

Abelshauser, Werner (2003): Kulturkampf. Der deutsche Weg in die Neue Wirtschaft und die amerikanische Herausforderung. Berlin: Kadmos
Abelshauser, Werner (2004): Deutsche Wirtschaftsgeschichte seit 1945. München: Beck
Armbrüster, Thomas (2010): Bedingungen und Grenzen sozialwissenschaftlicher Beratung. Eine Neubewertung bekannter Einsichten. In: Stefan Kühl, Manfred Moldaschl (Hrsg.): Organisation und Intervention. Ansätze für eine sozialwissenschaftliche Fundierung von Organisationsberatung. München, Mering: Hampp. S. 151 ff.
Auer, Peter; Boris Penth, Peter Tergeist (1981): Perspektiven und Dimensionen internationaler Humanisierungspolitik. In: Internationales Institut für vergleichende Gesellschaftsforschung des Wissenschaftszentrums Berlin (WZB) (Hrsg.): Humanisierung der Arbeit zwischen Staat und Gewerkschaft. Ein internationaler Vergleich. Frankfurt/M., New York: Campus. S. 15 ff.
Auer, Peter; Boris Penth, Peter Tergeist (1981): HdA im Ländervergleich. In: ebd. S. 103 ff.

Baethge, Martin; Herbert Oberbeck (1986): Zukunft der Angestellten. Neue Technologien und berufliche Perspektiven in Büro und Verwaltung. Frankfurt/M., New York: Campus
Bartölke, Klaus (1980, 2. Auflage): Organisationsentwicklung. In: Erwin Grochla (Hrsg.): Handwörterbuch der Organisation. Stuttgart: Poeschel. S. 1468 ff.
Bauer, Otto (1931): Kapitalismus und Sozialismus nach dem Weltkrieg. Erster Band: Rationalisierung und Fehlrationalisierung. Berlin: Büchergilde Gutenberg
Becker, Horst; Ingo Langosch (1986, 2., durchgesehene Auflage): Produktivität und Menschlichkeit. Organisationsentwicklung und ihre Anwendung in der Praxis. Stuttgart: Enke
Bendix, Reinhard (1960): Herrschaft und Industriearbeit. Untersuchungen über Liberalismus und Autokratie in der Geschichte der Industrialisierung. Frankfurt/M.: Europäische Verlagsanstalt
Benteler, Paul; Else Fricke (1989a): Ansätze zur Weiterentwicklung kaufmännischer Ausbildung im Betrieb. Begründungen eines Modellversuchskonzepts. In: Zeitschrift für Berufs- und Wirtschaftspädagogik. Nr. 8, S. 702 ff.
Benteler, Paul; Else Fricke (1989b): Gestaltungsqualifikationen kaufmännischer Angestellter. In: Werner Fricke, Kurt Johannson, Karl Krahn u. a. (Hrsg.): Jahrbuch Arbeit und Technik in Nordrhein-Westfalen 1989. Bonn: Dietz. S. 219 ff.
Bergmann, Joachim (1980): Organisation und Finanzierung der industriesoziologischen Forschung in der Bundesrepublik. Unveröffentlichtes Manuskript. Darmstadt

Bernays, Marie (1910): Auslese und Anpassung der Arbeiterschaft der geschlossenen Großindustrie. Dargestellt an den Verhältnissen der „Gladbacher Spinnerei und Weberei AG" zu Mönchengladbach im Rheinland. Schriften des Vereins für Socialpolitik. Band 133. Leipzig: Duncker & Humblot

Bissels, Sandra; Sonja Sackmann, Thomas Bissels (2001): Kulturelle Vielfalt in Organisationen. Ein blinder Fleck muß sehen lernen. In: Soziale Welt. Nr. 4, S. 403 ff.

Bönig, Jürgen (1980): Technik und Rationalisierung in Deutschland zur Zeit der Weimarer Republik. In: Ulrich Troitzsch, Gabriele Wohlauf (Hrsg.): Technik-Geschichte. Historische Beiträge und neuere Ansätze. Frankfurt/M.: Suhrkamp. S. 390 ff.

Boes, Andreas; Sabine Pfeiffer (2006): Thesen zur Informatisierung der Arbeit. Neue Qualität der Entwicklung, neue Perspektiven für die Arbeitsforschung. In: Wolfgang Dunkel, Dieter Sauer (Hrsg.): Von der Allgegenwart der verschwindenden Arbeit. Neue Herausforderungen für die Arbeitsforschung. Berlin: edition sigma. S. 31 ff.

Borchardt, Knut (1979): Zwangslagen und Handlungsspielräume in der großen Wirtschaftskrise der frühen dreißiger Jahre. Zur Revision des überlieferten Geschichtsbildes. In: Bayerische Akademie der Wissenschaften (Hrsg.): Jahrbuch 1979. München

Bosetzky, Horst; Peter Heinrich (1985, 3., überarbeitete und erweiterte Auflage): Mensch und Organisation. Aspekte bürokratischer Sozialisation. Köln, Stuttgart, Berlin, Hannover, Kiel, Mainz, München: Deutscher Gemeindeverlag. Kohlhammer

Braverman, Harry (1977): Die Arbeit im modernen Produktionsprozeß. Frankfurt/M., New York: Campus

Brock, Ditmar; Hans-Rolf Vetter (1986): Technische Dynamik und soziale Beharrung. Anmerkungen zum Verhältnis von technischem und sozialem Fortschritt anhand einer Fallstudie zum Robotereinsatz im Automobilbau. In: Soziale Welt. Nr. 2/3, S. 208 ff.

Brödner, Peter (1986): Fabrik 2000. Alternative Entwicklungspfade in die Zukunft der Fabrik. Berlin: edition sigma

Bruder, Wolfgang (1980): Sozialwissenschaften und Politikberatung. Opladen: Westdeutscher

Büschges, Günter; Martin Abraham (1997, 2. neu bearbeitete Auflage): Einführung in die Organisationssoziologie. Stuttgart: Teubner

Bund der Industrieangestellten Österreichs (Hrsg.) (1929): Grundlagen und Richtlinien gewerkschaftlicher Rationalisierungspolitik. Wien: Kammer für Arbeiter und Angestellte

Bundesminister für Bildung und Wissenschaft (BMBW) (1972): Forschungsbericht IV der Bundesregierung. Bonn

Bundesminister für Forschung und Technologie (BMFT) (1975): Forschungsbericht V der Bundesregierung. Bonn

Bundesminister für Forschung und Technologie (BMFT) (1977): Programm: Forschung zur Humanisierung des Arbeitslebens. Bonn

Bundesminister für Forschung und Technologie (BMFT) (1979): Forschungsbericht VI der Bundesregierung. Bonn

Bundesminister für Forschung und Technologie (BMFT) (1981): Mitteilungen 11

Bundesminister für Forschung und Technologie (BMFT), Bundesminister für Arbeit und Sozialordnung (BMA) (1987): Forschung zur Humanisierung des Arbeitslebens. Dokumentation 1987. Bonn

Bundesvereinigung der Deutschen Arbeitgeberverbände (BDA): Führungsauftrag und Führungsstil (1969). In: Günter Hillmann (1970): Die Befreiung der Arbeit. Die Entwicklung kooperativer Selbstorganisation und die Auflösung bürokratisch-hierarchischer Herrschaft. Reinbek bei Hamburg: Rowohlt. S. 213 ff.

Bundesvereinigung der Deutschen Arbeitgeberverbände (BDA): Erklärung zu gesellschaftspolitischen Grundsatzfragen (Entwurf 1974). In: Wolfgang Dietrich Winterhagen (Hrsg.) (1975): Humanisierung der Arbeitswelt. Berlin: de Gruyter. S. 111 ff.
Burisch, Wolfgang (1973a, 7., verbesserte Auflage): Industrie- und Betriebssoziologie. Berlin: de Gruyter
Burisch, Wolfgang (1973b): Organisation als Ideologie. Kritik und Darstellung einer elementaren Kategorie der Soziologie. Stuttgart, Berlin, Köln, Mainz: Kohlhammer
Burns, Tom; G.M. Stalker (1968): Mechanische und organische Systeme des Managements. In: Renate Mayntz (Hrsg.): Bürokratische Organisation. Köln, Berlin: Kiepenheuer & Witsch. S. 14 7 ff.

Castellan, Georges (1977): Zur sozialen Bilanz der Prosperität 1924-1929. In: Hans Mommsen, Dietmar Petzina, Bernd Weisbrod (Hrsg.): Industrielles System und politische Entwicklung in der Weimarer Republik. Düsseldorf: Athenäum, Droste. S. 104 ff.
Crozier, Michel; Erhard Friedberg (1979): Macht und Organisation. Die Zwänge kollektiven Handelns. Königstein/Taunus: Athenäum

Der Spiegel 1979. Nr. 47
Deutschmann, Christoph (1997): Die Mythenspirale. Eine wissenssoziologische Interpretation industrieller Rationalisierung. In: Soziale Welt. Nr.1, S. 55 ff.
Dierkes, Meinolf; Lutz von Rosenstiel, Ulrich Steger (Hrsg.) (1993): Unternehmenskultur in Theorie und Praxis. Konzepte aus Ökonomie, Psychologie und Ethnologie. Frankfurt/M., New York: Campus
Dörre, Klaus (2013): Arbeitssoziologie und Industriegesellschaft. Der Göttinger Ansatz im Rück- und Ausblick. In: Michael Schumann: Das Jahrhundert der Industriearbeit. Soziologische Erkenntnisse und Ausblicke. Basel, Weinheim: Beltz Juventa. S. 163 ff.
Düll, Klaus (1980): Gesellschaftliche Interventionen in Arbeitsbedingungen – der Fall Bundesrepublik Deutschland. In: Soziale Welt. Nr. 3, S. 333 ff.
Düll, Klaus (1985): Gesellschaftliche Modernisierungspolitik durch neue „Produktionskonzepte"? In: WSI-Mitteilungen. Nr. 3, S. 141 ff.

Elias, Norbert (1991): Wandlungen der Wir-Ich-Balance (1987). In: Ders.: Die Gesellschaft der Individuen. Frankfurt/M.: Suhrkamp. S. 207 ff.
Ernst, Berit (2010): die Evaluation von Beratungsleistung – Realität oder Utopie? In: Stefan Kühl, Manfred Moldaschl (Hrsg.): Organisation und Intervention. Ansätze für eine sozialwissenschaftliche Fundierung von Organisationsberatung. München, Mering: Hampp. S. 115 ff.
Esping-Andersen, Gösta (1990): The Three Worlds of Welfare Capitalism. Princeton, New York: Polity Press

Faust, Michael (2005): Managementberatung in der Organisationsgesellschaft. In: Wieland Jäger, Uwe Schimank (Hrsg.): Organisationsgesellschaft. Facetten und Perspektiven. Wiesbaden: VS. S. 529 ff.
Faucheux, Claude (1994): Wozu brauchen wir Aktionsforschung? In: Werner Fricke (Hrsg.): Arbeit und Technik – Programme in Bund und Ländern 1993. Eine sozialwissenschaftliche Bilanz. Bonn: Friedrich-Ebert-Stiftung. S. 149 ff.

Flechtheim, Ossip K. (1969): Die KPD in der Weimarer Republik. Frankfurt/M.: Europäische Verlagsanstalt
Forschungsinstitut der Friedrich-Ebert-Stiftung u. a. (1982): Ein Programm und seine Wirkungen. Analyse von Zielen und Aspekten zur Forschung „Humanisierung des Arbeitslebens". Frankfurt/M., New York: Campus
Foucault, Michel (2008): Der Wille zum Wissen. In: Ders.: Die Hauptwerke. Frankfurt/M: Suhrkamp. S. 1021 ff.
Frei, Felix; Ivars Udris (1990): Forschung für die Arbeitswelt – Reflexionen im Diskurs. In: Dies. (Hrsg.): Das Bild der Arbeit. Bern, Stuttgart, Toronto: Huber. S. 341 ff.
French, Wendell L.; Cecil H. Bell Jr. (1977): Organisationsentwicklung. Sozialwissenschaftliche Strategien zur Organisationsveränderung. Bern, Stuttgart: Enke
Fricke, Else; Werner Fricke, Manfred Schönwälder, Barbara Stiegler (1981): Qualifikation und Beteiligung. Das „Peiner Modell". Frankfurt/M., New York: Campus
Fricke, Werner; Harald Wiedenhofer (1985): Beteiligung im Industriebetrieb. Probleme des mittleren Managements. Frankfurt/M., New York: Campus
Fricke, Werner (1990): Qualitative Modernisierungspolitik. Eckpunkte für ein Aktions- und Forschungsprogramm „Arbeit und Technik" für die 90er Jahre, Bonn: Friedrich-Ebert-Stiftung
Fricke, Werner (2003): Dreißig Jahre staatlich geförderte Arbeitsgestaltung. In: Jürgen Peters, Horst Schmitthenner (Hrsg.): gute arbeit…Menschengerechte Arbeitsgestaltung als gewerkschaftliche Zukunftsaufgabe. Hamburg: VSA. S. 51 ff.
Fricke, Werner (2007): Arbeitsforschung und Aktionsforschung. Perspektiven einer wünschenswerten Beziehung. In: Joachim Ludwig, Manfred Moldaschl, Martin Schmauder, Klaus Schmierl (Hrsg.): Arbeitsforschung und Innovationsfähigkeit in Deutschland. München, Mering: Hampp. S. 285 ff.
Friedberg, Erhard (1995): Ordnung und Macht. Dynamik organisierten Handelns. Frankfurt/M., New York: Campus
Friedberg, Erhard (2003): Mikropolitik und Organisationelles Lernen. In: Helmut Brentel, Herbert Klemisch, Holger Rohn (Hrsg.): Lernendes Unternehmen. Konzepte und Instrumente für eine zukunftsfähige Unternehmens- und Organisationsentwicklung. Opladen: Westdeutscher. S. 97 ff.
Friedmann, Georges (1952): Der Mensch in der mechanisierten Produktion. Köln: Bund
Friedmann, Georges (1959): Grenzen der Arbeitsteilung. Frankfurt/M.: Europäische Verlagsanstalt
Frieling, Ekkehart (1980): Zur „DGB-Stellungnahme zur staatlichen Förderung neuer Technologien und zur Humanisierung des Arbeitslebens". Aus der Sicht eines gewerkschaftlichen engagierten Arbeitswissenschaftlers. In: Gewerkschaftliche Bildungspolitik. Nr. 3, S. 113 ff.
Frieling, Ekkehart (1990): Anspruch und Wirklichkeit von Humanisierungsprojekten. In: Felix Frei, Ivars Udris (Hrsg.): Das Bild der Arbeit. Bern, Stuttgart, Toronto: Huber. S. 227 ff.
Frieling, Ekkart (2009): Grenzen der Übertragbarkeit der HdA-Forschung auf die heutige Arbeitsforschung. In. Zeitschrift für Arbeitswissenschaft. Nr. 2, S. 142 ff.
Fürstenberg, Friedrich (2005): Kooperative Arbeitsorganisation. Innovationspotenziale und Zukunftsperspektiven. München, Mering: Hampp
Hacker, Winfried (2009): Arbeitsgegenstand Mensch: Psychologie dialogisch-interaktiver Erwerbsarbeit. Ein Lehrbuch. Lengerich: Pabst
Hartfiel, Günter (1972): Wörterbuch der Soziologie. Stuttgart: Kröner

Heidenreich, Martin (1994): Gruppenarbeit zwischen Toyotismus und Humanisierung. Eine international vergleichende Perspektive. In: Soziale Welt. Nr. 1, S. 60 ff.
Heinze, Rolf G.; Claus Offe (Hrsg.) (1990): Formen der Eigenarbeit Theorie. Empirie, Vorschläge. Opladen: Westdeutscher
Herzberg, Frederick; Bernard Mausner, Barbara B. Snyderman (1959): The Motivation to Work. New York, London, Sydney: Wiley & Sons, Inc.
Herzberg, Frederick (1970): The Motivation-Hygiene Theory. In: Victor H. Vroom, Edward L. Deci: Management and Motivation. Middlesex/England: Penguin. S. 86 ff.
Hinrichs, Peter; Lothar Peter (1976): Industrieller Friede? Arbeitswissenschaft, Rationalisierung und Arbeiterbewegung in der Weimarer Republik. Köln: Pahl-Rugenstein
Hirsch, Joachim (1971): Wissenschaftlich-technischer Fortschritt und politisches System. Frankfurt/M.: Suhrkamp
Hoffmann, Rainer-W. (1969): Die systematischen und historischen Voraussetzungen der Arbeitswissenschaften. In: Konrad Thomas: Analyse der Arbeit. Stuttgart: Enke. S. 102 ff.
Holzkamp-Osterkamp, Ute (1975): Grundlagen der psychologischen Motivationsforschung. Band 1. Frankfurt/M., New York: Campus
Homans, Georges C. (1950): The Human Group. New York: Harcourt, Brace and Company

Jacobi, Ursula; Veronika Lullies, Friedrich Weltz (1980): Textverarbeitung im Büro. Alternativen der Arbeitsgestaltung. Frankfurt/M., New York: Campus
Jonas, Friedrich (1960): Sozialphilosophie der industriellen Arbeitswelt. Stuttgart: Enke

Kern, Bärbel (1980): Arbeitsgruppen im Industriebetrieb. In: Bernhard Schäfers (Hrsg.): Einführung in die Gruppensoziologie. Heidelberg: Quelle und Meyer. S. 190 ff.
Kern, Horst (1974): Die Bedeutung der Arbeitsbedingungen in den Streiks 1973. In: Otto Jacobi, Walther Müller-Jentsch, Eberhard Schmidt: Gewerkschaften und Klassenkampf. Kritisches Jahrbuch 1974. Frankfurt/M.: Fischer. S. 25 ff.
Kern, Horst (1982): Empirische Sozialforschung: Ursprünge, Ansätze, Entwicklungslinien. München: Beck
Kern, Horst; Michael Schumann (1984): Das Ende der Arbeitsteilung? Rationalisierung in der industriellen Produktion. München: Beck
Kieser, Alfred (1981): Organisationstheoretische Ansätze. Stuttgart, Berlin, Köln, Mainz: Enke
Kieser, Alfred (1996): Moden und Mythen des Organisierens. In: Die Betriebswirtschaft. Nr. 1, S. 21 ff.
Klages, Helmut (1993): Traditionsbruch als Herausforderung. Perspektiven der Wertewandelgesellschaft. Frankfurt/M., New York: Campus
Klages, Helmut (2002): Der blockierte Mensch. Zukunftsaufgaben gesellschaftlicher und organisatorischer Gestaltung. Frankfurt/M., New York: Campus
Kleber, Michaela (1991): Arbeitsmarktsegmentation nach dem Geschlecht. In: Gertraude Krell, Margit Osterloh (Hrsg.): Personalpolitik aus der Sicht von Frauen – Frauen aus der Sicht der Personalpolitik. Was kann die Personalforschung von der Frauenforschung lernen? München, Mering: Hampp. S. 85 ff.
Klein, Lisl (1975): Die Entwicklung neuer Formen der Arbeitsorganisation. Göttingen: Schwartz & Co
Kleinschmidt, Matthias; Ulrich Pekruhl (1994): Kooperation, Partizipation und Autonomie: Gruppenarbeit in deutschen Betrieben. In: Arbeit. Zeitschrift für Arbeitsforschung, Arbeitsgestaltung und Arbeitspolitik. Nr. 2, S. 150 ff.

Krappmann, Lothar (1969): Soziologische Dimensionen der Identität. Stuttgart: Enke
Kühnlein, Gertrud; Norbert Wohlfahrt (1994): Lean administration, lean government – ein neues Leitbild für die öffentliche Verwaltung. In: Arbeit. Zeitschrift für Arbeitsforschung, Arbeitsgestaltung und Arbeitspolitik. Nr. 1, S. 3 ff.
Küpper, Willi; Günther Ortmann (Hrsg.) (1992, 2., durchgesehene Auflage): Mikropolitik. Rationalität, Macht und Spiele in Organisationen. Opladen: Westdeutscher
Kutzner, Edelgard (1995): Neue Formen der Arbeitsorganisation und die Beschäftigungsperspektiven von Frauen. In: WSI-Mitteilungen. Nr. 7, S. 482 ff.

Lang, Richard; Willy Hellpach (1922): Gruppenfabrikation. Berlin: Springer
Lederer, Emil (1914): Die ökonomische und sozialpolitische Bedeutung des Taylorismus. In: Archiv für Sozialwissenschaft und Sozialpolitik. Band 39. S. 769 ff.
Lewin, Kurt (1947): Frontiers in Group Dynamics. In: Human Relations. Nr. 1, S. 5 ff.
Littek, Wolfgang (1973): Industriearbeit und Gesellschaftsstruktur. Zur Kritik der Industrie- und Betriebssoziologie. Frankfurt/M.: Europäische Verlagsanstalt
Litwak, Eugene (1968): Drei alternative Bürokratiemodelle. In: Renate Mayntz (Hrsg.): Bürokratische Organisation. Köln, Berlin: Kiepenheuer & Witsch. S. 117 ff.
Luhmann, Niklas (1964): Funktionen und Folgen formaler Organisation. Berlin: Duncker & Humblot
Luhmann, Niklas (1966): Die Bedeutung der Organisationssoziologie für Betrieb und Unternehmen. In: Arbeit und Leistung. Nr. 10, S. 181 ff.
Luhmann, Niklas (1968): Zweck-Herrschaft-System. Grundbegriffe und Prämissen Max Webers. In: Renate Mayntz (Hrsg.): Bürokratische Organisation. Köln, Berlin: Kiepenheuer & Witsch. S. 36 ff.
Luhmann, Niklas (1969): Gesellschaftliche Organisation. In: Thomas Ellwein, Hans-Hermann Groothoff (Hrsg.): Erziehungswissenschaftliches Handbuch. Berlin: Rembrandt. Band 1, S. 387 ff.
Luhmann, Niklas (1994): Die Wirtschaft der Gesellschaft. Frankfurt/M.: Suhrkamp
Luhmann, Niklas (2005): Struktureller Wandel: Die Poesie der Reformen und die Realität der Evolution. In: Wieland Jäger, Uwe Schimank (Hrsg.): Organisationsgesellschaft. Facetten und Perspektiven. Wiesbaden: VS. S. 409 ff.

Malsch, Thomas; Rüdiger Seltz (Hrsg.) (1987): Die neuen Produktionskonzepte auf dem Prüfstand. Beiträge zur Entwicklung der Industriearbeit. Berlin: edition sigma
Marcuse, Herbert (1967): Über die philosophischen Grundlagen des wirtschaftswissenschaftlichen Arbeitsbegriffs. In: Ders.: Kultur und Gesellschaft. Band 2. Frankfurt/M.: Suhrkamp. S. 7 ff.
Marquardt, Dieter (1975): Forschungspolitische Willensbildung im politischen System der Bundesrepublik Deutschland. Bonn
Marx, Karl (1964): Die deutsche Ideologie. In: Ders.: Frühschriften. Stuttgart: Kröner
Marx-Engels-Werke (MEW) (1968): Lohnarbeit und Kapital. Band 6. Berlin: Dietz
Marx-Engels-Werke (MEW) (1973): Ergänzungsband. 1. Teil. Berlin: Dietz
Marx-Engels-Werke (MEW) (1974): Das Kapital. Erster Band, Band 23, Berlin: Dietz
Matthies, Hildegard; Ulrich Mückenberger, Claus Offe, Edgar Peter, Sibylle Raasch (1994): Arbeit 2000. Anforderungen an eine Neugestaltung der Arbeitswelt. Reinbek bei Hamburg: Rowohlt

Matthöfer, Hans (1977): Humanisierung der Arbeit und Produktivität in der Industriegesellschaft. Köln, Frankfurt/M.: Europäische Verlagsanstalt
Matthöfer, Hans; Hans-Henning Herzog (2009): Das HdA-Programm – Ausbruch aus der traditionellen Technologiepolitik. In: Zeitschrift für Arbeitswissenschaft. Nr. 2, S. 108 ff.
Mayntz, Renate (1968): Einleitung. In: Dies. (Hrsg.): Bürokratische Organisation. Köln, Berlin: Kiepenheuer & Witsch. S. 13 ff.
Mayntz, Renate; Fritz Scharpf (Hrsg.) (1973): Planungsorganisation. München: Piper & Co
Mayntz, Renate; Rolf Ziegler (1977): Soziologie der Organisation. In: René König (Hrsg.): Handbuch der empirischen Sozialforschung. Band 9. Stuttgart: Enke. S. 1 ff.
Mayo, Elton (1945): The Social Problems of an Industrial Civilization. Boston: Harvard University Press
McGregor, Douglas (1970): Der Mensch im Unternehmen. Düsseldorf, Wien: Econ
Meil, Pamela; Eckhard Heidling (2006): Entfernung überbrücken – Verteilte Arbeit entlang internationaler Wertschöpfungsketten. Neue Anforderungen in grenzüberschreitenden Arbeitsprozessen. In: Wolfgang Dunkel, Dieter Sauer (Hrsg.): Von der Allgegenwart der verschwindenden Arbeit. Neue Herausforderungen für die Arbeitsforschung. edition sigma. S. 145 ff.
Mendner, Jürgen (1975): Technologische Entwicklung und Arbeitsprozeß. Frankfurt/M.: Fischer
Mergner, Ulrich; Martin Osterland, Klaus Pelte (1975): Arbeitsbedingungen im Wandel. Göttingen: Schwartz & Co
Mickler, Otfried (1981): Facharbeit im Wandel. Rationalisierung im industriellen Produktionsprozeß. Frankfurt/M., New York: Campus
Mitscherlich, Alexander; Margarete Mitscherlich (1967): Die Unfähigkeit zu trauern. Grundlagen kollektiven Verhaltens. München: Piper
Müller-Jentsch, Walther (1997, 2., erweiterte Auflage): Soziologie der industriellen Beziehungen. Eine Einführung. Frankfurt/M., New York: Campus

Naschold, Frieder (1979): Probleme einer „sozialorientierten Forschungs- und Entwicklungspolitik". Das Programm Humanisierung des Arbeitslebens am Scheideweg. In: Willi Pöhler (Hrsg.): ... damit die Arbeit menschlicher wird. Fünf Jahre Aktionsprogramm Humanisierung des Arbeitslebens. Bonn: Neue Gesellschaft. S. 150 ff.
Naschold, Frieder (1981): Humanisierung der Arbeit im Spannungsfeld zwischen Tarifparteien und Staat. Probleme einer sozialorientierten Technologiepolitik. In: Internationales Institut für vergleichende Gesellschaftsforschung des Wissenschaftszentrums Berlin (WZB) (Hrsg.): Humanisierung der Arbeit zwischen Staat und Gewerkschaft. Ein internationaler Vergleich. Frankfurt/M., New York: Campus. S. 26 ff.
Naschold, Frieder (1994): Nationale Programme zur Innovationsentwicklung. Arbeitspolitik im internationalen Vergleich. In: Arbeit. Zeitschrift für Arbeitsforschung, Arbeitsgestaltung und Arbeitspolitik. Nr. 2, S. 103 ff.
Neubauer, Günter (1980a): Sozioökonomische Bedingungen der Rationalisierung und der gewerkschaftlichen Rationalisierungsschutzpolitik. Vergleichende Untersuchung der Rationalisierungsphasen 1918 bis 1933 und 1945 bis 1968. Inaugural-Dissertation zur Erlangung des Grades eines Doktors der Wirtschaftswissenschaft der Freien Universität Berlin

Neubauer, Günter (1980b): Gruppenarbeit in der Weimarer Republik. Ein Rückblick auf die Anfänge der „Humanisierung". In: Wechselwirkung. Technik, Naturwissenschaft, Gesellschaft. Nr. 6, S. 14 ff.
Neuberger, Oswald (1992): Spiele in Organisationen, Organisationen als Spiele. In: Willi Küpper, Günther Ortmann (Hrsg.): Mikropolitik. Rationalität, Macht und Spiele in Organisationen. Opladen: Westdeutscher. S. 53 ff.
Neuhaus, Ralf (2013): TPS, Lean Produktionssysteme und kein Ende der Missverständnisse? – Eine Betrachtung der letzten 20 Jahre. In: Zeitschrift für angewandte Arbeitswissenschaft. Ausgabe 215, S. 16 ff.
Neusüß, Christel (1983): Und die Frauen? Tun die denn nichts? Oder: Was meine Mutter zu Marx sagt. In: Beiträge zur feministischen Theorie und Praxis. Nr. 9/10, S. 181 ff.
Nicolai, Alexander T. (2010): Kann Unternehmensberatung Wissenschaftsanwendung sein? In: Stefan Kühl, Manfred Moldaschl (Hrsg.): Organisation und Intervention. Ansätze für eine sozialwissenschaftliche Fundierung von Organisationsberatung. München, Mering: Hampp. S. 135 ff.

ÖTV-Magazin 1983. Nr. 5 und Nr. 7
Offe, Claus (1984): „Arbeitsgesellschaft": Strukturprobleme und Zukunftsperspektiven. Frankfurt/M., New York: Campus

Parsons, Talcott (1964): Soziologische Theorie. Neuwied am Rhein, Berlin: Luchterhand
Perrow, Charles (1972): Complex Organizations. Glenview: Scott & Foresman
Petzina, Dietmar; Werner Abelshauser (1977): Zum Problem der relativen Stagnation der deutschen Wirtschaft in den zwanziger Jahren. In: Hans Mommsen, Dietmar Petzina, Bernd Weisbrod (Hrsg.): Industrielles System und politische Entwicklung in der Weimarer Republik. Düsseldorf: Athenäum, Droste. S. 57 ff.
Pirker, Theo; Christa Lipowatz-Labonté (1979): Bewertung der Partizipations- und Mitbestimmungsmöglichkeiten im Rahmen des Forschungsprogramms „Humanisierung des Arbeitslebens". Zwischenbericht
Pirker, Theo (Hrsg.) (1981): Schreibdienste in obersten Bundesbehörden. Eine vergleichende Untersuchung. Frankfurt/M., New York: Campus
Pöhler, Willi (1979): Fünf Jahre Humanisierungsprogramm im Bereich des Bundesministers für Forschung und Technologie. In: Ders. (Hrsg.): ... damit die Arbeit menschlicher wird. Fünf Jahre Aktionsprogramm Humanisierung des Arbeitslebens. Bonn: Neue Gesellschaft. S. 9 ff.
Pöhler, Willi (1980): Staatliche Förderung für die Verbesserung der Arbeits- und Lebensqualität. In: Gewerkschaftliche Monatshefte. Nr. 4, S. 230 ff.
Pöhler, Willi (1981): Erfahrungen in der Zusammenarbeit zwischen Wissenschaft und Arbeitnehmern. Ansätze zur Weiterentwicklung arbeitswissenschaftlicher Forschung. In: WSI Mitteilungen. Nr. 2, S. 112 ff.
Preller, Ludwig (1978, unveränderter Nachdruck des 1949 erstmals erschienenen Werkes): Sozialpolitik in der Weimarer Republik. Kronberg/Taunus: Athenäum
Prewo, Rainer; Jürgen Ritsert, Elmar Stracke (1973): Systemtheoretische Ansätze in der Soziologie. Eine kritische Analyse. Reinbek bei Hamburg: Rowohlt

Raehlmann, Irene (1975): Der Interessenstreit zwischen DGB und BDA um die Ausweitung der qualifizierten Mitbestimmung. Eine ideologiekritische Untersuchung. Köln: Bund

Raehlmann, Irene (1988a): Individuum und Organisation. Das sozialisationstheoretische Defizit der Organisationssoziologie und die Möglichkeiten seiner Überwindung. In: Sociologia Internationalis. Heft 1, S. 53 ff.
Raehlmann, Irene (1988b): Interdisziplinäre Arbeitswissenschaft in der Weimarer Republik. Eine wissenschaftssoziologische Analyse. Opladen: Westdeutscher
Raehlmann, Irene (1991): Organisationsentwicklung – Barrieren und Chancen der Veränderung von Arbeitsorganisationen. In: Gewerkschaftliche Monatshefte. Nr. 8, S. 496 ff.
Raehlmann, Irene (2002): Arbeit und „Alltägliche Lebensführung". Neue Sichtweisen in Arbeitswissenschaft und Arbeitsforschung? In: Manfred Moldaschl: Neue Arbeit – Neue Wissenschaft von der Arbeit? Heidelberg, Kröning: Asanger. S. 249 ff.
Raehlmann, Irene (2007): Innovationen in Arbeits- und Alltagswelt. Voraussetzung – Wirkungen – Barrieren. Göttingen: Vandenhoeck & Ruprecht
Raehlmann, Irene (2011): Interdisziplinäre Arbeitswissenschaft in der Humanisierungsforschung und -politik. Ein überfälliger Neustart. In: Zeitschrift für Arbeitswissenschaft. Nr. 1, S. 9 ff.
Raehlmann, Irene (2013): Dienst am Menschen – unter Wert? Entgelt für personenbezogene Dienstleistungen. Wiesbaden: Springer VS
Raehlmann, Irene (2014): Anmerkungen zur Zukunft arbeitsorientierter Forschungspolitik. Erfahrungen und Perspektiven. In: Milena Jostmeier, Arno Georg, Heike Jacobsen (Hrsg.): Sozialen Wandel gestalten. Zum gesellschaftlichen Innovationspotential von Arbeits- und Organisationsforschung. Wiesbaden: Springer VS. S. 341 ff.
Reulecke, Jürgen (1977): Veränderungen des Arbeitskräftepotentials im Deutschen Reich 1900-1933. In: Hans Mommsen, Dietmar Petzina, Bernd Weisbrod (Hrsg.): Industrielles System und politische Entwicklung in der Weimarer Republik. Düsseldorf: Athenäum & Droste. S. 84 ff.
Roethlisberger, Fritz, Jules (1954): Betriebsführung und Arbeitsmoral. Köln, Opladen: Westdeutscher
Roethlisberger, Fritz, Jules; William J. Dickson (1975): Management and the worker. Cambridge, London: Harvard University Press
Rothe, Isabel (1993): Arbeitsgestaltung als Perspektive auch für Frauen? Einführung von Gruppenarbeit im CIM-Umfeld. In: Brigitte Aulenbacher, Monika Goldmann (Hrsg.): Transformationen im Geschlechterverhältnis. Frankfurt/M., New York: Campus. S. 71 ff.

Salfer, Peter; Karl Furmaniak (1981): Das Programm „Forschung zur Humanisierung des Arbeitslebens". Stand und Möglichkeiten der Evaluierung eines staatlichen Forschungsprogramms. In: Mitteilungen aus der Arbeitsmarkt- und Berufsforschung. Nr. 3, S. 237 ff.
Schleyer, Hans Martin (1975): Das soziale Modell (1974). In: Wolfgang Dietrich Winterhagen (Hrsg.) (1975): Humanisierung der Arbeitswelt. Berlin: de Gruyter. S. 116 ff.
Schmid, Pia (1990): Warum Frauen nicht arbeiten und was das mit der Arbeit der Männer zu tun hat. Arbeit in der bürgerlichen Geschlechtertheorie. In: Helmut König, Bodo von Greiff, Helmut Schauer (Hrsg.): Sozialphilosophie der industriellen Arbeit. Leviathan. Sonderheft 11, S. 258 ff.
Schmidt, Jochen (1993): Die sanfte Organisations-Revolution. Von der Hierarchie zu selbststeuernden Systemen. Frankfurt/M., New York: Campus
Schmiede, Rudi; Edwin Schudlich (1976): Die Entwicklung der Leistungsentlohnung in Deutschland. Frankfurt/M., New York: Campus

Schmierl, Klaus; Nick Kratzer, Wolfgang Dunkel, Norbert Huchler (2007): Innovations- und Wertschöpfungspartnerschaften: Organisation und Arbeit. In: Joachim Ludwig, Manfred Moldaschl, Martin Schmauder, Klaus Schmierl: Arbeitsforschung und Innovationsfähigkeit in Deutschland. München, Mering: Hampp. S. 79 ff.
Schulze, Gerhard (1992): Die Erlebnisgesellschaft. Kultursoziologie der Gegenwart. Frankfurt/M., New York: Campus
Schumann, Michael (1974): Bestandsaufnahme, Analyse und Entwicklungstrends im Produktionsbereich. In: Heinz Oskar Vetter (Hrsg.): Humanisierung der Arbeit als gesellschaftspolitische Aufgabe. Frankfurt/M.: Europäische Verlagsanstalt. S. 41 ff.
Schumann, Michael; Volker Baethge-Kinsky, Martin Kuhlmann, Constanze Kurz, Uwe Neumann (1994): Trendreport Rationalisierung. Automobilindustrie, Werkzeugmaschinenbau, Chemische Industrie. Berlin: edition sigma
Schumann, Michael; Richard Detje (2011): Demokratisierung der Wirtschaft „von unten" – ein neuer Anlauf für Systemkorrekturen. In: Hartmut Meine, Michael Schumann, Hans-Jürgen Urban (Hrsg.): Mehr Wirtschaftsdemokratie wagen! Hamburg: VSA. S. 68 ff.
Schumann, Michael (2013): Das Jahrhundert der Industriearbeit. Soziologische Erkenntnisse und Ausblicke. Weinheim, Basel: Beltz Juventa
Schumann, Michael (2014): Entwicklungstrends in der Industriearbeit – Ansatzpunkte für gewerkschaftliche Arbeitspolitik. Vortrag im Rahmen des Symposiums des Arbeitskreises Arbeitsforschung und Arbeitspolitik beim Vorstand der IG Metall Frankfurt am 30. Januar 2014. www.sofi.uni-goettingen.de
Sheppard, H. L. (1954): Approaches to Conflict in American Industrial Sociology. In: British Journal of Sociology. Nr. 4, S. 324 ff.
Skarpelis, Costas (1979): Arbeit und Gesundheit im Rahmen des Humanisierungsprogramms. In: Willi Pöhler (Hrsg.): ... damit die Arbeit menschlicher wird. Fünf Jahre Aktionsprogramm Humanisierung des Arbeitslebens. Bonn: Neue Gesellschaft. S. 45 ff.
Soziologisches Forschungsinstitut Göttingen (SOFI) e. V. (1977): Probleme restriktiver Arbeit: Entstehungsbedingungen, Auswirkungen auf die Betroffenen, Veränderungsbarrieren. Projektzwischenbericht. Göttingen
Staehle, Wolfgang H. (1973): Organisation und Führung sozio-technischer Systeme. Grundlagen einer Situationstheorie. Stuttgart: Enke
Stollberg, Gunnar (1981): Die Rationalisierungsdebatte 1908-1933. Freie Gewerkschaften zwischen Mitwirkung und Gegenwehr. Frankfurt/M., New York: Campus

Taiichi Ohno (1993): Das Toyota-Produktionssystem. Frankfurt/M., New York: Campus
Taylor, Frederick Winslow (1919): Die Grundsätze wissenschaftlicher Betriebsführung. München, Berlin: Oldenbourg
Tegethoff, Hans Georg; Uwe Wilkesmann (1995): Lean administration. Lernt die öffentliche Verwaltung bei der Schlankheitskur? In: Soziale Welt. Nr. 1, S. 27 ff.
Teschner, Eckart (1974): Neue Entlohnungsmethoden. In: Otto Jacobi, Walther Müller-Jentsch, Eberhard Schmidt (Hrsg.): Gewerkschaften und Klassenkampf. Kritisches Jahrbuch 1974. Frankfurt/M.: Fischer. S. 204 ff.

Ulich, Eberhard (1972): Arbeitswechsel und Aufgabenerweiterung. In: REFA-Nachrichten. Nr. 4, S. 267
Ulich, Eberhard (1992, 2. Auflage): Arbeitspsychologie. Zürich, Stuttgart: Poeschel

Ulich, Eberhard (2009): Erfahrungen aus dem VW-Projekt. In: Zeitschrift für Arbeitswissenschaft. Nr. 2, 119 ff.

Vahrenkamp, Richard (1981): Die „goldenen Zwanziger" – als Deutschland die Rationalisierung entdeckte. In: Refa-Nachrichten. Nr. 4, S. 185 ff.
Vetter, Heinz Oskar: Humanisierung der Arbeitswelt als gewerkschaftliche Aufgabe. In: Wolfgang Dietrich Winterhagen (Hrsg.) (1975): Humanisierung der Arbeitswelt. Berlin: de Gruyter. S. 97 ff.
Vilmar, Fritz (1973): Menschenwürde im Betrieb. Reinbek bei Hamburg: Rowohlt
Volmerg, Birgit; Eva Senghaas-Knobloch, Thomas Leithäuser (1986): Betriebliche Lebenswelt. Eine Sozialpsychologie industrieller Arbeitsverhältnisse. Opladen: Westdeutscher
Volpert, Walter (1974): Die „Humanisierung der Arbeit" und die Arbeitswissenschaft. Köln: Pahl Rugenstein
Volpert, Walter (1975): Die Lohnarbeitswissenschaft und die Psychologie der Arbeitstätigkeit. In: Peter Groskurth, Walter Volpert: Lohnarbeitspsychologie. Frankfurt/M.: Fischer. S. 11 ff.
Volpert, Walter (1990): Welche Arbeit ist gut für den Menschen? Notizen zum Thema Menschenbild und Arbeitsgestaltung. In: Felix Frei, Ivars Udris (Hrsg.): Das Bild der Arbeit. Bern, Stuttgart, Toronto: Huber. S. 23 ff.

Wachtler, Günter (1979): Humanisierung der Arbeit und Industriesoziologie. Eine soziologische Analyse historischer Vorstellungen humaner Arbeitsgestaltung. Stuttgart: Kohlhammer
Walther, Rudolf (1990): Arbeit – ein begriffsgeschichtlicher Überblick von Aristoteles bis Ricardo. In: Helmut König, Bodo von Greiff, Helmut Schauer (Hrsg.): Sozialphilosophie der industriellen Arbeit. Leviathan. Sonderheft 11, S. 3 ff.
Weber, Marianne (1919): Frauenfragen und Frauengedanken. Tübingen: Mohr (Siebeck)
Weber, Max (1924): Zur Psychophysik der industriellen Arbeit (1908-1909). In: Ders.: Gesammelte Aufsätze zur Soziologie und Sozialpolitik. Tübingen: Mohr (Siebeck). S. 61 ff.
Weber, Max (1964): Wirtschaft und Gesellschaft. Band 1 und 2. Köln, Berlin: Kiepenheuer & Witsch
Weber, Max (1965): Die protestantische Ethik und der Geist des Kapitalismus. München, Hamburg: Siebenstern
Wehler, Hans-Ulrich (1995): Deutsche Gesellschaftsgeschichte 1849-1914. Band 3. München: Beck
Wehler, Hans-Ulrich (2003): Deutsche Gesellschaftsgeschichte 1914-1949. Band 4. München: Beck
Weinert, Rainer (Hrsg.) (1991): Theo Pirker – Soziologie als Politik. Schriften von 1949-1990. Berlin: Schelzky & Jeep
Weltz, Friedrich (1997): Anspruch und Wirklichkeit von arbeitspolitischen Ansätzen: das Beispiel Gruppenarbeit. In: Arbeit. Zeitschrift für Arbeitsforschung, Arbeitsgestaltung und Arbeitspolitik. Nr. 4, S. 379 ff.
Winkler, Kurt; Gerd Peter (1979): Bedeutung und Konzeption der Humanisierungsförderung im Steinkohlenbergbau. In: Willi Pöhler (Hrsg.). ... damit die Arbeit menschlicher wird. Fünf Jahre Aktionsprogramm Humanisierung des Arbeitslebens. Bonn: Neue Gesellschaft. S. 56 ff.

Wirtschafts- und Sozialwissenschaftliches Institut des Deutschen Gewerkschaftsbundes (WSI) (1980): Gewerkschaften und Humanisierung der Arbeit. Zur Bewertung des HdA-Programms. Frankfurt/M., New York: Campus

Womack, James P.; Daniel T. Jones, Daniel Roos (1994, 8. durchgesehne Auflage): Die zweite Revolution in der Autoindustrie. Frankfurt/M., New York: Campus

Woodward, Joan (1968): Technologie, Organisationsform und Erfolg. In: Renate Mayntz (Hrsg.): Bürokratische Organisation. Köln, Berlin: Kiepenheuer & Witsch. S. 155 ff.

Wyniger, Willy (1982): Besprechung von Michel Crozier und Erhard Friedberg: Macht und Organisation. Die Zwänge kollektiven Handelns. In: Soziologische Revue. Heft 1, S. 54 ff.

Zündorf, Lutz (1986): Macht, Einfluß, Vertrauen, Verständigung. Zum Problem der Handlungskoordinierung in der Arbeitsorganisation. In: Rüdiger Seltz, Ulrich Mill, Eckart Hildebrandt (Hrsg.): Organisation als soziales System. Kontrolle und Kommunikationstechnologien in Arbeitsorganisationen. Berlin: edition sigma. S. 33 ff.

The manufacturer's authorised representative in the EU is Springer Nature Customer Service Centre GmbH, Europaplatz 3, 69115 Heidelberg, Germany. If you have any concerns regarding our products, please contact ProductSafety@springernature.com

Printed and bound by CPI Group (UK) Ltd, Croydon, CR0 4YY
25/03/2026
02078189-0010